Tania Almeida

Caixa de ferramentas em mediação

Aportes práticos e teóricos

DASH EDITORA

Tania Almeida

Caixa de ferramentas em mediação

Aportes práticos e teóricos

Copyright © Tania Almeida, 2014
Proibida a reprodução no todo ou em parte,
por qualquer meio, sem autorização do editor.
Direitos exclusivos da edição em língua portuguesa no Brasil para:

Dash Editora e Importadora ME
Rua João Augusto Navarro 173, sala 01
CEP 03454-060, São Paulo, SP, tel. 11 91040 7717
dasheditora@gmail.com
www.editoradash.com.br

Dados Internacionais de Catalogação na Publicação - CIP

A447   Almeida, Tania.
Caixa de ferramentas em mediação: aportes práticos e teóricos. / Tania Almeida. Apresentações de André Gomma de Azevedo, Fátima Nancy Andrighi, Ada Pellegrine Grinover, Juan Carlos Vezzulla, Samantha Pelajo, Joyce Rososchansky Markovits, Valeria Ferioli Lagrasta Luchiari. - São Paulo: Dash, 2014. 352 p.

ISBN 978-85-65056-35-9

1. Mediação. 2. Mediação de Conflito. 3. Direito. 4. Psicologia. 5. Ferramentas de Mediação. 6. Ferramentas Processuais. 7. Ferramentas Procedimentais. 8. Ferramentas de Comunicação. 9. Ferramentas de Negociação. I. Título. II. Azevedo, André Gomma. III. Andrighi, Fátima Nancy. IV. Grinover, Ada Pellegrine. V. Vezzulla, Juan Carlos. VI. Pelajo, Samantha. VII. Markovits, Joyce Rososchansky. VIII. Luchiari, Valeria Ferioli Lagrasta.

CDU 347.925
CDD 347.9

Catalogação elaborada por Ruth Simão Paulino

Projeto gráfico: *Silvia Ribeiro*
Editores: *Ayrton Luiz Bicudo e Alice Penna e Costa*
Assistente editorial e diagramação: *Hellen Cristine Campos dos Reis*
Revisão e preparação: *Verba Editorial*
Foto de capa: *Kristian Sekulic/Getty Images*
8ª edição: dezembro de 2023

À minha mãe, com quem aprendi a perseguir os sonhos com perseverança, oferecendo a eles o meu melhor.

ÍNDICE

AGRADECIMENTOS 13
APRESENTAÇÕES 15
PREFÁCIO 22
INTRODUÇÃO 25

PARTE I - INTRODUÇÃO AOS APORTES PRÁTICOS 29

CAPÍTULO I - CAIXA DE FERRAMENTAS EM MEDIAÇÃO:
objetivos, operacionalização e impactos esperados 33

GRUPO I - Etapas do processo
1. Pré-Mediação 37
2. Declaração ou Discurso de Abertura 39
3. Relato das histórias 40
4. Definição da pauta de trabalho 42
5. Ampliação de alternativas e negociação da pauta 43
6. Elaboração do Termo de Acordo e assunção de compromisso 45
7. Derivação 47
8. Monitoramento 48
9. Avaliação de resultado 49

GRUPO II - Ferramentas procedimentais
1. Acordo/Termo de Participação no processo de Mediação 51
2. Compartilhar os objetivos de cada etapa do processo 52
3. Conferir o tempo necessário a cada etapa do processo de diálogo 54
4. Observar os limites da ética e do Direito 55
5. Criar sinais particulares nas anotações 56
6. Promover reuniões privadas – caucus 57
7. Mapeamento do conflito 59
8. Enquadre 61
9. Sugerir a procura de técnicos e/ou especialistas 62
10. Criar tarefas ou oferecer perguntas reflexivas nos intervalos 63
11. Identificar as redes de pertinência dos mediandos e a qualidade
de sua participação no contexto fático 64

GRUPO III - Ferramentas de Comunicação
1. Escuta Ativa 66
2. Acolhimento – legitimar os sujeitos participantes 68
3. Validação 69
4. Balancear a participação de todos 71
5. Considerar atentamente as diferenças culturais entre os participantes 72
6. Identificar e desconstruir impasses 73
7. Conferir especial atenção às perguntas feitas 75
8. Criar um contexto adequado para que as perguntas autoimplicativas possam ganhar eficácia 76
9. Dedicar especial atenção à linguagem verbal e não verbal 78
10. Mensagem Eu (I message) 79
11. Dedicar especial atenção à forma como os conteúdos das falas são apresentados 81
12. Estar atento à natureza dos discursos dos participantes 82
13. Estar atento à qualidade de escuta dos participantes 84
14. Estar atento para a possibilidade de colonização dos discursos 85
15. Visitar o lugar do outro 87
16. Redefinir com conotação positiva 89
17. Resumo 90
18. Oferecer um resumo inicial 92
19. Parafrasear 93
20. Transformar relatos negativos ou acusações em preocupações, em necessidades desatendidas ou em valores de interesse comum. 95
21. Auxiliar na identificação de histórias alternativas ou periféricas.......... 96
22. Externalizar o problema 98
23. Esclarecer sobre o significado de palavras ou expressões com múltiplos sentidos 99
24. Traduzir em perguntas as ideias articuladas pelos mediadores 101

GRUPO IV - Ferramentas de Negociação
1. Identificar terceiros envolvidos - aqueles que não participam diretamente da Mediação, mas estão implicados na operacionalização do acordo ou em seus resultados 103
2. Separar as pessoas do problema 104
3. Construir uma pauta objetiva e uma pauta subjetiva 106
4. Identificar os interesses sob as posições 107

5. Identificar Interesses comuns e complementares 109
6. Manejar interesses divergentes 110
7. Iniciar a negociação pela pauta subjetiva 112
8. Auxiliar a pensar soluções de benefício mútuo 113
9. Iniciar a negociação da pauta objetiva por temas de menor tensão e que sejam de interesse de todos os envolvidos 115
10. Articular necessidade e possibilidade em dupla mão 116
11. Auxiliar na identificação da Melhor Alternativa Negociada (MAN) e da Pior Alternativa Negociada (PAN) 118
12. Não abandonar a solução ideal factível – trabalhar o passo a passo para alcançá-la 121
13. Provocar reflexão sobre custos e benefícios inerentes às alternativas geradas e às opções eleitas 122
14. Criar cenários futuros 123
15. Trabalhar com um mínimo de três alternativas na etapa de negociação de opções de solução 124
16. Transformar "ou" em "e" 126
17. Trabalhar com critérios objetivos 127

PARTE II - INTRODUÇÃO AOS APORTES TEÓRICOS 129

I. Norteadores éticos 132
II. Pensamento sistêmico 136
III. Diálogo como processo 140
IV. Processos reflexivos 146

CAPÍTULO II - CAIXA DE FERRAMENTAS EM MEDIAÇÃO: articulação e aportes teóricos 153

GRUPO I - *Etapas do processo*
1. Pré-mediação 156
2. Declaração ou discurso ou abertura 162
3. Relato das histórias 167
4. Definição da pauta de trabalho 173
5. Ampliação de alternativas e negociação de pauta 176
6. Elaboração do Termo de Acordo e assunção de compromisso 182

7. Derivação 186
8. Monitoramento 190
9. Avaliação de resultado 192

GRUPO II - *Ferramentas procedimentais*
1. Acordo/Termo de Participação no processo de Mediação 197
2. Compartilhar os objetivos de cada etapa do processo 200
3. Conferir o tempo necessário a cada etapa do processo de diálogo ... 205
4. Observar os limites da ética e do Direito 212
5. Criar sinais particulares nas anotações 218
6. Promover reuniões privadas – caucus 221
7. Mapeamento do conflito 224
8. Enquadre 228
9. Sugerir a procura de técnicos e/ou especialistas 231
10. Criar tarefas ou oferecer perguntas reflexivas nos intervalos 234
11. Identificar as redes de pertinência dos mediandos e a qualidade de sua participação no contexto fático 237

GRUPO III - *Ferramentas de Comunicação*
1. Escuta ativa 240
2. Acolhimento - legitimar os sujeitos participantes 242
3. Validação 245
4. Balancear a participação de todos 248
5. Considerar atentamente as diferenças culturais entre os participantes 250
6. Identificar e desconstruir impasses 253
7. Conferir especial atenção às perguntas feitas 255
8. Criar um contexto adequado para que as perguntas autoimplicativas possam ganhar eficácia 259
9. Dedicar especial atenção à linguagem verbal e não verbal 262
10. Mensagem Eu (I message) 265
11. Dedicar especial atenção à forma como os conteúdos das falas são apresentados 267
12. Estar atento à natureza do discurso dos participantes 270
13. Estar atento à qualidade de escuta dos participantes 273
14. Estar atento à possibilidade de colonização dos discursos 275
15. Visitar o lugar do outro 279
16. Redefinir com conotação positiva 281

17. Resumo 284
18. Oferecer um resumo inicial 287
19. Parafrasear 288
20. Transformar relatos negativos ou acusações em preocupações, em necessidades desatendidas ou em valores de interesse comum 291
21. Auxiliar na identificação de histórias alternativas ou periféricas 293
22. Externalizar o problema 296
23. Esclarecer o significado de palavras ou expressões com múltiplos sentidos 298
24. Traduzir em perguntas as ideias articuladas pelos mediadores 301

GRUPO IV – Ferramentas de Negociação

1. Identificar terceiros envolvidos – aqueles que não participam diretamente da Mediação, mas estão implicados na operacionalização do acordo ou administram a repercussão de seus resultados 305
2. Separar as pessoas do problema 307
3. Construir uma pauta objetiva e uma pauta subjetiva 310
4. Identificar os interesses sob as posições 313
5. Identificar interesses comuns e complementares 316
6. Manejar interesses divergentes 319
7. Iniciar a negociação pela pauta subjetiva 323
8. Auxiliar a pensar soluções de benefício mútuo 325
9. Iniciar a negociação da pauta objetiva por temas de menor tensão e que sejam de interesse de todos os envolvidos 328
10. Articular necessidade e possibilidade em dupla mão 330
11. Auxiliar na identificação da Melhor Alternativa Negociada (MAN) e da Pior Alternativa Negociada (PAN) 333
12. Não abandonar a solução ideal factível – trabalhar o passo a passo para alcançá-la 336
13. Provocar reflexão sobre custos e benefícios inerentes às alternativas geradas e às opções eleitas 338
14. Criar cenários futuros 341
15. Trabalhar com um mínimo de três alternativas na etapa de negociação de opções de solução 343
16. Transformar "ou" em "e" 345
17. Trabalhar com critérios objetivos 347
CONCLUSÃO 349

AGRADECIMENTOS

Sou imensamente grata àqueles que considero coautores desta obra – os alunos de todos os tempos, que me inspiram com suas perguntas e contribuições, a cada encontro; os docentes com quem tenho convivido, mais proximamente ou não, e com quem tenho compartilhado ideias; e, em especial, os autores mencionados nesta obra, assim como os que não foram incluídos, mas que são parceiros virtuais das minhas constantes reflexões sobre este e outros temas.

APRESENTAÇÕES

O livro *Caixa de Ferramentas em Mediação*, de Tania Almeida, entrega ao leitor, de forma agradável, didática e com grande apuro técnico, os elementos primários do trabalho de um mediador, dando-lhe os instrumentos básicos para a condução de uma mediação sem, contudo, cair na solução fácil das fórmulas preconcebidas e dos caminhos já trilhados. Não que se olvide de apontar soluções para questões práticas, mas quando o faz, foca-se no desenvolvimento, em seus leitores, de uma visão prospectiva dos enfrentamentos e, principalmente, aponta-lhes a razão pedagógica de cada ação, intervenção, ou rearranjo das situações conflitivas que certamente todos os mediadores, e os estudiosos dessa arte, enfrentam ou enfrentarão em um determinado momento.

Na obra, que é dividida em dois capítulos, Tania Almeida coordena, em crescendo lógico, diversas situações da praxe da mediação, explicitando sempre os objetivos perseguidos, a operacionalização prática e, por fim, o resultado que se espera da adoção dessas técnicas. No segundo tomo traz, para um aprofundamento das questões, o lastro teórico que dá sustentação às soluções inicialmente apresentadas.

Em resumo, a autora, com inegável maestria, conseguiu condensar em apenas uma obra um guia prático para o mediador e um livro de consulta acadêmica.

Fátima Nancy Andrighi
Ministra do Superior Tribunal de Justiça.
Mestre em Mediação de Conflitos pelo Institut Kurt Bösh

Não é incomum um trabalho acadêmico (no caso deste livro, uma dissertação de mestrado) reunir aspectos teóricos e práticos, doutrina e práxis. Mas, certamente, é singular e criativo fazer do método utilizado - complementação entre prática e teoria - o próprio conteúdo da obra. A leitura "horizontal" recomendada por Tania Almeida levou-me a descobrir no trabalho as raízes do estruturalismo, remontando a Marshall McLuhan com o livro *O meio é a mensagem* (1967) em que o próprio meio (ou método) constitui a verdadeira mensagem.

E já que a obra, a meu ver, é estruturalista, também me socorreram em seu entendimento a linguística e Umberto Eco, com sua *Opera Aperta*. A autora deixa claro que o elenco das ferramentas próprias da mediação não se esgota nas sugeridas no texto, assim como as fontes teóricas - entendidas como base de sustentação das técnicas — são simplesmente indicativas da experiência de Tania Almeida. Sendo assim, a obra é "aberta" porque não comporta apenas uma interpretação, de maneira que o modelo teórico utilizado deixa ao executante escolher uma das sequências possíveis ou criar outras.

Isso tudo, aplicado à mediação, é extremamente importante neste momento histórico no Brasil. E digo isso porque, no auspicioso incremento da utilização deste método alternativo de solução de conflitos, que entre nós é ainda incipiente, não se podem impor modelos fechados, uniformes, inequívocos. Na busca de um método "brasileiro" para a mediação, há de se utilizar um conjunto de técnicas, que sejam adequadas a uma determinada realidade sócio-político-econômica, mas que deixem a mediação livre em relação à escolha de suas ferramentas e a seu embasamento teórico. E isso, infelizmente, não parece ter sido entendido pelos responsáveis pela última modificação da Resolução nº 125 do CNJ.

Agora, é esperar que os Tribunais acolham a abertura que o livro de Tania Almeida inspira, deixando capacitadores e mediadores judiciais livres para construírem sua "opera aperta". E se a mediação judicial assim se desenvolver no Brasil, o exemplo certamente também se estenderá à mediação extrajudicial.

Este é o caminho a seguir, e a obra ora apresentada constitui, por si só, um exemplo de boa ferramenta a ser utilizada. O meio é a mensagem, Mestre McLuhan.

Ada Pellegrini Grinover
Professora Titular da Faculdade de Direito da USP.
Presidente do CEBEPEJ - Centro Brasileiro de Estudos e Pesquisas Judiciais

Um dos grandes desafios de se escrever uma obra sobre mediação de conflitos consiste, precisamente, em conseguir condensar a teoria suficiente para basear uma boa prática – nada mais, nada menos. Pecar por excesso, criando mais teoria do que a mediação demanda, produz trabalhos de imensa riqueza conceitual e de pouca realização prática – grandes teorias para pequenas práticas. Por outro lado, pecar por ausência enseja uma abordagem ineficiente de um processo de resolução de disputas que requer técnica.

Na presente obra, *Caixa de Ferramentas em Mediação*, sabiamente soube-se posicionar de forma equilibrada uma fundamentação teórica suficiente para a prática da mediação. A feliz opção por analisar as técnicas seguidas dos impactos esperados permite que o leitor perceba se compreendeu adequadamente ou conseguiu aplicar as técnicas apresentadas desta excelente obra. Ademais, as técnicas ou ferramentas apresentadas estão postas em número abundante, para que um mediador incipiente ou mesmo um experiente possam ter uma ampla opção de estratégias para estimular a mediação a fluir.

Assim, em uma incursão a uma ótica mais técnica e ao mesmo tempo pragmática do processo de mediação, *Caixa de Ferramentas em Mediação* distancia-se, como deveria, de estruturas e fórmulas exclusivamente positivadas, e, significativamente, contribui para a fundamentação metodológica atualmente em desenvolvimento no campo da mediação no Brasil.

André Gomma de Azevedo
Juiz. Membro do Comitê Gestor do Movimento pela Conciliação
do Conselho Nacional de Justiça

No Brasil, vivemos um momento de transição da "cultura da sentença" para a "cultura da pacificação", que recebeu importante impulso com o advento da Resolução nº 125, do Conselho Nacional de Justiça, que instituiu a Política Judiciária Nacional de Tratamento Adequado de Conflitos e teve por base a proposta do Professor Kazuo Watanabe, apoiada por entidades públicas e privadas que havia muito vinham trabalhando com a Mediação em nosso país.

Consequentemente, devemos enfrentar um grande desafio, qual seja: capacitar adequadamente os terceiros facilitadores, que vão trabalhar com a Mediação no âmbito judicial ou privado, pois apesar da Política acima referida ser "Judiciária", incentiva o desenvolvimento da Mediação como um todo no país.

Nesse diapasão de extrema importância, a obra que se apresenta tanto pelas características da autora, que tem uma vida marcada pela mudança, quanto pelo seu conteúdo interdisciplinar e formato peculiar, agrega o prático e o teórico, convidando a uma leitura horizontal da "caixa de ferramentas", conceituada como metáfora utilizada na prática da Mediação para caracterizar o conjunto de técnicas e procedimentos utilizados na dinâmica do processo.

Trabalhando com a Mediação desde meados de 2003, tenho acompanhado vários cursos de capacitação de mediadores, como docente ou coordenadora, verificando que se atêm quase que exclusivamente à prática, havendo carência de fundamento teórico.

A autora, modificando esse panorama, acentua a importância da teoria, buscando sua relação com a prática; e, atentando para o fato de que a Mediação tem sido procurada como ferramenta de trabalho por pessoas das mais variadas profissões de origem, destina a obra a turmas transdisciplinares.

Por outro lado, havendo, hoje, uma imensa gama de docentes nessa área que desejam impor um "modelo" ou uma "escola" de Mediação, como a única possível, a obra se destaca por não se prestar a qualquer imposição, admitindo e explorando a diversidade.

Como já dito, sentia-se a carência de uma obra escrita que transmitisse ao corpo discente, com objetividade e clareza, o procedimento e as técnicas da Mediação sem a pretensão de impor determinado método de ensino ou "escola" de Mediação, e que respeitasse, de forma efetiva, e não apenas no discurso, a interdisciplinaridade. E, com a leitura desse trabalho, percebe-se que hoje, felizmente, os cursos de capacitação de mediadores não sofrerão mais com essa lacuna.

E mais importante: não tem a autora a intenção de esgotar a teoria sobre o tema, deixando um campo aberto para novas contribuições e experiências, que apenas a prática e o tempo trarão.

Enfim, trata-se de uma obra que muito contribuirá para o desenvolvimento da Mediação no Brasil.

Valeria Ferioli Lagrasta Luchiari
Juíza. Pós-graduada em Métodos de Soluções Alternativas de Conflitos Humanos pela EPM - Escola Paulista de Magistratura. Formada em Mediação Judicial, Negociação e Mediação Avançadas pela Columbia University

Há alguns anos, fui honrada com o generoso convite de rever a *Caixa de Ferramentas em Mediação*. Naquela época, tratava-se de um elenco de técnicas, de cunho meramente prático.

Tempos mais tarde, tive o imenso prazer de ser convidada a oferecer um olhar crítico sobre a obra em muito sofisticada, pois fundamentada em riquíssimos aportes teóricos.

O desafio foi, em verdade, um deleite. Desde 2008 acompanho a dedicação de Tania, eterna mestre e amiga, na concretização desse sonho. Sem sombra de dúvidas, seu propósito inicial foi sobejamente alcançado e superado. A presente obra é de consulta valiosa, porquanto reúne ensinamentos preciosíssimos para mediadores de todas as linhas teóricas e das mais distintas áreas de atuação.

Desejo, sinceramente, que a leitura deste livro proporcione a seus leitores o mesmo contentamento que senti.

Samantha Pelajo
Professora e Membro Fundador do Grupo Interdisciplinar
de Mediação de Conflitos da PUC-Rio.
Presidente da Comissão de Mediação de Conflitos da OAB-RJ
Coordenadora da Área de Mediação Familiar do Mediare

O título escolhido por Tania Almeida para seu livro, *Caixa de Ferramentas em Mediação – aportes teóricos e práticos*, não poderia ser mais oportuno e ilustrativo em relação ao que a obra representa para mediadores e estudiosos do tema.

Ao considerarmos que o sentido do vocábulo ferramenta nos remete à evocação de um dispositivo ou mecanismo, de ordem física ou intelectual que utilizamos para realizar tarefas, é, de fato, o livro de Tania Almeida que se constitui, com enorme propriedade, uma importante ferramenta para o exercício da Mediação.

Partindo de uma hábil descrição do processo de Mediação em seus fundamentos, etapas e ferramentas, a autora detalha o processo ao mesmo tempo que o generaliza como um método passível de aplicação em diferentes contextos. Teoriza os pressupostos da Mediação ao mesmo tempo que fala da prática, numa articulação consistente. Por fim, nos conta dos efeitos esperados em cada uma das ferramentas utilizadas, entrelaçando definitivamente o aporte teórico e a práxis. Desta forma, oferece aos mediadores, inclusive aos mais experientes, a possibilidade de reflexão e a oportunidade de revisitarem sua postura mediadora.

Este livro é maior que ele mesmo: se propõe a falar das ferramentas e se torna a própria ferramenta. É o que costuma acontecer quando a obra literária se impregna da vivência pessoal e profissional do seu criador, no caso de Tania Almeida, uma rica experiência de vida, marcada pela transformação constante, conforme suas próprias palavras.

É também uma aula, ainda que literária, pois Tânia Almeida é uma mestra que nos apresenta e conduz com maestria, do começo ao fim, as múltiplas possibilidades desse campo transdisciplinar que é a Mediação de Conflitos.

Obrigada, Tania Almeida.

Seu livro é um presente para todos, principalmente para os mediadores, profissionais ou aspirantes, experientes ou iniciantes.

Joyce Rososchansky Markovits
Docente e fundadora da HERA – Instituto de Mediação.
Coordenadora do Núcleo de Mediação da Na'amat Pioneiras - SP

PREFÁCIO

Desde a introdução da Mediação no Ocidente, têm-se manifestado várias tensões entre os poderes Judicial e Executivo, os grupos de poder econômico e as classes profissionais na tentativa de poder se apoderar da sua regulamentação, exercício e controle que produziram desvios, deformações e paralisações.

A Mediação foi incorporada no Ocidente como auxiliar do Judiciário para poder desafogar os fóruns excedidos pela sua demora funcional agravada pela evolução da sociedade e o incremento das questões que são submetidas a julgamento.

De ser considerada unicamente um procedimento de resolução de conflitos auxiliar e alternativo ao julgamento, a Mediação foi mostrando, no seu cada vez mais estendido campo de ação, seu maior e melhor contributo como proposta filosófica e sociológica de organização social cooperativa e de comunicação interpessoal respeitosa e solidária.

Priorizando a participação responsável e a inclusão pela escuta, nos permitiu entender que o saber está nas pessoas envolvidas em conflitos e que são elas as que devem decidir, segundo suas necessidades e projetos de futuro.

Este princípio ideológico veio questionar os ordenamentos econômico-sociais hegemônicos por não se adequar a nenhum deles.

Os que aderem aos princípios neoliberais têm tentado sequestrar a Mediação propiciando uma "justiça privada", onde o poder continua a ser exercido na imposição de acordos sem respeito nem responsabilidade.

Os que aderem aos princípios da imprescindível intervenção do Estado para assegurar os direitos dos "mais fracos" tentam, pela sua parte, deturpar a Mediação submetendo-a à burocracia.

Frente a este quadro de imposição e de exclusão; de assistencialismo e dependência; nós, os mediadores e, mais especificamente, os formadores, tentamos resgatar a ideologia da Mediação onde esses conceitos não têm cabimento.

Como conviver nesta realidade sem trair a razão essencial da Mediação e seu objetivo de servir às pessoas envolvidas em conflitos e não os interesses particulares dos grupos de poder?

Este livro de Tania Almeida precisamente é um dos trabalhos mais específicos e concretos na procura de estabelecer como os princípios fundamentais da Mediação devem ser mantidos no procedimento exercido nessa realidade político-social.

Considero que a forte procura de resguardar e fortalecer a ética profissional do mediador para assegurar o melhor serviço é a preocupação permanente de Tania desde o início dos anos 1990, em que começamos, no Brasil, a tentar estabelecer um diálogo construtivo entre todas as instituições de Mediação no estabelecimento de uma formação e de uma prática ética e efetiva.

Este livro de Tania é o resultado de todos esses anos de estudo, investigação, docência e, fundamentalmente, de prática da Mediação organizados no eixo fundamental da ética profissional.

Numa leitura técnica, pode-se encontrar a sua preocupação por delimitar, desenvolver e especificar a caixinha de ferramentas do mediador para consolidar e fortalecer uma prática efetiva e eficiente. Mas o verdadeiro valor superior desta obra é o estabelecimento dos fundamentos filosóficos, científicos e doutrinários da função do mediador que sustentam o uso dessas ferramentas.

Não podemos continuar pensando no mediador somente como um técnico da comunicação, conhecedor de técnicas específicas para obter resultados na tentativa de resolver problemas, pois essa redução deixa a Mediação vulnerável à influência da ideologia do entorno.

Tenho certeza de que a leitura completa deste livro nos permite assegurar que onde quer que a Mediação seja utilizada o importante é o efeito emancipador que produz nos participantes por se sentirem capazes de analisar e resolver os próprios conflitos e de conduzir a própria vida de maneira responsável, cooperativa e solidária.

Tive a honra de acompanhar a construção deste livro. À medida que os textos surgiam, me fortalecia na convicção de que a obra estava a tomar uma dimensão superior à de um livro ou manual sobre Mediação.

Obra de consulta para mediadores, de guia para formadores, de introdução para neófitos, mas fundamentalmente sustento integrador dos princípios reitores da Mediação que fundamentam sua prática.

Sem dúvida, esta obra vem a atender as necessidades dos mediadores e será exemplo para a construção de textos futuros sobre Mediação.

Finalmente, desejo que os grupos de poder leiam este livro e que consultem e se consubstanciem com as fontes teóricas apresentadas sempre que pretendam legislar e/ou normatizar o exercício da Mediação.

Juan Carlos Vezzulla

Formador internacional de mediadores. Cofundador dos Institutos de Mediação e Arbitragem do Brasil – IMAB e de Portugal – IMAP. Prêmio Medalha à Paz e à Concórdia, México, 2008.

Caro leitor,

   Para que a articulação entre a pratica e a teoria proposta no titulo se dê, recomendamos a leitura horizontal deste livro, ou seja – após cada ferramenta mencionada na Parte I, ir à pagina da Parte II identificada junto à ferramenta, onde você encontrará seu embasamento teórico, duas referencias bibliográficas comentadas e um espaço para registrar sua reflexão a respeito. A leitura vertical da Parte I poderá ser útil para consultas rápidas sobre o objetivo, a operacionalização e o possível impacto relativo a cada ferramenta.
   Disponibilizo o e-mail; caixadeferramentas@mediare.com.br para que você leitor, possa me escrever sobre as reflexões que agregou no espaço a elas dedicado no livro e assim, alimentar uma segunda edição, já contemplando os aportes oferecidos e dando ao livro um caráter ainda mais interativo.

INTRODUÇÃO

Este livro tem como tema central a *Caixa de Ferramentas em Mediação* e como complemento indispensável a articulação de sua prática com a teoria que a origina ou embasa. A metáfora da caixa de ferramentas foi utilizada para comportar intervenções utilizadas na Mediação, categorizadas, nesta obra, em quatro segmentos: etapas do processo, técnicas procedimentais, aportes da comunicação e aportes da negociação.

Caixa de Ferramentas em Mediação – aportes práticos e teóricos é um manual de consulta em dois capítulos, em que o primeiro contempla uma listagem de ferramentas com seus objetivos, operacionalização e impactos esperados; e o segundo, leituras teóricas de caráter multidisciplinar que possibilitam a compreensão desses objetivos e dos possíveis impactos resultantes da utilização de cada ferramenta.

Cada capítulo tem uma introdução própria, que oferece um cenário contextual sobre o qual deve ser entendido para que ganhe sentido. A introdução ao primeiro capítulo fala do caráter transdisciplinar do conjunto de ferramentas elencadas, da eleição de cada ferramenta em um momento dado, de seu especial manejo, do impacto que pode provocar e dos elementos que tendem a conferir sustentabilidade a esses impactos. A introdução ao segundo capítulo discorre sobre os, assim denominados, quatro pilares teóricos da Mediação de Conflitos – a ética, o diálogo, o pensamento sistêmico e os processos reflexivos – por se constituírem o cenário contextual para todos os demais aportes teóricos tratados no capítulo.

Ao final dos aportes teóricos do segundo capítulo, a partir da introdução, há a oferta de duas referências bibliográficas comentadas, distintas de todas as demais, que complementam a leitura teórica. Após o par de referências bibliográficas, há um espaço de interlocução com o leitor, para que agregue suas reflexões e outros aportes teóricos que considere pertinentes, uma vez que aqueles que esta obra oferece não esgotam possibilidades e que a interação com o leitor e a coautoria por ela provocada também são metas desta publicação.

Os dois capítulos podem ser lidos na vertical – sequenciados – ou na horizontal: após o acesso a cada ferramenta descrita sucintamente no capítulo I, o leitor deve migrar para seu substrato teórico contido no capítulo II, com vistas a ampliar e complementar sua leitura. Em função dessa complementaridade, recomendamos fortemente a leitura horizontal, preservando a leitura vertical, exclusivamente, para consultas rápidas.

Para facilitar a leitura horizontal, indicamos, a cada nova ferramenta descrita no capítulo I, o número da página onde o leitor encontrará sua base teórica no capítulo II.

Acredito que, para um texto ganhar um entendimento próximo das intenções com que foi escrito, é necessário conhecer algo sobre seu autor, sua cultura, o lugar e o tempo de onde fala, sua construção social.

Por essa razão, revelo ao leitor que sou uma brasileira com uma história de vida que inclui muitas mudanças, entendidas como significativas no mundo ocidental. Ao longo de seis décadas de existência, ascendi a uma classe socioeconômica e cultural mais favorecida do que a de meus pais, impulsionada pelas mudanças que provocaram em suas próprias vidas, pelo trânsito por diferentes contextos socioculturais e pelo acesso à educação formal. Ainda criança, fui sensibilizada por três religiões diferentes, apresentadas por figuras pilares na minha vida – minha mãe, meu pai, meu tio predileto e as madres do colégio interno onde estive dos 8 aos 17 anos. Mudei de atividade profissional algumas vezes – já fui neurologista e psiquiatra infantil, psicanalista de crianças e de adolescentes, terapeuta de família e docente na área; hoje sou mediadora de conflitos, tema que também leciono.

Trabalho facilitando diálogos em situações de crise, por vezes como terapeuta, por vezes como mediadora. A multidisciplinaridade da minha formação profissional inclui, ainda, a incursão pela sociologia, pela filosofia e pela gestão empresarial. Não mantenho fidelidade dogmática a nenhum dos saberes a que já tive acesso. Todos me enriqueceram e a articulação deles me conferiu um perfil psíquico e mental mais flexível do que quando mais jovem. Esse percurso de vida me ajudou a construir afinidade pela diferença e pelo seu manejo, motivadores de minha atuação profissional nos últimos 30 anos.

O trabalho com a docência da Mediação de Conflitos me impulsiona a estar sempre atenta para identificar a eficácia das intervenções didáticas que utilizo. Com os alunos e alguns docentes da equipe que coordeno, venho também avaliando, em paralelo, a eficácia das intervenções utilizadas na Mediação, com base na análise reflexiva dos possíveis impactos provocados por essas intervenções nas situações de simulação e de prática real.

O movimento de investigar possíveis impactos provocados pelas intervenções utilizadas na Mediação levou-me a construir, progressivamente, uma caixa de ferramentas – metáfora já utilizada por muitos para traduzir a reunião de aportes técnicos empregados na Mediação.

Com a caixa de ferramentas abastecida, mas carente de uma visão teórica que embasasse o que empírica e intuitivamente temos aferido como possíveis impactos provocados pelas intervenções compiladas, resolvi dedicar-me a pesquisar subsídios teóricos que pudessem validar os impactos identificados.

No curso desta investigação, concluí que nós, os docentes de maneira geral, temos privilegiado o ensino da prática nos cursos de capacitação ou de aprimoramento em Mediação de Conflitos. Alimentamo-nos vorazmente de pressupostos teóricos que emolduram e sustentam essa prática, mas nos momentos de formação e aprimoramento, talvez pela exiguidade do tempo, ou até mesmo pelo caráter prático da atuação como mediador, focamos, especialmente, no exercício do instituto.

O objetivo de identificar leituras teóricas para cada intervenção compilada foi, também, oferecer subsídios que validassem as hipóteses construídas sobre os impactos por elas provocados. De maneira geral, os alunos perguntam sobre a operacionalização das intervenções – como e quando utilizá-las –, e pouco se atêm ao embasamento teórico que as sustentam.

As turmas de capacitação em Mediação de Conflitos têm sido cada vez mais multidisciplinares. Advogados, psicólogos, médicos, engenheiros, juízes, economistas, assistentes sociais – profissionais dedicados a questões familiares, penais, comunitárias, escolares, empresariais, de políticas públicas, de direito internacional, de meio ambiente.

Homens e mulheres de distintas classes sociais, profissionais recém-formados ou experientes em sua área de atuação, originários da diversidade cultural brasileira, própria de cada estado da federação e de cada microcultura familiar.

É neste perfil plural que se encontra parte dos atores e coautores da investigação sobre os possíveis impactos consequentes a intervenções utilizadas na Mediação de Conflitos, compilados neste livro e objetos de reflexão e teorização. Digo parte, porque a interlocução que origina as ideias aqui contidas é mais ampla e inclui colegas formadores e supervisores, os autores dos textos lidos e das palestras que atravessaram o tempo e as minhas ideias, assim como a voz de alguns mediandos, oriundos de diferentes cenários sociais, da prática privada e social, ao nos oferecerem comentários ao trabalho destacando alguma intervenção, ou ao responderem a pesquisa qualitativa que o integra.

Vale ressaltar que estou denominando intervenção todo e qualquer comportamento, verbal ou não verbal do mediador e do comediador: procedimentos, técnicas, atitudes, a exemplo das intervenções que seguem compiladas nesta publicação.

As leituras feitas até o momento, não somente aquelas dirigidas ao tema, como também as conversas com amigos mediadores e a participação em seminários e congressos de Mediação, mostraram-me que distintos significados são atribuídos a algumas intervenções. Esta publicação contempla os significados com os quais venho trabalhando na prática e com os alunos. No curso dos dois capítulos, falo sobre essa diversidade de nomeação e menciono algumas expressões sinônimas.

Vale também ressaltar que esta lista de intervenções/ferramentas não esgota os recursos que vêm sendo utilizados por mediadores para conduzir processos de Mediação. Diferentes áreas de atuação possuem ferramentas próprias que atendem a necessidades específicas como os diagnósticos participativos na área organizacional e os círculos de construção de consenso nos diálogos com múltiplas partes, para citar apenas algumas.

A linguagem utilizada neste livro procurou ser clara e concisa, para que a caixa de ferramentas, com seus aportes práticos e teóricos, pudesse atender a distintos públicos discentes e ser de fácil manuseio para os praticantes, ambos, público-alvo desta publicação.

Como algumas ferramentas são complementares ou oriundas de um mesmo norteador teórico, e como cada ferramenta tem dois momentos de explanação no livro – o prático e o teórico –, eventuais repetições de ideias ou conceitos ocorrem e foram consideradas pertinentes, levando também em conta o público-alvo e o processo de assimilação de informações relativo à aprendizagem.

Em função da diversidade de sua contribuição teórica, este livro, inicialmente dedicado a alunos de capacitação em Mediação e a praticantes, ganha espaço de consulta e ampliação de conhecimento também junto ao público docente.

Tania Almeida

PARTE I

INTRODUÇÃO AOS APORTES PRÁTICOS

(a introdução ao capítulo II encontra-se na p. 155)

Caixa de ferramentas é uma metáfora usualmente empregada na prática da Mediação para designar o conjunto de técnicas e procedimentos utilizados na dinâmica do processo.

Como em outros campos de atuação, aquele que deseja obter desempenho exitoso em uma determinada atividade, profissional ou não, deve saber reunir um conjunto de ferramentas que lhe seja útil. Reunidas as ferramentas, é preciso habilidade para eleger aquela que se adéqua ao objeto da intervenção e aos seus propósitos. Eleita, é preciso manuseá-la com a propriedade que a situação exige.

A princípio, a eleição adequada e o manuseio apropriado das ferramentas tendem a proporcionar eficácia e efetividade ao resultado. Entretanto, é importante considerar que são múltiplos os fatores que influenciam na ocorrência e na qualidade do impacto esperado.

Como em outras práticas, o impacto obtido pelo uso de uma determinada ferramenta na Mediação não guarda necessária relação de linearidade com a intenção do mediador ou com a escolha adequada da ferramenta. Impactos constroem-se na interação e sua qualidade advém da articulação entre o objeto da intervenção, os mediandos, e aquele que a pratica, o mediador; a ferramenta empregada e sua adequação àquela situação em particular; o momento da intervenção e a destreza no seu manuseio; as condições ambientais e a repercussão sobre o contexto e sobre terceiros e o imponderável.

Na Mediação, a sustentabilidade do impacto obtido é também de difícil previsibilidade. A sustentabilidade será igualmente influenciada por uma multiplicidade de fatores, como a maior ou menor adesão das redes de pertinência dos mediandos às mudanças propostas, o perfil pessoal de cada participante do processo, o momento em que a intervenção é realizada e os cenários afetivos e socioculturais dos sujeitos implicados, dentre outros.

A importância de destacar a caixa de ferramentas utilizada na Mediação reside, especialmente, na demonstração de seu caráter transdisciplinar. O capítulo II reúne alguns pressupostos teóricos oriundos de diferentes disciplinas que podem ser identificados na base das técnicas, dos procedimentos e das intervenções compilados neste primeiro capítulo.

Para garantir a fluência da leitura entre os capítulos I e II da **Caixa de Ferramentas**, as articulações e os aportes teóricos descritos no capítulo II guardam a mesma sequência de apresentação das ferramentas compiladas no capítulo I. Dessa forma, o leitor pode ir e vir entre a prática e a teoria, fazendo uma leitura horizontal entre os dois capítulos. Para facilitar este ir e vir entre a prática e a teoria, a página relativa aos aportes teóricos está identificada no anúncio de cada nova ferramenta tratada no capítulo I. Por certo, teoria e prática não se esgotam, são mais amplas do que esta obra se propôs a compilar e estão abertas a novas e permanentes contribuições.

A autonomia da vontade dos mediandos – princípio fundamental da Mediação – está sendo considerada como pressuposto para esse cenário de trabalho, em seu amplo espectro: escolha do instrumento, dos mediadores, dos procedimentos, da extensão do sigilo, dos itens da pauta de negociação, das alternativas e da solução final, da abrangência dos acordos, da maior ou menor formalidade conferida ao encaminhamento dado ao texto que traduz o consenso, para citar apenas alguns elementos de sua expressão.

Vale ressaltar que também os mediadores elegem as intervenções e sua sequência, regidos pela autonomia da vontade e pelos norteadores teóricos e práticos que adotam. Considerando que a observância dos preceitos éticos pelo mediador e pelos mediandos é premissa – com destaque para a imparcialidade do primeiro e o protagonismo e autoria dos segundos –, as técnicas e procedimentos que caracterizam a prática da Mediação serão mais ou menos utilizados a partir das eleições feitas pelos mediadores.

CAPÍTULO I

Caixa de Ferramentas em Mediação:
objetivos, operacionalização e impactos esperados

(se quiser iniciar a leitura horizontal deste livro, a apresentação do capítulo II encontra-se na p. 155)

A compilação das técnicas e procedimentos aqui retratada inspirou-se, especialmente, na observação da prática da Mediação – simulada e real, social e privada – com clientes de diferentes faixas etárias e condições socioculturais e, certamente, não abrange todas as possibilidades.

O formato adotado na sequência de exposição – objetivos, operacionalização e impactos esperados – teve como inspiração e referência o interesse continuamente manifestado pelos alunos por esses três elementos inerentes às ferramentas.

Por vezes, objetivos e impactos esperados se sobrepõem. Para lidar com esse dilema, aos objetivos foram atribuídas possíveis intenções primeiras do mediador ao utilizar uma ferramenta, e aos impactos foram atribuídas as possíveis consequências de sua utilização.

O tema operacionalização tanto traduz ações do mediador no manejo específico de uma ferramenta, como aponta norteadores de intervenção, podendo, assim, contemplar diferentes maneiras de lidar com uma ferramenta.

A divisão das ferramentas em quatro grupos temáticos – (i) etapas do processo, (ii) ferramentas procedimentais, (iii) ferramentas de comunicação e (iv) ferramentas de negociação – vem atender à necessidade de oferecer alguma sistematização para esse conjunto de recursos práticos.

Em etapas do processo, está contemplado o passo a passo da Mediação em uma sequência didática, uma vez que na prática algumas etapas se entrepõem e, por vezes, se antecipam. Entender a Mediação como um processo de diálogo com estágios voltados a diferentes propósitos é uma visão compartilhada por todos os teóricos do campo, mas a nomeação de cada etapa difere entre os autores.

Em ferramentas procedimentais, estão alocados alguns atos e atitudes postos em prática com frequência nessa natureza de processo de diálogo coordenado por terceiro, que visa ao consenso.

Em ferramentas de comunicação, estão mencionadas aquelas mais comumente empregadas na Mediação, por vezes nomeadas de forma distinta pelos teóricos, mesmo guardando semelhança em seu significado.

Em ferramentas de negociação, estão elencadas aquelas que auxiliam significativamente este processo de negociação assistida baseado em satisfação mútua, perfil que caracteriza a Mediação.

Tomemos por certo que a proposta da subdivisão em categorias admite outras possibilidades de agrupamento e que algumas ferramentas poderiam ocupar mais de um grupo temático.

O passo a passo que se apresenta a seguir em etapas do processo tem como norteador central o quadrante de princípios de negociação sugeridos, na década de 1970, pelo Projeto de Negociação de Harvard (Harvard Negotiation Project), primeira linha mestra teórica a contribuir para a estruturação da Mediação como processo de diálogo e de negociação de diferenças, voltado aos interesses e ao benefício mútuo.

Aqueles mediadores que optam por conduzir o diálogo assistido acompanhando o discurso dos mediandos e encontrando nele brechas para o empoderamento de ambos e o reconhecimento mútuo – Escola Transformativa –, ou aqueles que privilegiam as narrativas como fio condutor de intervenções – Escola Narrativa –, poderão igualmente encontrar subsídios para o seu trabalho na caixa de ferramentas aqui apresentada, uma vez que ela não se atém exclusivamente a nenhuma das correntes de prática da Mediação e compila contribuições advindas de todas elas.

Grupo I – Etapas do processo

1 – Pré-mediação *(p. 156)*

Objetivos

Esta é uma etapa eminentemente informativa, em mão dupla, para mediandos e mediadores.

No que tange aos mediadores, a pré-mediação possibilita que, a partir do contato com os indivíduos e suas motivações, identifiquem se o instrumento é o método de composição mais apropriado para as questões trazidas; se o mediador atesta independência com relação ao tema e as pessoas envolvidas; se a comediação seria conveniente ou não na condução do diálogo.

No que tange aos mediandos, estes recebem informações sobre o processo de autocomposição visando: (i) elencar claramente os temas que os trazem à Mediação; (ii) possibilitar a escolha consciente da Mediação como meio de resolução do conflito e/ou das questões existentes; (iii) identificar se encontram em si mesmos disponibilidade para rever posições rígidas ou competitivas; (iv) trabalhar focados na busca de soluções de benefício mútuo; (v) reconhecer a possibilidade de empenho na observância dos propósitos e princípios éticos do instituto.

Operacionalização

O mediador deve explanar com clareza e concisão a natureza de sua atuação e os princípios fundamentais e estruturais do processo – passo a passo, procedimentos, objetivos, preceitos éticos, adequação e alcance da Mediação no caso em questão.

Em seguida, deve esclarecer sobre a disponibilidade esperada dos mediandos para que atuem de forma colaborativa, adotando uma postura que favoreça a fluidez do diálogo, revendo posições antagônicas, considerando soluções de benefício mútuo e envidando esforços concretos no sentido da autocomposição.

Como essa etapa visa também identificar a necessidade e a conveniência da comediação – atuação conjunta de dois mediadores, preferencialmente com complementaridade de conhecimentos, para incrementar a qualidade do processo de diálogo em termos de manejo e de resultados –, mediadores devem, antes do seu término, indicar a conveniência ou não de comediação, caso esta não seja uma prática padrão.

Esta etapa pode ocorrer em reunião conjunta com todos os envolvidos ou em reunião privada com cada um deles, na presença ou não de advogados. Quando em reunião privada, possibilita a expressão de emoções na ausência do outro; o contato com o discurso genuíno, e não reativo, de cada mediando; o acolhimento da fala e dos sentimentos iniciais dos participantes para, inclusive, reunir elementos que ajudem a mapear o conflito existente. Quando na presença de advogados, viabiliza unificar conhecimentos sobre este processo de diálogo, conhecer seu grau de adesão à Mediação, assim como sua disponibilidade para assessorar seu cliente de acordo com os norteadores éticos e procedimentais do instituto.

Impacto esperado

Objetiva-se, neste momento, abastecer os mediandos com informações suficientes que viabilizem o exercício genuíno da autonomia da vontade, para elegerem ou não a Mediação como recurso.

Uma eleição qualificada inaugura o rol de escolhas conscientes que praticarão ao longo do processo; contribui significativamente para uma mudança positiva no diálogo e para a assunção do compromisso por construir, traduzido ao final do processo em um Termo de Acordo.

Esta etapa visa também gerar segurança e confiança com relação ao processo de diálogo, uma vez que oferece uma visão panorâmica sobre o que ocorrerá, deixando claros os limites e alcances da atuação do(s) mediador(es) e da Mediação, assim como os seus propósitos. A pré-mediação também propicia uma percepção autoimplicativa por parte dos mediandos, possibilitando que identifiquem o quanto sua postura e participação podem favorecer os objetivos e o êxito do processo, assim como a sustentabilidade dos compromissos que vierem a ser alcançados.

A combinação de pré-mediação com reunião privada preliminar pode ser interessante quando os indivíduos estiverem com suas emoções muito afloradas, pois possibilita uma interferência menor das questões subjetivas na interação dos mediandos, quando da primeira reunião conjunta. Vale ressaltar o benefício de conhecer os discursos originais de cada mediando numa reunião privada preliminar, em que a ausência da presença física do opositor tende a esvaziar as posturas reativas e contra-argumentativas.

2 – Declaração ou discurso de abertura *(p. 162)*

Objetivos

Esta etapa demarca a eleição da Mediação pelos mediandos e o início do processo de diálogo, assim como resgata parte das informações elencadas na pré-mediação. A (re)apresentação do passo a passo do processo de Mediação, de seus princípios e procedimentos, ratifica entendimentos, traz esclarecimentos a eventuais questionamentos dos mediandos e sela os compromissos que serão expressos no Acordo de Participação no processo de Mediação.

Operacionalização

Os envolvidos no dissenso podem manifestar o seu desejo de utilizar a Mediação como recurso no momento seguinte à pré-mediação, ou mesmo dias/meses depois de esta etapa preliminar ter ocorrido. Quando isto ocorre, os mediador(es) eleito(s) ou designados pela instituição administradora disponibilizam-se para esclarecer eventuais dúvidas relativas à dinâmica da Mediação e a seus princípios, antes de dar início ao processo de diálogo.

É nesse momento que os mediandos confirmam sua disposição para atender às premissas da Mediação, como a assunção de uma postura colaborativa, a disponibilidade para levar em consideração o ponto de vista do outro e para flexibilizar posições, construindo soluções de benefício mútuo.

Ainda nesta etapa, ratifica-se a pauta trazida à Mediação e negociam-se os procedimentos que nortearão os trabalhos: a extensão do sigilo, a duração e a periodicidade das reuniões (quando não estão preestabelecidas institucionalmente), eventuais definições prévias quanto ao número de reuniões, a forma de rateio do pagamento para o caso de atendimento privado e, sendo o caso, a apresentação do comediador.

Impacto esperado

Durante o discurso ou declaração de abertura, cada mediando tem a oportunidade de atestar seu desejo de participação no processo de Mediação e de conhecer a disponibilidade do outro para tanto. Nessa etapa, é possível formalizar o compromisso de manter, ao longo de todo o processo de diálogo, uma postura consoante com suas premissas e, assim, conferir produtividade e eficácia aos trabalhos.

O discurso ou declaração de abertura funciona como um ritual de passagem – da competição à colaboração, do desentendimento à proposta de entendimento –, autorizando simbolicamente os mediandos a inaugurarem um diálogo autocompositivo.

Ao demarcarem a extensão do sigilo; a pauta inicial de negociação; uma conduta assentada em norteadores éticos específicos; a responsabilidade pelo pagamento e uma possível estimativa de tempo para o desenrolar da Mediação, os mediandos experimentam sentimentos de protagonismo e de controle sobre o processo de diálogo: protagonismo, em função do exercício da autonomia da vontade na escolha do instituto; controle sobre como determinados procedimentos do processo serão tratados, e principalmente sobre o resultado final, porquanto não houve delegação de sua liberdade de escolha a um terceiro.

3 – Relato das histórias *(p. 167)*

Objetivos

Fundamentado na oitiva e na narrativa dos mediandos, este estágio busca conhecer a desavença ou o potencial conflito a partir do ponto de vista de cada participante, suas motivações para o desentendimento e sua receptividade para a autocomposição. Possibilitar que cada pessoa envolvida tenha contato com o ponto de vista do outro sobre um mesmo evento e, consequentemente, com seus interesses e necessidades desatendidos, é o objetivo maior desta etapa.

Espera-se também do mediador uma especial atenção e habilidade para o mapeamento do conflito existente e a construção de intervenções que confiram produtividade e diligência a essa etapa, assim como o manejo adequado dos impasses que obstaculizam o diálogo, especialmente aqueles de natureza emocional, uma vez que o relato das histórias reedita uma comunicação direta entre os envolvidos.

Operacionalização

As intervenções mais utilizadas pelo mediador, neste momento do processo de diálogo, são as ferramentas procedimentais e aquelas advindas de teorias relativas à comunicação humana e às narrativas, descritas nos segmentos a seguir. Fazem parte desse instrumental de abordagem: entrevistas conjuntas e privadas; perguntas de distintas naturezas; resumos com conotação positiva, validação e paráfrases; intervenções que objetivem o empoderamento dos mediandos e o reconhecimento do outro em termos de necessidades e possibilidades, assim como as que propõem uma revisão de suas narrativas e pontos de vista.

Discriminar as pautas objetiva e subjetiva existentes, diferenciar os interesses manifestos dos reais interesses e identificar valores e necessidades desatendidos são norteadores de escuta e de intervenção dos mediadores. A ferramenta que constrói um cenário positivo para as narrativas dos participantes é o acolhimento (*rapport*) do mediador – uma qualidade de linguagem não verbal e de escuta que demonstre interesse, validando as falas e os sentimentos trazidos; uma qualidade de linguagem verbal e de perguntas que amplie informações, gerando dinamismo e confiança no processo.

Impacto esperado

A condução ativa e acolhedora do mediador (*rapport*) deve provocar nos mediandos o favorecimento de uma expressão verbal e não verbal adequadas e de uma escuta inclusiva – que considere o ponto de vista do outro como possibilidade.

Dentre as técnicas oriundas da comunicação e da análise das narrativas utilizadas nesta etapa privilegiam-se aquelas que promovam: a clarificação dos relatos – desmembrando a objetividade e a subjetividade de seu conteúdo; a identificação e a percepção, por parte dos mediandos, de interesses comuns, complementares e divergentes contidos nas narrativas; o aceite ao convite à reflexão e à consideração do ponto de vista do outro.

Sempre que as intervenções possibilitam quaisquer desses impactos geram informação adicional para os mediandos, assim como ampliam a credibilidade no processo de diálogo, em função de promoverem efeitos sintônicos com os seus propósitos. Gerar informação é meta basilar nesta etapa do processo de diálogo.

4 - Definição da pauta de trabalho *(p. 173)*

Objetivos

A pauta de negociação se constrói a partir da identificação de interesses (manifestos e ocultos), necessidades e valores trazidos durante os relatos. São objetivos nesse momento: (i) tornar claros os temas objetivos e subjetivos que carecem de consenso – o recurso visual para elencá-los costuma ser de muito auxílio (quadro branco, negro ou *flipchart*); (ii) agrupar os diferentes assuntos e eleger sua ordem de abordagem no trabalho de ampliação de alternativas e escolha de opções.

Operacionalização

Temas objetivos e subjetivos compilados pelo mediador durante o relato das histórias integram a pauta de negociação e são por vezes tratados à medida que surgem, não dependendo de um momento especificamente dedicado a pensar nas alternativas para resolvê-los.

É importante que o mediador trabalhe os temas de pauta previamente, durante a etapa do relato das histórias, valendo-se, especialmente, das técnicas de redefinição e conotação positiva apresentadas a seguir em ferramentas de comunicação e de narrativas. Assim trabalhados, os temas são apresentados aos mediandos em sua versão positiva – pauta de trabalho –, destacando-se aqueles que são de interesse comum e complementar.

É tarefa do mediador eleger a ordem dos temas a serem abordados e negociados, propondo de início aqueles de interesse mútuo e geradores de menor tensão. Essa escolha visa iniciar a negociação por assuntos que atendam a todos e que possibilitem bons resultados, com vistas a gerar ânimo e a fortalecer a crença no processo e na capacidade negocial dos participantes.

Impacto esperado

A apresentação da pauta compilada ao longo das narrativas proporciona às pessoas a sensação de terem sido ouvidas e consideradas em suas demandas. Os mediandos reconhecem seus interesses, necessidades e valores retratados na pauta de negociação, em linguagem positiva, o que possibilita um maior distanciamento de sentimentos negativos que embasavam muitos de seus relatos na etapa anterior.

A pauta organiza o passo a passo da negociação de alternativas e, consequentemente, a eleição de opções, possibilitando, em paralelo, a identificação de todos os temas – objetivos e subjetivos – categorizados como relevantes pelos envolvidos durante seus relatos.

O recurso visual – apresentação da pauta por escrito, em *flipchart* ou quadro – assegura que os temas relevantes serão objeto de conversa e deliberação e contribui para gerar tranquilidade em aguardar pelo que está por vir, tornando possível a manutenção do foco e o empenho no assunto que está sendo objeto de trabalho em um determinado momento.

A apresentação descritiva da pauta pode, também, gerar desconforto, na medida em que os mediandos constatam que parte dos itens elencados não corresponde a seu especial interesse e sim ao interesse de outros participantes. Como essa é uma sensação administrada por todos os integrantes da negociação, fica evidente a relevância de se flexibilizar posições para alcançar um resultado que inclua o atendimento dos interesses e necessidades de todos os envolvidos.

5 – Ampliação de alternativas e negociação da pauta *(p. 176)*

Objetivos

Esta fase visa, primordialmente, à construção de alternativas para cada item de pauta, a sua análise e negociação, com vistas a se eleger opções que contemplem os interesses e as necessidades de todos e gerem satisfação mútua.

Nessa etapa do processo de diálogo, os mediadores auxiliam os mediandos a: (i) conjecturarem uma multiplicidade de alternativas de solução para cada item de pauta; (ii) analisarem os custos e benefícios de suas escolhas, para si e para terceiros; (iii) fazerem eleições qualificadas que visem à satisfação e ao benefício mútuos.

Em realidade, a ampliação de possibilidades para administrar os itens que integram a pauta de negociação pode (e deve) se dar durante todo o processo de diálogo, não estando restrita a este momento do trabalho.

Operacionalização

Esta etapa utilizará, com primazia, um conjunto de ferramentas de negociação. Exporá com clareza os temas das pautas objetiva e subjetiva, identificados pelo mediador a partir do relato das histórias (e durante todo o processo). A redefinição com conotação positiva também pode ser muito útil nessa fase do procedimento.

Cada um dos itens de pauta merece um *brainstorm* que possibilite ampliar as alternativas já pensadas para resolvê-los. Sugere-se que, inicialmente, haja um momento dedicado ao elenco de possibilidades. Nesse primeiro momento, a criatividade deve ser estimulada e o juízo crítico, rechaçado. Propõe-se não trabalhar com menos de três alternativas para cada tema, com vistas a evitar a retomada de um contexto competitivo – caso os mediandos tenham que eleger entre duas opções, a proposta de um e a de outro.

A geração de alternativas visa à eleição de opções. Como a informação é o ingrediente primordial para a tomada de decisões qualificadas, o mediador deve estar atento para identificar se a consulta a especialistas auxiliará mediandos a ampliarem seu conhecimento sobre determinados temas, antes que opções sejam eleitas.

Também cabe ao mediador, como agente de realidade, ajudar os mediandos a identificarem os benefícios e os custos de cada alternativa, para si mesmos e para os terceiros que administrarão as repercussões do acordado, com vistas a possibilitar uma eleição qualificada que atenda às necessidades, interesses e valores de todos os direta e indiretamente envolvidos.

Pensar na exequibilidade das alternativas geradas integra essa análise crítica e diz respeito à atuação do mediador como agente de realidade.

Impacto esperado

A negociação de alternativas que tendam a gerar soluções de benefício mútuo exige esforço dos mediandos, uma vez que demanda distanciar-se de soluções já pensadas, incluindo o outro como objeto de consideração e flexibilizando posições.

Pensar na repercussão das próprias escolhas para aqueles que estão fora da mesa de negociação confere uma sensação de cuidado e de responsabilidade para com a vida de terceiros. A análise de custos e benefícios de cada uma das opções consideradas fomenta uma percepção de escolha adequada e efetiva.

Esse cenário de especial atenção à qualidade das composições favorece a crença na (co)autoria responsável e no compromisso com o seu cumprimento.

Flexibilizar as concepções e ideias individuais e considerar igualmente as concepções e ideias do outro – direta ou indiretamente envolvido em cada situação – possibilita perceber seus valores, necessidades e possibilidades; provoca o exercício da solidariedade e propicia protagonismo e autoria.

6 – Elaboração do Termo de Acordo e assunção de compromisso *(p. 182)*

Objetivos

Esta é a fase de redação e revisão do texto de acordo, de eventual adequação de alguns de seus termos e de ratificação da assunção de compromisso com o consenso obtido, que é celebrada ritualisticamente com a assinatura do acordo.

Operacionalização

Sendo da vontade dos mediandos, o mediador deve consolidar as opções eleitas em um documento, a ser escrito na linguagem dos mediandos, a fim de que possam se reconhecer autores. A redação deve ser balanceada, com ações e atitudes que caibam a todos e a cada um.

O texto deve ser lido antes de assinado para que os mediandos percebam a fidelidade às suas ideias e, eventualmente, proponham adequações, e para que os advogados/defensores públicos avaliem a compatibilidade das propostas com a legislação aplicável.

Em realidade, os advogados ou defensores públicos podem acompanhar o processo de tomada de decisões, presencialmente ou por orientação mediante consulta, oferecendo a margem legal para o que está sendo negociado.

Define-se nesta etapa, podendo estar acordado previamente, o grau de formalidade que será conferido à composição consensuada: compromisso verbal, se não for formalizado em texto; pacto escrito, quando os termos do acordo forem retratados em documento firmado pelos mediandos; título executivo extrajudicial, na hipótese de contar, também, com a assinatura de duas testemunhas; ou título executivo judicial, caso seja revestido de redação jurídica e conte com a homologação judicial.

Impacto esperado

Os rituais têm, também, a propriedade de demarcar a passagem de um estado de ser ou de atuar a outro. O acordo escrito ou verbal formaliza a passagem de uma era de desentendimento para uma era de colaboração e/ou busca de entendimento, proporcionando, assim, alívio e orgulho pela superação de um conflito ou questão que pode, em algum momento, ter parecido intransponível ou de muito difícil resolução.

Em realidade, o acordo é de intenções. Intenções que poderão necessitar de tempo para serem total e eficazmente concretizadas, uma vez que, em determinadas situações, exigem mudanças paradigmáticas dos envolvidos.

A percepção de que um acordo compila intenções ajuda os mediandos a considerarem que o tempo e o percurso para sua implementação plena não são necessariamente lineares; amplia a tolerância para eventuais deslizes em seu cumprimento absoluto e caracteriza a mudança almejada como um processo que diz respeito a todos e, também, como uma meta a ser ativamente perseguida.

O ritual de finalização do processo de Mediação, por sua vez, potencializa a probabilidade de cumprimento do acordado, em razão do já exposto e, em especial, porque esse texto de intenções – verbal ou escrito – reafirma a autoria e o protagonismo dos mediandos.

7 - Derivação *(p. 186)*

Objetivos

Esta prática busca (re)orientar o encaminhamento da situação proposta para a Mediação, de acordo com a necessidade e a possibilidade dos envolvidos no conflito.

O mediador pode encaminhar os implicados na controvérsia para uma modalidade de resolução diversa, seja em função da melhor adequação da situação a outro instrumento, seja em razão da suposição de que os mediandos, em função de seu perfil e do histórico da desavença, aproveitarão melhor uma outra natureza de abordagem.

De igual forma, os mediadores podem sugerir a busca de serviços que complementem o trabalho realizado pela Mediação.

Operacionalização

Ante a identificação, a qualquer momento, da existência de outro instrumento mais apropriado à situação ou ao perfil das pessoas envolvidas, ou em vista do exaurimento do leque de recursos interventivos que a Mediação pode oferecer para a questão e para os mediandos, o mediador tem o dever ético de gerar reflexão a respeito da existência de outros meios de resolução de controvérsias e de auxiliar na negociação relativa à aceitação/escolha de recursos outros, mais apropriados à situação em tela.

Cabe também ao mediador auxiliar na identificação de um atendimento que complemente ou dê sustentação à composição construída durante a Mediação. Por vezes, alguns avanços relacionais alcançados na Mediação precisam estender-se, com vistas a favorecer o cumprimento do acordado e a possibilitar negociações vindouras — especialmente quando se tratar de relações continuadas: familiares, de vizinhança, contratuais, societárias, de parceria.

Como agente de realidade, o mediador deve identificar e assinalar a necessidade e os benefícios de uma determinada derivação e auxiliar na conscientização da importância do compromisso com o que foi acordado. Nos serviços que trabalham com rede multidisciplinar de atendimento, o encaminhamento pode ser feito mais facilmente.

Impacto esperado

Na derivação para outros recursos de resolução, é possível manter as pessoas conectadas com o propósito de solução da controvérsia e com a ideia de adequação do instrumento ao caso. Essa atitude pode gerar também o sentimento de estar sendo cuidado por um mediador criterioso, que se mantém atento à demanda e/ou à natureza de instrumento que as pessoas podem administrar em determinado momento.

Com o encaminhamento para serviços que complementem e deem sustentabilidade ao que foi alcançado na Mediação, procura-se demonstrar cuidado com as conquistas feitas e proporcionar meios que confiram segurança com relação a sua manutenção.

Vale lembrar que as oficinas que antecedem o início do processo de Mediação integram o fluxograma de alguns contextos de atendimento e possibilitam um esclarecimento mais detalhado sobre o processo de diálogo assistido, assim como alguma drenagem emocional e mudanças de percepção dos envolvidos, o que amplia a eficácia do processo, reduzindo seu trajeto no tempo e favorecendo uma postura mais colaborativa dos mediandos.

8 – Monitoramento *(p. 190)*

Objetivos

Quando pertinente, esta fase subsequente à Mediação visa acompanhar de modo sistemático a evolução do cumprimento dos termos acordados, por tempo determinado e periodicidade adequada.

Operacionalização

O mediador pode, quando conveniente, acompanhar a implementação de um acordo e promover micronegociações que possibilitem o aprimoramento e/ou a fluidez de sua execução. Essa é uma prática necessária em negociações que envolvam múltiplas partes – questões comunitárias ou relativas a políticas públicas, e aquelas que incluam violência – algumas naturezas de processos restaurativos. O monitoramento é igualmente recomendado nas situações em que se percebe uma possível fragilidade na concretização do ajuste.

O número e a periodicidade das reuniões de monitoramento deverão ser avaliados caso a caso, considerando, inclusive, o que parecer adequado aos mediandos ou ao serviço/instituição administradora da autocomposição.

Impacto esperado

Deseja-se incrementar as possibilidades do pleno e fluido cumprimento do acordado, contribuindo para a sua sustentabilidade e eventuais adaptações que se mostrem convenientes.

O monitoramento confere segurança aos envolvidos quanto a um porvir que consolide as intenções que nortearam o ajuste e incrementa a confiança dos mediandos, que tendem a se sentir cuidados quando o monitoramento é oferecido pela equipe de Mediação.

9 – Avaliação de resultado *(p. 192)*

Objetivos

A avaliação de resultados pode incluir o parecer dos mediandos, dos mediadores, das redes de pertinência dos mediandos, dos seus advogados ou defensores públicos, e consolida, sempre que possível, a compilação qualitativa e quantitativa de dados relativos à percepção sobre o trabalho desenvolvido e sobre seus resultados.

Operacionalização

O mediador (ou técnico institucional) aplica questionários ou outra forma mais conveniente de coleta de dados, imediatamente após o término da Mediação e/ou em momentos sucessivos, com periodicidade variável, a partir de seu início. Cada serviço encontrará objetivos distintos que nortearão a pertinência dos dados solicitados e dos momentos de avaliação. Uma avaliação meses após o término da Mediação poderá oferecer informações mais precisas com relação à sustentabilidade de seus resultados.

Impacto esperado

Busca-se viabilizar reflexão a respeito dos dados elencados e, por consequência, permitir a pesquisa de temas específicos, a correção de procedimentos, o aprimoramento dos serviços e o conhecimento da percepção das pessoas envolvidas em relação ao atendimento realizado e a seus resultados.

As avaliações distanciadas do término da Mediação possibilitam acompanhar a melhora, ou não, do diálogo e da relação social entre as pessoas implicadas, as repercussões dessa melhora sobre os envolvidos, assim como aferir a eficácia do acordo e identificar a necessidade de renegociação/ampliação/atualização dos termos consensuados.

Grupo II – Ferramentas procedimentais

1 – Acordo/Termo de Participação no processo de Mediação *(p. 197)*

Objetivos

O Acordo ou Termo de Participação na Mediação demarca a finalização, ou trégua, de uma interação competitiva ou adversarial e o início de uma interação colaborativa, no sentido de congregar esforços para a identificação de soluções de benefício mútuo.

É um texto que sintetiza os princípios da Mediação e os procedimentos que nortearão a sua realização, constituindo-se referência para todo o processo de diálogo.

Operacionalização

Antes de dar início à dinâmica de negociação assistida, o mediador deve certificar-se de que os mediandos conhecem os princípios éticos e os propósitos do instituto da Mediação e de que possuem capacidade e disponibilidade para pautarem suas condutas segundo esses norteadores.

Após a realização da pré-mediação, ou não sendo a mesma necessária, caso os envolvidos tenham eleito a Mediação como recurso para negociar a sua controvérsia, o mediador pode formalizar o início do processo de diálogo por meio do Termo de Participação dos mediandos, no qual devem constar princípios da Mediação e os procedimentos que a nortearão – extensão do sigilo, periodicidade das reuniões, responsabilidade pelo pagamento, dentre outros.

O Termo de Participação deverá mencionar que o mediador pautará sua conduta pelos princípios da competência, da confidencialidade, da independência, da credibilidade e da diligência, e que os mediandos pautarão sua participação na autonomia da vontade, na boa-fé e no real empenho em envidarem esforços para a resolução dos temas trazidos ao processo de diálogo.

Reunidos após a escolha do mediador e o estabelecimento ou não da comediação, mediadores e mediandos devem firmar o Termo de Participação. Alguns contextos de administração da Mediação não incluem este documento escrito em seu protocolo. Por vezes, esse momento é ritualizado verbalmente, por meio do aceite ao instituto e a seus princípios, incluindo a concordância também verbal com os procedimentos a serem seguidos.

Impacto esperado

Os rituais são cerimônias delimitadoras da transição entre distintos momentos de uma vivência comum. Neste sentido, o Termo/Acordo de Participação na Mediação simbolicamente autoriza que os envolvidos em uma desavença ingressem no terreno do diálogo em busca do entendimento. Essa força ritualística possibilita que, mesmo imerso em desacordo e sentimentos de desagrado, o sujeito se autorize a mudar o cenário da tentativa de composição.

O texto assinado por mediandos e mediador é, em realidade, o primeiro acordo construído na Mediação e funciona como um contrato que identifica a natureza de compromisso que está sendo assumido por todos, tanto com relação a questões objetivas, como pagamento ou sigilo, quanto com relação a questões subjetivas, como posturas e atitudes esperadas.

2 – Compartilhar os objetivos de cada etapa do processo *(p. 200)*

Objetivos

Esse procedimento tem por finalidade possibilitar que os mediandos possam acompanhar o passo a passo do processo de negociação, tendo consciência e clareza sobre os propósitos de cada reunião e sobre que postura e atitudes pessoais são favorecedoras para a eficácia de cada uma das fases.

Operacionalização

Esclarecer os objetivos da reunião em curso, contextualizando-a na cronologia do processo de negociação assistida, possibilita identificar as premissas norteadoras de cada etapa, tanto no que diz respeito ao momento do processo de diálogo quanto no que tange ao papel do mediador e às atitudes esperadas dos mediandos.

Alguns mediadores compartilham com os mediandos a motivação das intervenções oferecidas – *transparent mediation* – de forma a oportunizar o aprendizado de novas formas de interação e de manejo de diferenças, e a favorecer o entendimento e a postura frente às intervenções.

Impacto esperado

A identificação dos propósitos das etapas do processo convida os mediandos a guardarem uma coerência entre o foco que o momento de diálogo intenciona e a postura pessoal de cada um. É uma intervenção estruturante e estratégica, na medida em que estimula a consonância entre o instrumento que elegeram como recurso de diálogo e a disponibilidade que estão oferecendo para um resultado bem-sucedido.

A transparência a respeito dos propósitos de cada intervenção – *transparent mediation* – tem intenção primordialmente pedagógica. Acredita-se que as pessoas ampliam seus recursos de negociação de diferenças participando de processos de Mediação. Acredita-se, inclusive, que esse aprendizado interfere na convivência futura e na prevenção de novas lides. Aprender objetivamente sobre as intervenções oferecidas pelos mediadores incrementa ainda mais a qualidade do caráter pedagógico do instituto.

As abordagens pedagógicas na Mediação contribuem para a eficiência dos objetivos presentes da negociação, e também para o alargamento do alcance social de sua prática.

3 – Conferir o tempo necessário a cada etapa do processo de diálogo
(p. 205)

Objetivos

Observar o tempo necessário para o desenvolvimento de cada estágio da negociação assistida, de forma que seja levado a termo com adequação, cumprindo sua finalidade operacional e intencional e permitindo que o máximo de sua capacidade transformadora seja utilizada.

Operacionalização

Cuidar da condução da Mediação, mantendo em equilíbrio: o tempo adequado ao cumprimento da finalidade de cada etapa do processo, a premência que a situação em tela demandar e o ritmo de exposição de ideias, peculiar a cada participante. Essa habilidade integra o princípio ético da diligência do mediador.

Identificar, legitimar e ajudar a administrar os diferentes tempos de expressão que as distintas pessoas envolvidas na Mediação necessitam. Vale lembrar que o tempo cronológico (*kronos*) difere daquele que cada indivíduo precisa (*kairos*) para bem articular suas ideias e adequadamente colocá-las na mesa de negociação.

Impacto esperado

Viabilizar a percepção de encadeamento lógico da dinâmica do processo de diálogo e o aproveitamento de seus benefícios, assim como a percepção de cuidado com o tema mediado e com os participantes da Mediação são impactos consequentes a essa intervenção.

Articular os tempos (*timings*) de elaboração do pensamento e de expressão das ideias dos diferentes atores da Mediação – mediandos, mediador(es), redes de pertinência dos mediandos, especialistas e advogados – contribuirá para a adequação de suas participações, ou seja, possibilitará reflexão, consideração com os diferentes pontos de vista e tomada de decisões qualificadas.

4 – Observar os limites da ética e do Direito *(p. 212)*

Objetivos

Conferir segurança a todos os envolvidos no processo de Mediação e à população que integra uma determinada cultura onde o instituto é praticado, com relação à observância dos princípios éticos e das normas legais vigentes, assim como ao respeito dos norteadores locais relativos a uso e costumes.

Operacionalização

Estabelecer como premissa para os mediandos (e igualmente para os mediadores) que nenhuma composição construída na Mediação pode ultrapassar as margens éticas do instituto ou deixar de atender às normas legais cogentes.

As margens éticas serão cuidadas pelo mediador, que terá compartilhado com os envolvidos no processo de diálogo o Código de Ética da Mediação e o eventual Regulamento Modelo Institucional que norteie a sua prática.

As margens legais serão cuidadas por advogados e defensores públicos que atuem no caso. Os mediandos deverão informá-los sobre as decisões que estão sendo construídas ao longo do processo de Mediação, para que ofereçam assessoria jurídica sempre que o contexto e/ou a matéria assim o exigirem.

De igual forma, por orientação do mediador, os mediandos encaminharão o texto de acordo para revisão legal, antes de sua assinatura. A presença de advogados e defensores na reunião final, quando da leitura e assinatura do Termo de Acordo, é fundamental, e em alguns contextos, indispensável, uma vez que os mediandos assumirão compromissos relativos ao seu conteúdo.

Os direitos fundamentais assegurados pela Constituição, como dignidade da pessoa humana, liberdade, igualdade e integridade psicológica, certamente não podem ser desconsiderados em face de desejos pessoais e deverão ser igualmente respeitados por mediandos, mediadores, advogados e defensores públicos.

Impacto esperado

Garantir aos mediandos e às suas redes sociais de pertinência, assim como à sociedade em geral, a segurança de que o investimento neste processo de diálogo possui eficácia moral e jurídica.

A sustentabilidade no tempo – eficácia naturalmente esperada de soluções autocompostas – é impacto igualmente almejado e guarda estreita relação com a observância das margens éticas e legais do acordado.

O impacto positivo sobre a cultura, que o respeito à ética e ao Direito confere, é fundamental para assegurar a incorporação da Mediação aos costumes.

5 – Criar sinais particulares nas anotações *(p. 218)*

Objetivos

Esse procedimento visa organizar os apontamentos feitos pelos mediadores durante os relatos, com a intenção de mapear a situação, agilizar a utilização dos dados na elaboração de resumos e de outras intervenções.

Operacionalização

Os mediadores criam símbolos particulares para demonstrar as especificidades das informações coletadas – posições, interesses, necessidades, valores, sentimentos, alianças e coalizões, dentre outras.

É usual que mediadores utilizem cada metade vertical de uma folha de anotações, para registrar o que está sendo trazido pelo mediando que está sentado à sua direita ou à sua esquerda. De forma geral, mediadores fazem poucas e especiais anotações, de modo a facilitar sua visualização para a construção de resumos e outras intervenções. Anotações concisas também permitem ao mediador manter o primordial contato visual com os mediandos.

A utilização de sinais gráficos e/ou de diferentes cores nas anotações oferece um especial mapeamento, indicador, inclusive, de estratégias de condução, como por exemplo a inclusão ou não das redes de pertinência ou a conveniência de reuniões privadas.

Deve-se identificar durante os relatos trazidos: quem ofereceu a informação; se em entrevista conjunta ou privada; com ou sem a participação das redes ou de advogados; qual o grau de sigilo a ser conferido a cada informação; os interesses e as necessidades comuns, complementares ou divergentes; os valores que sustentam os interesses, as necessidades ou os impasses; dentre outros dados.

A demarcação de informações sigilosas auxilia mediadores a preservá-las, mesmo após um tempo maior ocorrido entre as reuniões, quando a memória e a diversidade de casos atendidos os distanciarem dessa lembrança.

Impacto esperado

Ressaltar para os mediandos os interesses e as necessidades comuns e complementares, assim como os valores que os embasam, possibilita a percepção de alguma convergência entre eles, apesar das posições divergentes. A convergência de valores aproxima e, por vezes, é o único ponto de interseção entre mediandos. Os diálogos com múltiplas partes se beneficiam especialmente dessa base para manterem as pessoas à mesa.

Durante as suas exposições, as pessoas não se dão conta de convergências de ideias ou de propósitos, mas sim de antagonismos, e por vezes se surpreendem positivamente quando o mediador as assinala.

Com o mapeamento oferecido pelas anotações do mediador, espera-se também conferir rapidez na articulação dos temas que comporão os resumos ou que demandarão intervenções específicas, dando agilidade ao processo de diálogo.

6 – Promover reuniões privadas – caucus *(p. 221)*

Objetivos

As reuniões privadas ou individuais, também conhecidas pela expressão caucus, têm por finalidade propiciar um espaço exclusivo de conversa com um dos mediandos, incluindo ou não sua rede de pertinência e advogado(s), e atendem a múltiplas finalidades: possibilitar o acesso aos discursos de cada um, sem a interferência da presença do outro; provocar reflexões destinadas a solucionar aparentes impasses; identificar a pauta subjetiva da questão apresentada.

Os objetivos mencionados podem ser ampliados e incluir, dentre outros, a oferta de perguntas autoimplicativas e o acolhimento de emoções que, levadas às entrevistas conjuntas, poderiam contribuir para a manutenção das barreiras ao diálogo.

Operacionalização

As reuniões privadas podem ser solicitadas ou sugeridas pelos mediadores ou pelos mediandos e devem ocorrer com todos os mediandos, de forma pareada em número e período de tempo. Nessas ocasiões, a consulta aos mediandos a respeito da extensão do sigilo de seu conteúdo é cuidado inerente ao trabalho e dever ético do mediador. A possibilidade de ocorrência de reuniões privadas deve ser aventada na pré-mediação.

Mediadores devem sugerir reuniões privadas sempre que houver a percepção de que estas possibilitarão ganho para a dinâmica do processo de diálogo. Elas podem ocorrer com todos os mediandos em um mesmo dia ou em datas distintas.

São motivos pertinentes à solicitação de uma reunião privada, dentre outros: (i) a necessidade de ampliar os temas inicialmente trazidos; (ii) a pertinência de se oferecer questionamentos que demandem especial exposição de quaisquer dos participantes; (iii) a constatação de que a emoção se mostrou elemento obstaculizador da fluidez do diálogo; (iv) a avaliação de que o andamento da Mediação não está compatível com a qualidade do trabalho que está sendo desenvolvido; (v) a dúvida sobre a existência de algum motivo não aparente (a ser investigado) que possa estar comprometendo a evolução do processo de diálogo.

Alguns mediadores nunca incluem reuniões privadas em sua dinâmica de atuação; outros somente trabalham com reuniões privadas, reservando as reuniões conjuntas para a consagração do acordo e, eventualmente, para a pré-mediação. Com maior frequência, as reuniões privadas são consideradas como intervenção a ser utilizada quando necessário ou, invariavelmente, em alguma etapa do processo.

Impacto esperado

Espera-se possibilitar um esvaziamento de emoções, sentimentos negativos e queixas, pois a reunião privada propicia que o mediando se manifeste com maior liberdade sobre questões nevrálgicas inerentes ao caso. Esse esvaziamento contribui em muito para a fluidez das reuniões conjuntas uma vez que poupa o outro mediando de escutas provocativas ou de natureza ofensiva que possam comprometer a busca do entendimento.

Pretende-se também que esses espaços de conversa sejam, em especial, fórum de reflexão e que viabilizem a desconstrução de impasses e de posturas incoerentes com a natureza da Mediação, contribuindo para o resgate ou o (r)estabelecimento da fluidez do diálogo.

As perguntas autoimplicativas podem ser de enorme valia nessas ocasiões, pois convidam os mediandos a perceberem como contribuem para a posição adversa do outro, ou até mesmo para a construção de impasses. De maneira geral, o ser humano se percebe reagindo à postura do outro e não registra o quanto contribui para isso com o seu próprio comportamento. Essa é uma constatação que, em muito, expõe quem é o objeto da pergunta, e não deve ocorrer em entrevistas conjuntas.

7 – Mapeamento do conflito *(p. 224)*

Objetivos

Esse é um procedimento imprescindível no diálogo com múltiplas partes, que pode ser sistematicamente utilizado por mediadores com a intenção de analisar a natureza do conflito e seu histórico, assim como de traçar estratégias de intervenção.

Operacionalização

Classicamente, a análise do conflito está sintetizada, para fins mnemônicos, em três pês: pessoas – quem são os atores direta e indiretamente envolvidos; problema – qual é a questão da discordância do ponto de vista de cada um e como se constituiu como problema; processo – que tentativas de resolução já foram feitas.

Mapear um conflito implica investigar, por meio de perguntas, os três componentes mencionados – pessoas, problema e processo –, observando sua interação e identificando sua contribuição para a situação presente. Alguns autores incluem nesta análise a natureza de relação vigente entre as pessoas, especialmente quando são diálogos entre múltiplas partes. Nessas ocasiões, diagnosticar as alianças, as oposições e as coalizões auxilia o mediador na eleição de intervenções.

O mapeamento do conflito não é estático e deve ser refeito pelos mediadores de tempos em tempos, por vezes a cada encontro, para acompanhar a evolução do processo de desacordo ou de entendimento.

Impacto esperado

Para o mediador, a análise do conflito permite (re)desenhar o processo de diálogo a cada momento, conferindo adequação permanente às suas intervenções e operacionalização.

O mapeamento pode, em especial, viabilizar a identificação de atores externos ao processo de diálogo que contribuem positivamente para a sua resolução ou para o seu fomento, possibilitando ao mediador uma melhor avaliação sobre o alcance mais ou menos expressivo de suas intervenções e ampliando a percepção de mediandos sobre essas interferências.

Identificar o que já foi tentado anteriormente como meio de entendimento pode ajudar mediadores e mediandos a incluir algumas condutas prévias na questão presente, assim como excluir outras.

Intervenções apropriadas advindas de informações que o mediador tenha reunido no contato com os mediandos podem conferir às pessoas envolvidas a sensação de que a questão está sendo tratada de forma abrangente e habilidosa.

8 - Enquadre *(p.228)*

Objetivos

Enquadre é um recurso técnico que torna possível resgatar parâmetros – posturas e princípios éticos – que emolduram o processo de diálogo, estabelecidos ao seu início e não observados pelos mediandos no curso da Mediação.

Operacionalização

Utilizar o enquadre consiste em relembrar, de maneira cuidadosa e sempre que oportuno ao bom andamento do trabalho, as posturas e os princípios éticos preconizados pela Mediação, levados ao conhecimento dos mediandos por ocasião da pré-mediação, da primeira entrevista ou do discurso/declaração de abertura. São exemplos de posturas e princípios que podem ser relembrados por meio do enquadre: a não interrupção da fala do outro, a participação respeitosa, a postura colaborativa, a manutenção do sigilo na extensão combinada, dentre outros.

O cuidado é elemento primordial no manejo desta ferramenta, pois que sua utilização deve provocar reflexão e evitar constrangimento.

Impacto esperado

Espera-se que a reconfirmação de premissas posturais e éticas definidas no início do processo de diálogo, com vistas à manutenção de sua qualidade e a uma participação efetiva, provoque reflexões construtivas nos mediandos, sobre quais atitudes são mais favoráveis à fluidez do diálogo e à obtenção de seus propósitos.

Essa intervenção reassegura aos mediandos que o mediador se mantém guardião do processo de diálogo e que estará atento à preservação de sua qualidade e à observância de seus procedimentos.

9 – Sugerir a procura de técnicos e/ou especialistas *(p. 231)*

Objetivos

Essa intervenção tem por finalidade suprir a necessidade de os mediandos adquirirem ou ampliarem informações sobre determinados temas, com vistas a melhor se instrumentalizarem para a tomada qualificada de decisões.

Operacionalização

O mediador deve sugerir a procura de técnicos ou especialistas, sempre que necessário à ampliação do entendimento dos mediandos sobre questões específicas, uma vez que cabem a eles as decisões. É dever ético do mediador justificar a conveniência e/ou a necessidade da consulta sem, no entanto, indicar o(s) especialista(s) que atuará(ão).

Na hipótese de o(s) mediando(s) demandar(em) a indicação de profissional(is) – por absoluto desconhecimento de como acessar o serviço da natureza indicada, ou por escassez de recursos financeiros –, o mediador poderá oferecer uma lista tríplice, ou encaminhar os mediandos para redes sociais apropriadas. Para tanto, deve haver a concordância de todos e o cuidado de não provocar sentimento de desbalance ou parcialidade em função da indicação feita.

Também os advogados são considerados especialistas externos no processo de Mediação e, como os demais técnicos consultados, serão convidados a contribuir com a oferta de informações aos mediandos, qualificando adequadamente suas decisões.

Impacto esperado

A consulta a especialistas tem o condão de ampliar informações e contribuir para decisões qualificadas e conscientes, assim como para um entendimento mais amplo da questão em tela e do ponto de vista expresso por todos.

É uma intervenção que tende a potencializar a confiança de cada um no processo de diálogo. A demonstração de cuidado por parte do mediador intensifica o sentimento de segurança e de adequação com relação ao que está sendo decidido.

10 - Criar tarefas ou oferecer perguntas reflexivas nos intervalos *(p. 234)*

Objetivos

Propor temas para serem pensados enquanto as pessoas aguardam o curso de uma entrevista privada ou esperam por uma nova reunião mantém os mediandos conectados positivamente com o processo de diálogo, possibilitando maior distanciamento da posição adversarial.

Operacionalização

O mediador cria tarefas ou formula perguntas voltadas a aspectos positivos do processo de Mediação, para serem trabalhadas pelos mediandos entre uma reunião e outra ou, ainda, enquanto a outra parte está em entrevista privada.

As tarefas propostas ou as perguntas feitas devem provocar reflexão e movimento, especialmente em direção ao futuro e à satisfação mútua. São exemplos de perguntas para essas ocasiões: que alternativas, além das já pensadas até o momento, poderiam ser incluídas? Dentre as alternativas trazidas por você, quais são as que atenderiam melhor a ambos? Você poderia usar esse intervalo para pensar alternativas de benefício mútuo?

As tarefas objetivas, como ouvir a opinião de especialistas ou consultar sua rede de pertinência sobre temas positivos, entre uma reunião e outra, também mantêm os mediandos focados no processo de diálogo e comprometidos com sua evolução. As perguntas autoimplicativas podem, igualmente, ter lugar nessas ocasiões.

Impacto esperado

Essa intervenção permite que os mediandos permaneçam sintonizados na Mediação de maneira positiva e se voltem à reflexão e à negociação consigo mesmos e com suas redes de pertinência, quando distanciados da presença do outro e do ambiente de negociação.

Além disso, esse tipo de intervenção ajuda a bloquear o retorno a uma posição adversarial, durante os intervalos das reuniões ou na sala de espera enquanto os mediandos aguardam para serem reconvocados, e ainda contribui para a produção de novas ideias e reflexões, assim como para os movimentos de mudança despertados pelo processo de diálogo.

11 – Identificar as redes de pertinência dos mediandos e a qualidade de sua participação no contexto fático *(p. 237)*

Objetivos

Esta observação pretende mapear o quanto as redes de pertinência dos mediandos contribuem para a resolução ou para o fomento do desentendimento, assim como para a sustentação do consenso alcançado no processo de diálogo.

Operacionalização

Acredita-se que as pessoas não falem somente por si em situações de desavença, mas também representem as vozes de seus interlocutores como advogado, parentes, amigos, rede religiosa, dentre outros.

Por meio de perguntas, o mediador deve identificar quantas vozes estão sendo representadas na fala de cada mediando e em que medida essas outras vozes comprometem o avanço da negociação.

Por vezes, são necessárias negociações paralelas entre cada mediando e sua(s) rede(s) de pertinência, a fim de que este fique mais livre para negociar e menos comprometido por sentimentos de fidelidade a essas redes.

Caso haja necessidade, o mediador poderá promover entrevista(s) privada(s) com cada mediando e sua(s) rede(s). A Mediação legitima essa qualidade de intervenção na medida em que inclui entre suas metas a desconstrução dos conflitos e a preservação da relação social e do diálogo.

Em alguns casos, as redes de pertinência podem ser afetadas pelas soluções construídas e por isso precisam ser consultadas a respeito. Por vezes, serão elas que conferirão sustentabilidade às soluções e à manutenção do diálogo.

Impacto esperado

Com o mapeamento das redes de pertinência, espera-se discriminar as diferentes vozes presentes nos discursos dos mediandos, conhecer suas contribuições conciliadoras, ou não, para o contexto fático, e intervir adequadamente.

Mapear as redes de pertinência conduz à identificação da necessidade ou não da inclusão presencial de seus componentes no processo de diálogo e torna concreta a possibilidade de os mediandos negociarem com os próprios pares, evitando conflitos de lealdade e o surgimento de desentendimentos paralelos.

Grupo III – Ferramentas de Comunicação

1 – Escuta Ativa *(p. 240)*

Objetivos

A Escuta Ativa apoia-se no tripé legitimação, balanceamento e perguntas e tem por objetivos: (i) oferecer uma qualidade de interlocução cujo acolhimento possibilite que as pessoas se sintam legitimadas em seus aportes e participação; (ii) conferir equilíbrio entre dar voz e vez aos integrantes da conversa e viabilizar uma escuta que inclua o ponto de vista do outro; (iii) oferecer perguntas que gerem informação, propiciem progresso e movimento ao processo de Mediação.

Operacionalização

Os mediadores devem demonstrar uma escuta e uma coordenação do diálogo atentas e acolhedoras, seja através da linguagem verbal, seja por meio da linguagem não verbal.

O exercício da escuta ativa do mediador assemelha-se à regência de um maestro diante de uma orquestra – dar vez e voz a cada instrumento; definir quando farão uma demonstração solo e quando integrarão o conjunto; articular a expressão dos que têm sons mais fortes ou graves com os que têm som mais frágil ou agudo; estimular momentos de expressão tanto quanto de escuta atenta; auxiliar os que voltam a reintegrar a música a fazê-lo em consonância com a melodia que antecedeu o seu retorno; intervir de modo que os instrumentos mantenham-se em diálogo fluido e harmônico.

O legitimar da escuta ativa se dá quando o mediador recebe o que está sendo trazido pelos mediandos (linguagem verbal e não verbal) de maneira (verbal e não verbal) que estes se percebam acolhidos e validados em seus discursos.

O balancear da escuta ativa se dá quando os mediadores conferem possibilidade equânime de expressão aos mediandos − tempos de fala, entrevistas privadas −, enquanto, simultaneamente, cuidam da qualidade de escuta destes.

O cuidado com o equilíbrio na oferta das próprias intervenções − número de vezes, tempo de duração e qualidade − compõe, igualmente, o balanceamento que deve ser conferido ao processo.

O perguntar da escuta ativa se dá quando os mediadores ampliam as informações trazidas e geram novas informações nas reuniões por meio de questionamentos. As perguntas podem ser de distintas naturezas, como veremos a seguir; aquelas voltadas ao esclarecimento são extremamente úteis na composição da escuta ativa.

Impacto esperado

A escuta ativa é intervenção primordial nos diálogos colaborativos − aqueles que têm proposta inclusiva e buscam soluções de benefício mútuo − e nos diálogos produtivos − aqueles que privilegiam a reflexão em detrimento da contra-argumentação, a construção de consenso em detrimento do debate, o entendimento em detrimento da disputa.

Conferir acolhimento e demonstrar interesse e compreensão com relação às questões e aos temas aportados à Mediação integram os impactos desejados pelo emprego dessa natureza de intervenção.

A escuta ativa viabiliza as expressões equânimes dos mediandos, gerando confiança no processo de diálogo e sentimento de que é possível falar e ser ouvido, mesmo na vigência de discordância; por vezes, é na Mediação que pela primeira vez tal fato se torna possível desde o início do desentendimento.

O manejo adequado e equilibrado das intervenções por parte dos mediadores provoca a sensação de que estes mantêm equidistância e imparcialidade em relação aos mediandos.

As perguntas que geram e ampliam informação podem provocar: (i) sentimento de surpresa em face de novos dados; (ii) percepção de escolha acertada do instrumento de resolução, em função da pertinência do questionamento; (iii) entendimento mais alargado da situação e do ponto de vista do outro, por conta da ampliação de dados; (iv) necessidade de rever interpretações e posições, devido às novas informações geradas.

2 – Acolhimento – legitimar os sujeitos participantes (p. 242)

Objetivos

Acolher os integrantes da Mediação, com suas idiossincrasias e distintas formas de participar do diálogo, propicia sentimentos de aceitação e de legitimidade – partes integrantes do que alguns mediadores denominam *rapport*.

A postura de acolhimento do mediador pode, em paralelo, incentivar o desejo de participação no processo de diálogo.

Operacionalização

Os mediadores devem receber as pessoas com cortesia, de preferência pelo nome, em ambiente confortável que nitidamente transmita privacidade e acolhimento.

Ouvir os mediandos com atenção, validando a sua participação de forma verbal – com perguntas e marcadores de escuta, como "entendi"... "hum hum"... – e não verbal – postura corporal e qualidade do olhar – estimula que estes sejam ouvidos também pelo(s) outro(s) participante(s) com respeito.

Cuidar para não haver interrupção das narrativas e para que a forma de manifestação do desagrado ou discordância seja respeitosa integra o escopo da legitimação.

Impacto esperado

Quando todo o conjunto de intervenções que compõem a legitimação é exercido com eficácia, os mediandos se sentem seguros e confiantes no processo e no mediador, assim como se sentem compreendidos e acolhidos, o que fortalece a continuidade de participação no processo de diálogo.

Também é provável que os mediandos vivenciem com positividade e aprendizado o fato de os mediadores tratarem com legitimidade e tolerância as inadequações relativas ao modo particular de cada um se expressar.

3 – Validação *(p. 245)*

Objetivos

A intervenção chamada por alguns de validação tem por objetivo legitimar, no sentido de justificar positivamente, condutas aparentemente inadequadas dos mediandos: a interrupção da fala do outro e/ou posturas reativas, agressivas ou provocativas. Legitimar a interpretação negativa que alguém tenha sobre o comportamento ou a atitude do outro, em situação de conflito, integra também o espectro da validação.

Operacionalização

A linguagem positiva é uma marca interventiva na Mediação e, mais uma vez, se oferece como baliza para fortalecer um cenário de contenção positiva, por meio da redefinição de algumas posturas e/ou comportamentos dos mediandos.

Determinadas situações, como as interrupções e as falas agressivas e contra-argumentativas, são recorrentes em processos tensos de diálogo. Conotá-las de modo negativo, a cada vez, reforçaria a inadequação de alguns e o risco de os mediadores serem percebidos como distantes da imparcialidade, especialmente se repetidas vezes assumissem uma postura de desaprovação em relação a um dos participantes da Mediação.

Seguem exemplos de operacionalização de intervenções que podem frear esses episódios de forma positiva, sem desmerecer o seu autor, conferindo à conduta do mediando legitimidade e chamando a atenção para alguns benefícios, caso o mediando opte por uma atitude mais neutra:

- em situações de discordância, a escuta do ponto de vista do outro naturalmente provoca reação, desejo de interrupção e a necessidade de contra-argumentação ou esclarecimento. Todavia, será mais produtivo se estes pontos de vista puderem ser esclarecidos de forma cuidadosa, para que possibilite a escuta.

- para não esquecer o que se tem a dizer, podem-se utilizar o papel e a caneta disponibilizados à frente de cada um... isso possibilitará que todos tenham oportunidade de concluir seu raciocínio...
- para que eu (mediador) consiga registrar e articular as contribuições de todos, é importante que cada um possa encadear seu pensamento sem ser interrompido...
- em situações de discordância, é natural interpretar de forma negativa aquilo que o outro diz/faz/propõe... talvez isso precise ocorrer algumas vezes até que a confiança seja restaurada...

Impacto esperado

Espera-se, com a validação, distanciar os mediandos de uma visão crítica a respeito do comportamento do outro, trazendo-os também para uma avaliação e um cuidado com o próprio comportamento. Essa intervenção visa conferir à Mediação um cenário respeitoso e colaborativo, favorecedor do processo de diálogo.

Em lugar de fazer intervenções pautadas na crítica, assinalando que o respeito foi uma norma combinada e violada – combinamos não interromper... combinamos fazer uso de linguagem respeitosa... –, a validação possibilita a sensação de compreensão e acolhimento.

Ao mesmo tempo, provoca reflexão sobre a própria atitude e sua inadequação, reconhecendo como possíveis as reações adversas e conferindo legitimidade a eventuais interrupções à fala do outro ou interpretações negativas sobre o outro, sem, no entanto, admitir essas condutas como desejáveis no processo de diálogo.

A validação contextualiza uma percepção negativa sobre o outro na situação conflituosa, ou seja, vincula a interpretação dada ou a atitude tomada ao cenário de desacordo e não à pessoa, dando-lhe um caráter mais reativo do que relacional.

Vale, no entanto, lembrar que, mesmo tratando com cuidado eventuais inadequações, não evitamos que nossas intervenções sejam percebidas pelos mediandos como crítica ou como aliança.

4 - Balancear a participação de todos *(p. 248)*

Objetivos

Esta intervenção objetiva dar voz e vez a todos os participantes do processo de Mediação e estimulá-los na busca por informações necessárias à reflexão e à tomada consciente de decisões; convida os mediadores a equilibrarem a sua participação verbal e não verbal no processo, também no que diz respeito à qualidade e à quantidade de suas intervenções.

O cuidado com o balanceamento integra a escuta ativa do mediador, conforme mencionamos na exploração daquela intervenção.

Operacionalização

É tarefa do mediador gerar um contexto de conversa que possibilite a expressão respeitosa – que utiliza uma linguagem palatável aos ouvidos do interlocutor – e a escuta inclusiva – que considera atentamente o ponto de vista do outro – de forma equilibrada.

No exercício do princípio ético da diligência, o mediador deve, ativamente, como um maestro, propiciar a fala e a escuta por tempos equânimes. Como a equanimidade não pode estar fielmente atrelada a tempos de expressão cronologicamente iguais, é preciso cuidar, também, de sua qualidade.

Visando à equanimidade e ao fato de os mediadores estarem eticamente impedidos de oferecer pareceres técnicos sobre a matéria mediada, estes devem auxiliar os mediandos a superarem desigualdades de informação, identificando-as e sugerindo, via processo reflexivo com os participantes, como corrigi-las. Por exemplo: consultando especialistas ou pessoas de confiança que tenham especial conhecimento na matéria; pesquisando o assunto em livros técnicos e/ou em revistas especializadas etc.

Também a participação do mediador no processo de diálogo precisa ser equilibrada com relação aos mediandos – no número e na qualidade de intervenções verbais e não verbais que dirige a um e a outro, na ocorrência das reuniões privadas e seu tempo de duração, na inclusão das redes de pertinência, na abordagem dos temas de todos como itens de pauta, na elaboração de uma redação equilibrada do resultado total ou parcial do processo. Mediadores são objeto de observação dos mediandos, que registram, em detalhe, sua conduta e a forma de condução do diálogo.

Impacto esperado

Uma condução da Mediação que provoque a percepção de participação equilibrada dos mediandos – em termos de expressão, escuta e acesso à informação –, proporciona sensação de segurança e de confiança no mediador e no processo de diálogo, assim como percepção de imparcialidade.

Uma participação equilibrada como terceiro imparcial no que diz respeito às próprias atitudes e às intervenções oferecidas possibilita convicção de equidistância, de diligência, de interesse e de habilidade na coordenação do processo de diálogo.

5 – Considerar atentamente as diferenças culturais entre os participantes
(p. 250)

Objetivos

Esta ação tem por objetivo identificar o quanto as diferenças culturais interferem no processo de diálogo, constituindo-se, por vezes, em impasse – ao gerar dissonâncias, não entendimento, inibição, opressão, dentre outros impactos indesejáveis em diálogos autocompositivos.

Essas diferenças podem ser evidentes – sujeitos de origem social e/ou econômico-cultural distintas –, ou sutis – o simples fato de serem dois indivíduos únicos, com histórias de vida e referenciais ímpares.

Operacionalização

Os mediadores devem reconhecer as diferenças que podem gerar impasses à fluência do processo de diálogo e ao entendimento, e buscar equilibrá-las com naturalidade, utilizando os instrumentos mais adequados a cada situação.

A entrevista privada é um excelente recurso para trabalhar individualmente essas possíveis dissonâncias e junto com os mediandos identificar como as estão percebendo e administrando e que recursos pessoais ou externos seriam necessários para possibilitar esse manejo.

As divergências relativas a alguns valores étnicos, morais e religiosos são entendidas como as de gestão mais complexa; por vezes são temas inegociáveis em termos de flexibilização. Caberá ao mediador a destreza necessária para o manejo de qualquer natureza de diferença cultural que interfira no diálogo.

Impacto esperado

Esse nível de cuidado e atenção proporciona a sensação de acolhimento, legitimidade e respeito à individualidade, às possibilidades e às necessidades de cada um.

A percepção de que os mediadores estão atentos a essa natureza de interferência pode solidificar o sentimento de segurança e de confiança no mediador e no processo, porquanto elementos que podem se constituir impasse ao diálogo estão sendo cuidados.

6 – Identificar e desconstruir impasses *(p. 253)*

Objetivos

A atenção na identificação e na desconstrução de impasses – elementos/situações de qualquer natureza que obstaculizem o diálogo e/ou a negociação, como, por exemplo, a distinção hierárquica, a desigualdade de conhecimento, o jogo de poder ou as condições emocionais – tem por objetivo maior manter a fluência do diálogo, permitindo uma evolução positiva e a consequente permanência dos mediandos à mesa de negociação.

Operacionalização

Parte da atenção dos mediadores precisa estar dedicada a diagnosticar ideias, atitudes ou fatos que desacelerem ou impeçam a progressão do diálogo. Feito isso, distinguir os recursos que melhor possibilitem manejar a situação de modo cuidadoso e equilibrado é atitude consequente. Para cada natureza de impasse, haverá uma intervenção apropriada.

As reuniões privadas com os mediandos mantêm-se como cenário ideal para, junto com eles, mediadores checarem a existência de impasses, a percepção deles a respeito e para tentar pensar na melhor maneira de administrar o que parece se constituir obstáculo ao processo de diálogo.

A inclusão das redes sociais de pertinência na Mediação, quando estas fomentam o litígio ou podem servir de suporte para os mediandos; a sugestão de consulta a especialistas, quando há desbalance ou carência de informação; o encaminhamento para serviços que atuem em parceria e possam complementar o trabalho; assim como a derivação para outros métodos de resolução de conflitos ou para atendimentos de apoio pessoal, são exemplos de intervenções que podem auxiliar no manejo de determinados impasses.

Impacto esperado

Esse nível de cuidado pode produzir impactos no andamento do processo de diálogo ou nas pessoas, semelhantes àqueles elencados com relação ao manejo das diferenças culturais, abordado anteriormente.

Transmite segurança, em função da atenção dedicada pelo mediador a aspectos subjetivos da negociação; amplia a credibilidade no mediador e no instrumento, por sinalizar uma condução cuidadosa e atenta e viabilizar a continuidade do diálogo produtivo e da negociação; assinala respeito à individualidade e às possibilidades e necessidades de cada um.

7 - Conferir especial atenção às perguntas feitas (p. 255)

Objetivos

As perguntas são a intervenção mais significativa em mecanismos autocompositivos, uma vez que têm a intenção de gerar reflexão, informação e ideias – alicerces dessa natureza de processo.

Dispensar especial atenção à sua formulação e conteúdo, assim como ao momento em que são apresentadas, é das maiores contribuições que um terceiro imparcial pode oferecer para a obtenção de soluções autocompostas.

Operacionalização

O ato de perguntar faz parte da escuta ativa do mediador e demanda cuidado e experiência para sua eficácia. O mediador deve eleger com critério:

(i) a natureza das perguntas a serem feitas, consciente de que não são intervenções ingênuas, uma vez que podem provocar da reflexão à culpabilização, da produção de ideias à sensação de sugestão/coerção;

(ii) as palavras e o tom que utilizará em suas formulações, pois que a forma qualifica o conteúdo apresentado;

(iii) o momento e o contexto em que serão oferecidos os questionamentos, porquanto podem ajudar a gerar movimento e compreensão ou, ao contrário, a provocar paralisia e rechaço.

Algumas perguntas têm seu potencial reflexivo e gerador de informação ampliado quando feitas em reuniões conjuntas, como as perguntas de esclarecimento; outras perdem potencial reflexivo nas reuniões conjuntas e ganham produtividade nas reuniões privadas, como as perguntas autoimplicativas.

Alguns autores se dedicaram a classificar as perguntas, norteados por suas características ou pelo suposto impacto que provocam. Apresentamos algumas naturezas de pergunta, à guisa de ilustração, na sessão que teoriza essa ferramenta (capítulo II).

Impacto esperado

Preservada a ideia de que somente na interação, ou seja no curso de sua utilização, podemos conhecer o impacto que uma intervenção provoca, e considerando que as perguntas são o principal instrumento de um mediador na busca da autocomposição, cuidar da eficácia das perguntas é tarefa crucial.

Os impactos esperados pela utilização das perguntas estão muito frequentemente na linha da reflexão, da autoimplicação, do esclarecimento, da geração de informação, do reconhecimento das necessidades do outro e das possibilidades de atendê-lo, da ampliação de alternativas, da análise de custos e benefícios das alternativas pensadas, da visão de futuro, dentre outros.

Pode também advir das perguntas a redefinição de percepções e de atitudes interrelacionais a partir da revisitação de contextos e de leituras subjetivas anteriores, da ampliação de possibilidades e de significados atribuídos ao ocorrido.

Na Mediação, a geração de informações via perguntas auxilia não somente a desfazer incompreensões, como, em especial, a ampliar percepções com vistas ao entendimento e ao embasamento de decisões qualificadas.

8 – Criar um contexto adequado para que as perguntas autoimplicativas possam ganhar eficácia (p. 259)

Objetivos

A eficácia das perguntas autoimplicativas reside na possibilidade de alguém identificar, no curso do processo de diálogo voltado à autocomposição, sua participação como corresponsável – pelo desentendimento e pelo entendimento, ou por qualquer outro evento correlato.

Operacionalização

O mediador tem por tarefa oferecer intervenções que produzam contextos adequados aos propósitos de cada momento da negociação. Assim, deve gerar confiança suficiente para que as perguntas autoimplicativas possam ser recebidas como convites à reflexão e não como acusações. Somente a confiança no terceiro imparcial e no processo de diálogo pode possibilitar acolhimento às perguntas autoimplicativas.

Em entrevista(s) privada(s), cabe ao mediador permitir ou criar oportunidade para que os mediandos possam trazer suas queixas – falar de sua percepção sobre a inadequação do outro (discurso na 3ª pessoa do singular) – antes de convidá-los a pensar sobre suas possíveis inadequações e/ou contribuições para as posturas entendidas como inadequadas no outro (discurso na 1ª pessoa do singular), ou para a construção do conflito.

O lugar da queixa – 3ª pessoa do singular – deve preceder o lugar da autoria autoimplicativa – 1ª pessoa do singular. Esse balanço entre acusar e se autoimplicar deve ser cuidado pelo mediador, para que ambas as possibilidades se deem e sejam legitimadas.

Impacto esperado

Ao poder expor e se sentir ouvido a respeito das percepções e dos sentimentos negativos com relação ao outro – discurso na 3ª pessoa –, cada um dos mediandos tem a oportunidade de esvaziar o excesso de carga emocional que vinha acumulando ao longo do tempo. Somente após esse esvaziamento é possível olhar para si mesmo e para sua provável coautoria no desentendimento e para sua necessária coautoria na construção de soluções.

O discurso na 1ª pessoa, provocado pelas perguntas autoimplicativas, viabiliza perceber a própria participação na construção dos desconfortos vividos e confere potência ao sujeito – porque há algo que lhe cabe fazer. Esvazia o lugar de exclusivo vilão naturalmente conferido ao outro e possibilita o aprendizado sobre si mesmo naquela interação. Perceber como o próprio comportamento, naquela interação, gera ruídos e desentendimentos, possibilita, ainda, atitudes cuidadosas e preventivas nas ações futuras.

Autoimplicar-se é o que possibilita comprometimento com alternativas e ações que tragam soluções. É a corresponsabilidade que gera potência para mudança, porque esta não caberá somente ao outro. Sujeitos que não se implicam nas questões adotam exclusivamente a posição e o discurso de vítimas de um outro, visto como responsável único pela construção do conflito e, consequentemente, responsável único por sua solução.

9 – Dedicar especial atenção à linguagem verbal e não verbal *(p. 262)*

Objetivos

Estar atento ao ânimo de todos os participantes do processo de diálogo, à sua linguagem verbal (falada) e não verbal (silêncio prolongado, expressões de agrado e desagrado, gestos, tom de voz, postura corporal) tem por objetivo ampliar informações, por entender a Mediação como um processo linguístico, ou seja, toda a produção comunicacional nele gerada diz respeito àquela interação e precisa ser considerada como forma de expressão.

Operacionalização

Atitudes e expressões verbais inadequadas devem ser objeto de observação do mediador e também de intervenção, se necessário, como visto anteriormente, quando a ferramenta validação foi objeto de análise.

Quando oportuno e benéfico para o processo de diálogo, a comunicação não verbal exuberante ou recursiva pode ser objeto de intervenção, uma vez que totaliza entre 93 e 97% da comunicação global.

Em reuniões conjuntas ou privadas, de acordo com a conveniência, mediadores podem auxiliar mediandos a traduzirem para linguagem verbal o significado de expressões não verbais, as quais são fonte frequente de desentendimento, em função de interpretações equivocadas relativas a sua intenção.

Essa sinalização deve se dar em forma de pergunta, precedida pela ferramenta mensagem eu (*I message*) – próxima ferramenta a ser abordada –, de modo a demonstrar que a percepção é do mediador, mas que a tradução dessa percepção caberá ao(s) mediando(s) – "me parece que o tamborilar da sua caneta está expressando algum desconforto..." "você quer falar sobre isso...? "sua fisionomia traduz algum desconforto de sua parte?... alguma preocupação?".

É preciso sensibilidade por parte do mediador para identificar a adequação e os possíveis benefícios dessa natureza de intervenção. Ela deve ser revestida de acolhimento e deixar claro que tem a intenção de validar (e não recriminar) a mensagem de seu autor e de ajudá-lo a expressar seus sentimentos ou preocupações para que possam integrar o diálogo.

Fazer referência a sentimentos e preocupações frente a uma manifestação não verbal é uma maneira acolhedora de tentar decodificá-la. Redefinindo dessa forma, essas intervenções podem ser entendidas como atos de cuidado do mediador em sua tarefa de possibilitar a expressão, a escuta e o entendimento.

Impacto esperado

Como as expressões não verbais são uma metacomunicação – uma comunicação em paralelo, de forma não explícita –, assinalá-las sempre que tragam benefício para o processo de diálogo demonstra que o mediador está atento a tudo e a todos e que intervirá sempre que considerar um ganho para a Mediação. Essa atenção redobrada gera confiança no profissional e no processo.

A atitude de atenção e cuidado com os participantes possibilita que estes se sintam acolhidos e que os sentimentos, pensamentos e preocupações que motivam sua expressão não verbal tenham um lugar positivo e sejam bem compreendidos, diminuindo o risco de se constituírem em impasses ou de serem mal interpretados.

10 – Mensagem Eu (I message) *(p. 265)*

Objetivos

As Mensagens Eu são intervenções que antecedem uma fala ou um resumo oferecido pelo mediador, caracterizando a autoria do mediador para o que está sendo dito e reservando aos mediandos a possibilidade de ratificar, de adequar ou de corrigir o entendimento trazido pelo mediador.

Operacionalização

O mediador pode preceder as referências que fizer às falas dos mediandos ou as referências que fizer às próprias percepções de suas expressões não verbais pela Mensagem Eu – emprego da primeira 1ª pessoa do singular no início de suas manifestações: pareceu-me que...", "tive a impressão que..","posso, então, entender que...," de forma a caracterizar que é de sua autoria a leitura oferecida.

Esse cuidado é especialmente bem-vindo antes de iniciar os resumos – gostaria de checar se meu entendimento está correto... entendi que... deixa ver se entendi corretamente... – e os assinalamentos sobre comunicações não verbais ou percepções de qualquer natureza.

Impacto esperado

Responsabilizar-se pelo que entendeu ou percebeu, oferecendo sua leitura como passível de correção pelos mediandos, pode constituir-se modelo comunicacional para os mesmos.

Simultaneamente, a intervenção precedida pela Mensagem Eu possibilita que os mediandos sintam-se à vontade para legitimar ou retificar a leitura oferecida – ajustando o entendimento do mediador, ampliando informações e esclarecendo pontos de vista para os outros integrantes do diálogo.

A validação ou o esclarecimento da compreensão do mediador sobre as narrativas verbais e não verbais dos mediandos, conferindo ao mediador a responsabilidade pela leitura e pela percepção feitas, possibilita que o autor da fala original reafirme seu texto, traduza suas expressões não verbais e seu entendimento sobre o ocorrido.

11 - Dedicar especial atenção à forma como os conteúdos das falas são apresentados *(p. 267)*

Objetivos

Como a forma de apresentação de ideias diz respeito à relação com o outro (o conteúdo diz respeito à substância, à informação), ajuda os mediandos a perceberem que a maneira como expõem seu pensamento e suas propostas interfere na receptividade do outro.

Operacionalização

Em reuniões privadas, convidar os mediandos a perceberem a forma como estão apresentando suas percepções e suas opiniões, sinalizando que podem estar provocando comprometimento da escuta ou da compreensão por parte do outro.

Algumas pessoas não se dão conta de sua interdependência com relação ao outro em situações de negociação e trabalham contra si mesmas, descuidando da maneira de exposição de suas ideias e demandas e do tratamento dirigido ao outro.

As narrativas irritadas ou agressivas e aquelas que diferem em demasia da expectativa ou do estilo de expressão do outro, assim como do momento do processo – falas intermináveis com um interlocutor pragmático ou em um momento mais objetivo da Mediação –, provocam pouca aceitação ou resistência e dificultam a escuta. Assinalar com muita habilidade sua ocorrência é essencial, notadamente quando essas narrativas se constituem impasse na negociação ou minam a receptividade do outro.

Impacto esperado

Permitir que o conteúdo das falas se desvincule das formas negativas ou dissonantes que o acompanham viabiliza sua apreensão e até mesmo consideração por parte de quem ouve, possibilitando que se constitua objeto de atenção e cuidado.

Na comunicação humana, há nítido privilégio da forma sobre o conteúdo, pelo fato de o cuidado na expressão dizer respeito à relação. Por essa razão, o ser humano é capaz de recusar um conteúdo que considera pertinente quando a forma não lhe parece respeitosa, cortês, adequada. Trabalhar esse aspecto da comunicação evitaria essa qualidade de recusa, assim como posturas reativas.

12 - Estar atento à natureza dos discursos dos participantes *(p. 270)*

Objetivos

Agir, pensar e sentir caracterizam diferentes naturezas de discurso que são apresentadas ao outro, com maior ou menor objetividade e civilidade. Essas três possibilidades discursivas norteiam a construção de narrativas e podem dar a impressão de uma conversa em diferentes idiomas, quando uma ou outra natureza predomina na fala de cada um dos mediandos.

As dissonâncias de natureza, tanto quanto de objetividade e de civilidade, precisam ser objeto de intervenção por parte do mediador, com vistas a não se constituírem em impasse para a fluidez do diálogo.

Operacionalização

Quando as pessoas utilizam narrativas de categorias significativamente distintas, podem provocar no outro impaciência, distanciamento e incompreensão. São exemplos de dissonância: uma fala emocional e outra contábil; uma narrativa pautada no agir e outra no sentir; um discurso por demais objetivo e outro especialmente subjetivo; uma linguagem eminentemente técnica e outra leiga.

A reação adversa ocorre em função do estranhamento com relação ao referencial utilizado para a construção de uma determinada narrativa, e demanda do mediador alguma estratégia que legitime ambas as falas e não permita a prevalência de um estilo sobre o outro. Essa prevalência deve ser evitada tanto durante a negociação quanto por ocasião da redação do texto final que retratará o consenso.

Explicitar essa ocorrência, com imparcialidade, cuidado e clareza, e convidar cada um dos participantes a acolher o idioma do outro como legítimo, levando seu conteúdo em consideração, é uma intervenção necessária sempre que essa dissonância representar obstáculo ao diálogo. Propor aos mediandos esse tipo de reflexão pode se dar em entrevistas conjuntas ou privadas. A Mediação deverá transcorrer de forma balanceada, incluindo as diferentes possibilidades de expressão.

De maior complexidade será o manejo dessas diferenças quando o discurso do próprio mediador coincidir ou marcar especial distinção com relação ao discurso de um dos mediandos: na coincidência, cuida-se da possibilidade de o mediador aparentar parcialidade; na dessemelhança, atenta-se para que o privilégio seja dado ao padrão discursivo dos envolvidos, evitando provocar incompreensão.

Quando a diversidade de narrativas for resultado de uma forma de manifestação pouco civilizada, as entrevistas privadas poderão ser o cenário para entender sua motivação e demonstrar o prejuízo da escuta por parte de outros, frente a essa modalidade de expressão.

Impacto esperado

As intervenções nesse sentido têm como especial objetivo conferir legitimidade às diferentes qualidades de discurso trazidas à mesa e impedir que as distintas formas de manifestação obstaculizem a escuta ou a fluidez do diálogo.

13 - Estar atento à qualidade de escuta dos participantes *(p. 273)*

Objetivos

As escutas podem ser de distintas qualidades: inclusivas, quando admitem o ponto de vista do outro como possibilidade, e excludentes, quando o ponto de vista do outro é rejeitado, mesmo sem prévia análise, provocando um diálogo pautado na argumentação e na contra-argumentação ou simplesmente na oposição.

Estar atento à qualidade excludente da escuta e nela intervir tem por objetivo possibilitar que esse elemento crucial à concretização do diálogo se dê com qualidade inclusiva.

Operacionalização

O cenário de intervenção na escuta excludente é a reunião privada. Por vezes, a contraposição e o distanciamento decorrentes de uma postura adversarial, o momento conturbado de vida de algum ou de ambos os participantes, ou um padrão interativo pouco voltado ao diálogo ou ao seu interlocutor, provocam essa qualidade de escuta sem que o(s) mediando(s) se de(em) conta.

Além de o mediador apresentar sua percepção para o mediando imerso na escuta excludente, deve ajudá-lo, com perguntas, a identificar o que motiva essa natureza de escuta e quais são seus desdobramentos para o processo de diálogo e para o alcance de um resultado favorável. A intervenção deve ter caráter reflexivo e não crítico.

A percepção das distintas formas de escuta se dá pela observação de uma sequência de atos comunicacionais e pela repetição de sua ocorrência. Assim que, de forma resumida, observaríamos:

- escuta inclusiva: atenta, considera o que o outro diz como possibilidade de reflexão; provoca mudança na narrativa, na postura e nas ações de quem ouve;

- escuta excludente: atenta, considera o que o outro diz apenas com o propósito de compilar material para contra-argumentação; aquele que utiliza essa qualidade de escuta, por vezes, confere pouco tempo de fala ao outro e, enquanto ouve, produz internamente discursos que são imediatamente trazidos após a fala do interlocutor, ou no intervalo de sua respiração, sem reflexão, com a finalidade única de reafirmar o próprio ponto de vista, desqualificar o ponto de vista alheio, se contrapor ou contra-argumentar.

Impacto esperado

Como a escuta excludente não é a que viabiliza os diálogos autocompositivos, intervir em situações nas quais esse tipo de escuta se faz presente gera reflexão.

A partir da reflexão, espera-se provocar uma escolha consciente do uso que cada um quer fazer da escuta e do processo de diálogo como um todo, uma vez que, para que este caminhe de forma colaborativa, em via dupla, é preciso oferecer ao outro aquilo que se quer receber. Como por exemplo, ter seu ponto de vista considerado como legítimo, passível de atenção e atendimento ou ponderação. A reciprocidade é premissa nessa modalidade de processo autocompositivo.

14 – Estar atento para a possibilidade de colonização dos discursos (p. 275)

Objetivos

A contribuição de Foucault para a ideia da colonização de discursos pode estar presente também na Mediação. A possibilidade de um mediando ficar tomado pelo que foi dito por outro(s), utilizando o próprio tempo de fala para se defender ou para contra-argumentar é quase regra, quando pessoas em desentendimento estão em uma negociação – torna-se imperativo corrigir, adequar, contrapor-se ao que foi dito antes.

Cuidar desse sequestro de narrativa provocado pela escuta reativa tem por objetivo possibilitar que mediandos utilizem seu tempo de fala para expor as próprias ideias, e aproveitar com proficiência essa oportunidade única de serem entendidos e terem seus interesses e necessidades levados em consideração.

Operacionalização

Logo de início, ou após perceber que qualquer um dos participantes se mostra fortemente reativo às considerações do outro, o mediador pode esclarecer a todos que poderão eleger como querem usar seu tempo de fala: trazendo suas próprias concepções e percepções ou construindo contra-argumentações e contrapontos ao que foi dito pelo outro até então.

Esta intervenção é extremamente útil no início do processo de diálogo, como introdução à fala daquele que irá se expressar em segundo lugar. Esse cuidado evita que o diálogo siga direcionado pelo conteúdo e tom dados pela primeira fala. Exemplo: "em situações de discordância, é natural que sintamos a necessidade de corrigir o que foi dito ou apresentar uma fala marcada pela contraposição ao que ouvimos; como essa oportunidade poderá ser usada mais adiante..., nesse momento, é importante para o processo de diálogo que todos possamos conhecer os diferentes pontos de vista e as distintas versões, independentemente do que já foi dito..." "você pode eleger como quer usar seu tempo de fala, na reunião de hoje..."

Impacto esperado

Essa intervenção facilita a reflexão sobre o que será dito e como será dito, possibilitando a eleição entre ser autor e expositor das próprias ideias ou um interlocutor reativo.

Evita que o processo de diálogo fique colonizado pelo tom e/ou pelo rumo da prosa inicial, provocando contestação, réplica, tréplica, comprometendo a sua evolução, desvirtuando seu propósito, não permitindo que seja ventilado por diferentes narrativas e pontos de vista.

A equação argumentação *versus* contra-argumentação empobrece e afunila diálogos. São as distintas narrativas que ampliam a geração de informação, quesito crucial para o surgimento de propostas autocompositivas de benefício mútuo e para a tomada de decisões qualificadas.

15 – Visitar o lugar do outro *(p. 279)*

Objetivos

Visitar o lugar do outro significa entender o seu ponto de vista, incluindo, genuinamente, sua perspectiva em relação ao ocorrido e sua visão de mundo.

Quando essa possibilidade é alcançada, pode ocorrer o entendimento de uma linha de raciocínio, das motivações que determinaram uma atitude ou postura, de outros parâmetros norteadores de necessidades e interesses e até mesmo de valores que embasam uma certa demanda.

Operacionalização

Esta natureza de intervenção constitui-se base de algumas espécies de abordagens em Mediação, como é o caso do Modelo Transformativo, o qual utiliza perguntas que auxiliam na identificação dos sentimentos, das preocupações, dos interesses, das necessidades, dos valores e das possibilidades de cada um (*recognition*). As respostas de cada participante constituem-se em dados a serem convertidos em informação pelo outro.

Intervenções com esse objetivo estimulam a visitação ao lugar do outro como uma atividade em mão dupla. Por vezes, a compreensão da perspectiva do outro já é cenário suficiente para mediadores oferecerem reflexões que conduzam ao entendimento.

Como a posição adversarial não contribui positivamente para que a atitude empática seja efetiva, mediadores podem, em lugar de convidar os mediandos a se visualizarem na situação que está sendo vivenciada pelo outro, o que pode provocar desinteresse, sugerir que cada mediando possa se imaginar em semelhante contexto fático, no futuro, transportando para o porvir a situação atual, ou, até mesmo, imaginando-se em situação de diferente natureza, mas que guarde características comuns.

A intervenção deve ser complementada por perguntas que ajudem cada mediando a conjecturar soluções que pudessem atendê-lo em situação fática semelhante. Essa intervenção ganha maior eficácia em entrevistas privadas, porque a ausência do outro viabiliza uma liberdade mais expressiva de reflexão.

Impacto esperado

Espera-se, com essa natureza de intervenção, que os mediandos tenham a possibilidade de conhecer, de entrar em contato e compreender os sentimentos, as preocupações, os interesses, as necessidades, os valores e as possibilidades do outro, com vistas a:

- ampliar o entendimento a respeito do que motiva o outro a agir, a se expressar ou a reagir de uma determinada maneira;
- gerar receptividade à legitimação das preocupações, interesses, necessidades, valores e pontos de vista do outro;
- desconstruir interpretações negativas relativas ao outro, impeditivas de posturas de colaboração e de solidariedade;
- viabilizar a criação de soluções de benefício mútuo;
- vislumbrar cenários futuros passíveis de serem administrados por ambos, inclusive na vigência da inversão das posições/condições atuais.

16 – Redefinir com conotação positiva (p. 281)

Objetivos

Por meio desta intervenção, o mediador possibilita que as pessoas envolvidas no processo de diálogo identifiquem, em uma atitude ou em uma fala entendidas como negativas, uma motivação/preocupação compreensível, ou até mesmo uma intenção positiva. Há também o propósito de ajudar a identificar, em tempo real, interesses, necessidades, valores e impossibilidades retratados em linguagem adversarial, provocativa ou agressiva.

Operacionalização

Este recurso é especialmente útil quando os mediandos se expressam de maneira dura ou agressiva e consiste em redesenhar uma fala dessa natureza, oferecendo uma narrativa reestruturada em conteúdo e forma, que traduza e contextualize, de maneira positiva, a intenção e/ou a informação manifestada(s) por seu porta-voz.

Por exemplo, se alguém expressa com veemência sua raiva por não ser ouvido pelo outro ou por ter, na sua percepção, que acatar invariavelmente o que o outro diz ou decide, pode ouvir do mediador: "... Percebo que o fato de você querer participar das decisões e não identificar espaço para fazê-lo o(a) deixa descontente e o(a) faz manifestar com vigor essa necessidade".

As atitudes negativas podem ser acolhidas e contextualizadas positivamente quando traduzidas em preocupações ou necessidades desatendidas. Com a redefinição com conotação positiva, a expressão inadequada pode ser decodificada e a escuta pode ser ampliada, por perceber no outro uma motivação legítima ou uma intenção positiva, o que oportuniza consideração e inclusão.

Os resumos são importantes e frequentes veículos dessa ferramenta. A redefinição com conotação positiva costuma ser a base para a construção dos resumos oferecidos pelo mediador.

As atitudes positivas também devem ser acolhidas. O reforço positivo (afago) em relação a uma postura ou comportamento especialmente favorável dos mediandos ou dos advogados pode ser oferecido de forma verbal ou não verbal pelo mediador, como reconhecimento e incentivo a uma coerência com os propósitos do processo autocompositivo. Como qualquer outra intervenção, precisa se dar de forma a não provocar percepção de parcialidade.

Impacto esperado

Redefinições com conotação positiva viabilizam que o autor da fala ou da ação entendida como imprópria ou contundente reveja sua forma de expressão para que aquele que o escuta ou assiste consiga identificar uma intenção positiva mesmo diante de uma forma dura ou agressiva de expressão. Ou seja, essa intervenção possibilita tanto a revisão de uma narrativa por seu autor, quanto a ampliação da escuta de seu interlocutor. O incremento da disponibilidade para a escuta pode se dar a partir dessa intervenção.

Os impactos advindos dessa ferramenta podem ser potencializados não somente pela natureza da técnica empregada, mas especialmente pelo fato de ser o mediador o porta-voz da redefinição.

17 – Resumo *(p. 284)*

Objetivos

Os resumos têm objetivos vários, que vão desde checar com os participantes do diálogo o correto entendimento do mediador sobre o que expressam na Mediação, até possibilitar uma nova qualidade de escuta por parte dos envolvidos na desavença ou na tomada de decisão.

Operacionalização

Resumir consiste em sintetizar o que foi dito – ao final de cada fala ou após as falas de todos os presentes; de tempos em tempos em uma reunião ou ao seu término.

Os resumos costumam elencar os interesses (comuns e complementares), as necessidades, os sentimentos, as preocupações e os valores manifestados durante as narrativas e estabelecer conexões entre os relatos de todos os mediandos.

Expressam o entendimento do mediador sobre o que foi dito. São comumente iniciados pela Mensagem Eu (já trabalhada neste segmento) e marcados por redefinições com conotação positiva. Tendem a ser mais longos do que os parafraseios e, para alguns autores, desses diferem por incluírem em seu texto, se necessário, as emoções.

As anotações do mediador ao longo das oitivas dos mediandos possibilitam compilar os temas que integrarão os resumos. A partir de uma escuta seletiva, mediadores identificam os interesses, necessidades, valores, sentimentos e preocupações, destacam uma pauta objetiva e outra relacional, elencam alternativas geradas pelos mediandos e as opções eleitas, dentre outros dados, para que possam compor os resumos a serem oferecidos ao longo da narrativa dos mediandos.

Impacto esperado

Quando o texto e a voz do mediador demonstram entendimento com relação ao que foi aportado, conferem sensação de acolhimento e de compreensão ao autor da fala original.

O resumo acompanhado de redefinição com conotação positiva possibilita também:

- que a própria pessoa se escute e possa redefinir sua percepção sobre o conteúdo de sua narrativa;
- que uma abordagem eventualmente negativa e/ou desqualificadora passe a ter seus aspectos positivos ressaltados, tornando-se passível de ser ouvida, compreendida e considerada pela outra pessoa;

- que se organize uma linha lógica de raciocínio, por vezes conectora das falas de todos, que discrimina aspectos objetivos e subjetivos e tende a gerar informações, provocando novas ideias, percepções e atitudes.

O oferecimento de resumos positivos permite que os mediandos percebam o avanço alcançado até então e possam, a cada momento, legitimar a Mediação como instrumento e ratificar sua continuidade.

18 – Oferecer um resumo inicial *(p. 287)*

Objetivos

Os resumos oferecidos ao início das reuniões são sempre de cunho positivo e têm a intenção de solidificar junto aos mediandos os avanços feitos na(s) reunião(ões) anterior(es), assim como ajudá-los a retomar a conversa pautados na positividade, nas conquistas eventualmente alcançadas e na postura colaborativa.

Operacionalização

Sínteses relativas à última reunião ocorrida ou ao conjunto de reuniões realizadas até então são apresentadas em linguagem positiva, ao início de cada novo encontro, compilando os movimentos e progressos feitos pelos mediandos.

Impacto esperado

Quando os resumos são oferecidos no início da primeira reunião, após a pré-mediação, destinam-se a apresentar uma visão panorâmica do processo de diálogo, seus procedimentos e objetivos, com vistas a nortear a conduta dos mediandos. Nessa ocasião, o resumo inclui uma conotação positiva à escolha da Mediação como recurso de resolução da controvérsia.

Se ofertados ao início das reuniões subsequentes, viabilizam que se retome e se dê seguimento ao patamar positivo eventualmente alcançado anteriormente, auxiliando no resgate da evolução e das conquistas feitas.

Os resumos iniciais também possibilitam que posturas colaborativas e eventuais mudanças sejam percebidas e registradas durante o andamento do processo de diálogo.

Esse recurso é especialmente útil quando, por qualquer motivo, os mediandos se distanciaram dos propósitos da Mediação entre uma reunião e outra ou conduziram/finalizaram a última reunião com tensão.

Mesmo quando o andamento do diálogo se mantém positivo, a compilação de progressos e conquistas retratada pelo resumo inicial fortalece posturas favoráveis à autocomposição.

19 - Parafrasear (p. 288)

Objetivos

Esta intervenção tem o objetivo de possibilitar uma escuta diferenciada – que redobre a atenção sobre o que foi dito/ouvido –, de forma a provocar reflexão por parte do autor da fala e do seu interlocutor.

Operacionalização

O mediador reapresenta a fala de quaisquer participantes, conferindo ênfase a alguma expressão e/ou reproduzindo seu conteúdo com outras palavras de cunho mais positivo, sem alterar seu sentido ou significado. Consiste, então, na reafirmação do conteúdo de uma fala (informação objetiva ou subjetiva) ou expressão, por meio de sua repetição e do emprego, se necessário, de palavras de significado mais positivo que não alterem o sentido dado.

Ex. Mediando: " estou achando esse valor absurdo... não vou pagar se não entender a conta..." ; Mediador: "você precisa entender a conta..." (tom afirmativo ou de pergunta).

Ex. Mediando: "tá muito desequilibrada essa divisão... só vou contribuir se você também participar..." Mediador: "você gostaria que a participação fosse de ambos..." (tom afirmativo ou de pergunta).

O parafraseio, diferentemente dos resumos e de maneira geral, esvazia o componente emocional das falas, retirando os adjetivos e, para alguns, as expressões de sentimento eventualmente empregadas. É uma intervenção mais enxuta do que os resumos, mais voltada a demarcar uma informação do que contextualizá-la/redefini-la.

Essa técnica pode ser empregada tanto para reafirmar conteúdos considerados positivos quanto para questionar reflexivamente conteúdos que pareçam contundentes, agressivos ou impróprios.

Por exemplo, frente a um pai com excelentes condições econômicas que se recusava a pagar o curso extracurricular de um filho por estar aborrecido com a conduta da ex-mulher e reativo a ponto de não perceber o reflexo de suas ações sobre os filhos, o seguinte diálogo se deu: (pai) "[...] com esse tipo de conduta por parte dela, me limito a cumprir o que o texto do divórcio diz..." (mediador) [...] em função de condutas que o desagradam você prefere ficar restrito ao que o texto do divórcio diz... "(tom de pergunta).

Impacto esperado

Possibilitar que todos os participantes da Mediação – o autor da fala original e o(s) outro(s) integrantes(s) – escutem e reflitam sobre o que foi reproduzido pela voz imparcial e enfática do mediador.

Como a maioria das intervenções utilizadas por mediadores, esta também tem a intenção de gerar informação adicional. Justifica, então, sua utilização, a necessidade de marcar um pensamento, ideia ou sentimento, por serem identificados pelo mediador como informação importante para o outro (para todos) e para o processo de diálogo.

20 - Transformar relatos negativos ou acusações em preocupações, em necessidades desatendidas ou em valores de interesse comum *(p. 291)*

Objetivos

O mediador deve identificar nas acusações e/ou nos comportamentos referidos como inadequados, que valores foram feridos, quais necessidades estão desatendidas, com vistas a demonstrar uma correlação entre ambos – acusações/comportamentos e valores/necessidades – e o prejuízo dessa forma pouco hábil de se expressar para a interação, por quanto compromete o diálogo e a convivência social.

Traduzir uma denúncia de mentira em demanda de honestidade/confiança e um relato de agressividade em necessidade de respeito são intervenções pautadas em valores e em necessidades que podem ser de interesse de ambos os mediandos.

Operacionalização

À medida que surjam nos relatos culpabilizações e/ou críticas a condutas presentes ou passadas, o mediador pode intervir mostrando o valor moral ferido (no sentido interativo) que motiva essas colocações.

Essa prática permite visualizar uma intenção positiva adjacente a responsabilizações e acusações e possibilita construir uma pauta subjetiva paralela à objetiva, composta por temas de interesse comum, positivamente redefinidos, os quais se constituem base para a preservação do diálogo e da convivência social.

Ex. 1: Após menção recorrente a condutas agressivas, perguntar: "podemos entender que o respeito é uma demanda sua. Poderíamos considerá-lo como do interesse de ambos? Respeito mútuo é um tema que poderia integrar a pauta de negociações?".

Ex. 2: Após repetidos relatos de mentiras, pode-se perguntar: "podemos entender que a confiança é uma demanda sua..., poderíamos considerá-la como da necessidade de ambos? Confiança é um tema que poderia integrar a pauta de negociações?".

O mediador desloca o rumo da conversa: da narrativa em direção a denúncias – o que é ou tem sido indesejável em termos de atitude – para o campo do que pode ou deve ser desejável por todos os envolvidos, como norteadores de convivência.

Por vezes, a postura inadequada se dá em função de seu autor ter o registro de violação de algum valor/necessidade que considera importante na convivência. Alguém que se considera pouco ouvido pode eleger uma conduta agressiva como meio para se fazer ouvir.

Impacto esperado

Esta intervenção possibilita redefinir culpabilizações (recíprocas) por corresponsabilidade no resgate de uma convivência mais satisfatória.

Permite ainda que os mediandos percebam em que medida contribuem ou deixam de contribuir, ainda que de formas e em graus diferentes, para a manutenção de uma interação indesejável ou para a reconstrução de uma boa relação.

Constatar que valores e necessidades desatendidos servem de base para reclamações, ou até mesmo para algumas condutas inadequadas, permite que os mediandos revejam os recursos que estão utilizando na interação com o outro.

21 – Auxiliar na identificação de histórias alternativas ou periféricas *(p. 293)*

Objetivos

Histórias alternativas ou periféricas são aquelas que reúnem fatos e momentos positivos que fazem parte do histórico de convivência dos mediandos e que não são trazidas à tela por não guardarem coerência com o momento de desentendimento.

Com essa intervenção, o mediador pretende fazer com que os mediandos percebam que passagens marcadas pelo êxito na tomada de decisões e na administração de diferenças, assim como por posturas colaborativas, também são partes integrantes do seu percurso de convivência e que os recursos utilizados naqueles momentos podem integrar o presente e o futuro de sua interação.

Operacionalização

O mediador busca arejar a narrativa dos mediandos com perguntas que ajudem a identificar histórias alternativas ou periféricas que contemplem momentos de atuação colaborativa e de negociação positiva e eficaz, com vistas a ampliar a visão destes sobre possíveis recursos nesse sentido e, consequentemente, sua possibilidade de atuação nessa direção.

Por meio de perguntas apreciativas – aquelas que resgatam aspectos positivos da convivência anterior ao desentendimento (vistas no segmento dedicado às perguntas) –, o mediador traz à tona fatos e momentos positivos que também fazem parte do histórico de convivência dos mediandos.

Nos contextos de natureza adversarial, a história oficial (aquela que é trazida para a mesa de negociações) costuma ser negativa, recursiva e aprisionadora, excluindo os momentos em que diferenças foram negociadas de maneira produtiva. Nessas situações, as perguntas apreciativas resgatam possibilidades e recursos anteriormente utilizados.

Ex.: Ao longo da convivência de vocês, que negociações importantes já foram feitas com sucesso? Quando havia uma convivência harmônica entre vocês e as negociações de diferenças não levavam ao desentendimento, como cada um contribuía para a fluidez dessas negociações?

Impacto esperado

Espera-se com o uso dessa intervenção que os mediandos percebam que podem manejar diferenças de maneira produtiva, que possuem recursos para tal e que podem resgatá-los se conseguirem ter na resolução da discordância a primazia de suas ações.

Essa disposição para o resgate de recursos mais adequados ao manejo de diferenças implicará também que os mediandos deixem de olhar para o outro como um inimigo a ser atacado e passem a dedicar-se, mutuamente, à resolução de questões e à tomada de decisões. Provoca-se, por consequência, uma mudança no foco de combate – a questão e não a pessoa.

Se a intervenção galga sucesso, em muito contribui para a manutenção da relação social e do diálogo, uma vez que resgata recursos que poderão ser utilizados fora da mesa de negociações.

22 – Externalizar o problema *(p. 295)*

Objetivos

Com o manejo dessa ferramenta, o mediador auxilia os mediandos a se distanciarem estrategicamente do(s) problema(s) para que este(s) possa(m) ser transformado(s) em objetos de análise. Como objeto(s) de análise, o(s) problema(s) pode(m) ser avaliado(s), fragmentado(s) para que, em seguida, sejam tratado(s) com objetividade, eficácia e efetividade.

Operacionalização

Por meio da formulação de perguntas de natureza hipotética, viabiliza-se que os mediandos envolvidos emocionalmente em um problema e imersos em seu contexto fático possam imaginá-lo como um objeto externo, um acontecimento e/ou uma situação a ser considerada sob o ponto de vista predominantemente objetivo e analítico.

São exemplos de perguntas que podem ser feitas, em momentos em que a proposta de distanciamento emocional possa ser administrada pelos mediandos: "Na hipótese de uma dissolução societária, que providências seriam necessárias?", "Caso se definisse a guarda das crianças de forma compartilhada, como pensam que seria sua operacionalização prática?" "Caso o divórcio seja a solução identificada, como ele seria operacionalizado?" "Quais custos e benefícios traria?" "Que alternativas identificam para lidarem com eventuais atrasos de tempo, de pagamento?".

Nos exemplos anteriores, dissolução societária, compartilhamento da guarda de um filho, divórcio ou atrasos são tratados como objetos de análise, de modo independente da relação existente entre aqueles que compõem o contexto fático. Esses temas seriam explorados por mais perguntas de base hipotética, que viabilizassem sua análise e identificassem possíveis abordagens, soluções e ações, custos e benefícios dessas alternativas.

Impacto esperado

Busca-se gerar proatividade nos mediandos. A intervenção convida as pessoas envolvidas a se distanciarem de uma natureza paralisante de emoção – que é a de estar imerso(a) em ou tomado(a) por um problema – e a se imaginarem, por meio de perguntas de base hipotética, atores de uma ação construtiva baseada na premissa de precisar cuidar de uma questão ou de uma contingência.

Com o problema externalizado, espera-se ampliar a potência, a autoria e a sensação de controle das pessoas sobre determinadas questões.

Por vezes, os problemas são vistos como parte da identidade de uma pessoa (pessoas problema); essa intervenção pode auxiliar na redefinição dessa leitura.

23 – Esclarecer o significado de palavras ou expressões com múltiplos sentidos *(p. 298)*

Objetivos

Esta ferramenta tem por objetivo ampliar esclarecimentos e gerar informação sobre termos, palavras e expressões, aos quais podem ser atribuídos sentidos múltiplos, especialmente quando são temas de negociação. São exemplos desses termos de múltiplos sentidos: fidelidade, responsabilidade, justiça, respeito, parceria, cumplicidade etc.

Uma particular significação conferida às palavras ou expressões condiz com as referências histórico-culturais que cada um dos mediandos acumulou em sua trajetória como sujeito no mundo e como sujeito daquela relação. Compartilhar esses significados é o objetivo maior desta intervenção, com vistas a possibilitar seu adequado manejo na interação.

Operacionalização

A fim de evitar mal-entendidos decorrentes de interpretações ou significações não coincidentes, mas correspondentes a uma mesma palavra ou expressão, o mediador cuida para que os mediandos conheçam o particular significado que cada um atribui às palavras ou expressões de sentido múltiplo, utilizadas na negociação.

Esse cuidado se operacionaliza solicitando que cada um descreva o entendimento que tem a respeito da expressão e como esse entendimento poderia ser traduzido por atitudes ou atos, ou seja, como poderia ser demonstrado na interação.

Essa abordagem deve sempre acompanhar os momentos em que questões subjetivas estão sendo negociadas. Transformar significados abstratos em atitudes concretas ou atos é indispensável, e deve ser objeto de intervenção pelo mediador.

São exemplos de intervenções dessa natureza: "Quais atitudes por parte de fulano você consideraria importantes para o resgate da confiança?", "Que ações por parte de fulana seriam entendidas por você como responsáveis?" "O que precisaria acontecer por parte de ambos para resgatarem uma convivência pautada no respeito?".

Impacto esperado

Pretende-se com esta intervenção contribuir para bem identificar o entendimento de cada um dos envolvidos sobre o que está sendo dito ou proposto.

Mesmo que não se alcance uma convergência de significados para palavras ou expressões, sua explicitação para cada um dos envolvidos possibilita configurar expectativas e, por consequência, preservar a relação interpessoal de ruídos, impasses ou desentendimentos futuros.

Atender essas expectativas por meio de atitudes concretas ou atos favorecerá a convivência, a percepção de cumprimento do acordado e a manutenção/resgate da confiança interpessoal.

24 – Traduzir em perguntas as ideias articuladas pelos mediadores *(p. 301)*

Objetivos

Quando mediadores têm sugestões ou ideias, surgidas a partir da escuta atenta das narrativas dos mediandos, que articulam os interesses das pessoas, podem transformá-las em perguntas, de forma a preservar a autoria das decisões com os envolvidos no desentendimento e a atender a recomendação ética de não opinar ou sugerir.

Operacionalização

O mediador deve reunir e articular os diferentes pensamentos, concepções e ideias apresentados ao longo do processo de Mediação. Esta articulação pode se dar em forma de resumo ou de perguntas, sempre que novas ideias ou proposições puderem ser construídas a partir das anteriormente oferecidas pelos mediandos.

Imersos em postura adversarial ou em processo de construção de entendimento, com muita frequência os mediandos não apreendem todos os dados e informações gerados nas conversas coordenadas pelo mediador. Dados e propostas escapam a sua percepção, cabendo ao mediador o resgate dessas informações. As anotações seletivas são de crucial importância para essa tarefa.

Impacto esperado

Essa ferramenta é especialmente útil quando o conjunto de concepções ou ideias, se articulado, puder ampliar a visão dos mediandos sobre as questões que estão sendo negociadas e sobre as alternativas de solução.

É uma intervenção que propicia aos mediandos a percepção de poderem extrair de seus próprios pensamentos e ideias, quando articulados com isenção e imparcialidade, as possibilidades de resolução.

A genuinidade da autoria dos mediandos é reafirmada quando o mediador reúne as ideias por eles trazidas, ampliando com isso o comprometimento com as soluções geradas a partir de então. O empoderamento dos envolvidos e o controle sobre o processo de diálogo são igualmente reafirmados. A confiança no mediador e no processo de diálogo é reassegurada.

Grupo IV – Ferramentas de negociação

1 – Identificar terceiros envolvidos – aqueles que não participam diretamente da Mediação, mas estão implicados na operacionalização do acordo ou em seus resultados. *(p. 305)*

Objetivos

A identificação de terceiros envolvidos tem por intuito trazê-los à mente e à consideração daqueles que têm poder decisório nas negociações, com vistas a levarem em conta os interesses e necessidades de todos, assim como as implicações das decisões tomadas sobre todos os envolvidos na questão.

Operacionalização

Por meio de perguntas, o mediador deve ajudar a mapear quem são as pessoas indiretamente envolvidas nas questões trazidas e nas deliberações que estão sendo feitas, identificando também seus interesses e necessidades, assim como as repercussões do acordado em suas vidas.

Essa tarefa deve-se à faceta de agente de realidade do mediador, que além de auxiliar na identificação da exequibilidade dos acordos auxilia na constatação de seus reflexos sobre terceiros, que também precisam ser contemplados pelas soluções eleitas.

Impacto esperado

O impacto mais fortemente esperado com essa natureza de cuidado é o de possibilitar que os mediandos se deem conta de que outras pessoas serão afetadas, positiva ou negativamente, por suas escolhas, a curto, médio ou longo prazo, e que seus interesses e necessidades podem não estar sendo computados na negociação.

Por vezes, terceiros são implicados em tarefas relativas ao que está sendo acordado. A consulta objetiva sobre suas possibilidades e disponibilidades, assim como sobre seu nível de comprometimento com o proposto, configura expectativas, evita frustrações e minimiza descumprimentos, fatores redutores da eficácia do acordado.

2 – Separar as pessoas do problema *(p. 307)*

Objetivos

O primeiro princípio de negociação da Escola de Harvard tem propósitos múltiplos. Convida a focar no problema e não na relação com o outro, em determinado momento da negociação. Em lugar de tratar a questão como pessoal, unir esforços para cuidar do problema.

Por consequência, ajuda a identificar uma pauta objetiva, relativa à questão, e uma subjetiva, correspondente à relação/comunicação entre os mediandos. Essa discriminação viabiliza que as pautas não se sobreponham negativamente e que ambas sejam objeto de cuidado durante a Mediação.

Operacionalização

Mediadores podem auxiliar os mediandos a diferenciarem a relação social e a natureza de interação que construíram anteriormente e, na vigência do desentendimento, da questão objetiva que os traz à Mediação.

As perguntas de esclarecimento pautadas nos dois temas – questão e relação/comunicação –, e os resumos que reúnam informações obtidas a partir das respostas oferecidas pelos mediandos são os principais veículos para ajudá-los a fazerem essa discriminação, que pode se dar ao longo de todo o processo negocial.

Diferenciadas as duas pautas – subjetiva ou de comunicação e objetiva ou da substância/matéria a ser tratada –, o mediador pode sugerir trabalhá-las em paralelo, caso estejam sobrepostas; ou em sequência, quando a pauta subjetiva impede que questões objetivas emergentes sejam cuidadas. Nessas situações, mediadores tendem a cuidar primeiramente das questões relacionais e de comunicação.

Garantir que ambas as pautas serão objeto de cuidado é premissa da Mediação; é o que a diferencia de outros instrumentos autocompositivos e contribui para a preservação da relação social e do diálogo entre mediandos e entre estes e suas redes de pertinência.

Explicitar ambas as pautas por meio de recursos visuais – *flipchart*, quadro branco ou negro, digitação em papel ou projeção em tela – ajuda os mediandos a administrarem a ansiedade gerada pela necessidade de terem a garantia de que os temas que consideram pertinentes serão tratados.

Impacto esperado

Esse recurso possibilita que os mediandos identifiquem que sobrepõem a questão relacional ao tema objetivo que desejam também negociar. Pessoas em conflito não percebem o quanto sua emoção e autoestima são mobilizadas pela desavença e o quanto essa sobreposição as distancia, muitas das vezes, da razoabilidade no tratamento de questões e na geração de soluções para as discordâncias.

A máxima do Projeto de Harvard resultante desse princípio de negociação – atacar o problema e não as pessoas – cumpre-se, quando esse recurso é utilizado. Passamos a ter duas (ou mais) pessoas em desacordo, olhando para o problema e tentando resolvê-lo, em lugar de atacando um ao outro, como se houvesse um único responsável pelo ocorrido.

Nesse sentido, esse procedimento também abrevia o tempo da negociação e da controvérsia e faz com que os mediandos percebam o quanto as questões subjetivas estão tornando complexa a abordagem das questões objetivas. É uma intervenção que dá legitimidade a ambas as pautas, na medida em que ambas serão trabalhadas, tendo discriminadas ou articuladas sua ocorrência e causalidade. Assim procedendo, as soluções pensadas para cada uma das pautas tendem a ganhar em qualidade.

Frente a essa discriminação e/ou articulação, os mediandos identificam, por vezes, que as questões de comunicação são as mais relevantes, dispondo-se a falar sobre, reconhecendo erros e desconstruindo impasses para a criação de soluções que cuidem das questões objetivas.

3 – Construir uma pauta objetiva e uma pauta subjetiva *(p. 310)*

Objetivos

Consequência natural do primeiro princípio de negociação de Harvard, mencionado anteriormente, a construção de uma pauta objetiva e outra subjetiva visa ampliar o espectro de atuação da negociação e a evitar que a sobreposição dos temas obstaculize o tratamento adequado das questões, sejam elas subjetivas ou objetivas; esta sobreposição dificulta a desconstrução do conflito e a construção de soluções de benefício mútuo, isentas de passionalidade.

Operacionalização

O objetivo e o subjetivo estão sempre presentes nas mesas de negociação. Negociadores são pessoas em relação, avaliando não somente a legitimidade que está sendo conferida ao seu pleito, mas também a qualidade do tratamento que lhes é conferido.

Notadamente, durante o relato das histórias, mas também a qualquer momento da Mediação, o mediador deve discriminar (e paralelamente articular) o fático do relacional, o prático do emocional, o objetivo do subjetivo, construindo pautas para ambos os aspectos e checando, com os mediandos, se o entendimento que está tendo e oferecendo é pertinente e se os dois grupos de temas identificados podem compor a pauta global dos trabalhos.

Impacto esperado

Separar a questão em tela da relação social subjacente em que a desavença passou a imperar legitima tanto a pauta objetiva quanto a pauta subjetiva, permitindo que se identifique a relevância de ambas na negociação.

Muitas vezes, os aspectos subjetivos da contenda consistem no maior foco de desentendimento, e a criação de soluções para os mesmos pode ser suficiente para dirimir o conflito.

Por meio da discriminação das pautas, pode-se evitar que temas subjetivos se apresentem travestidos de questões objetivas e pecuniárias, conferindo mais segurança e satisfação com o processo de diálogo.

Assim atuando, mediadores possibilitam que temas subjetivos como temores, preocupações e valores possam integrar a pauta de negociação e ser também trabalhados na Mediação.

4 – Identificar os interesses sob as posições *(p. 313)*

Objetivos

Este segundo princípio concebido pelo Projeto de Negociação de Harvard oferece o substrato para as negociações baseadas na premissa ganha-ganha (*win-win*), ou seja, identificar os reais interesses que trazem as pessoas à mesa de construção de consenso para que possam ser objeto de consideração pelo outro, gerando soluções de benefício mútuo neles baseadas.

Operacionalização

As perguntas por que, para que e o que é mais importante para você nesta negociação, o que você quer preservar, cuidar, nesse processo de diálogo, auxiliam a identificar o que de mais caro (interesse ou real interesse) está sendo defendido por posturas rígidas (posições ou interesses manifestos).

Aquilo que é objetivamente expresso, o que se diz que se quer – posição ou interesse manifesto – pretende, em realidade, proteger/defender interesses que não são claramente revelados, ou nitidamente conhecidos, em um primeiro momento.

Por serem velados ou estarem submersos, os interesses não revelados de prima são chamados por alguns de reais interesses, marcando assim uma diferença com o interesse manifesto. Por exemplo, um pai pode solicitar a guarda do filho (posição ou interesse manifesto) quando na realidade quer vê-lo com maior frequência, quer participar das decisões que dizem respeito à sua vida e cuidar para que tenha melhores resultados acadêmicos (reais interesses). Esse exemplo demonstra como a lista de interesses é sempre mais ampla e diversificada do que a posição adotada. No caso, querer a guarda é uma posição rígida que não precisa ser atendida invariavelmente, se os reais interesses forem contemplados.

É o elenco de reais interesses que será objeto da negociação coordenada pelo mediador.

Impacto esperado

Essa intervenção coloca as reais necessidades e interesses – os temas de importância, ocultos sob as posições adversariais, em negociação. O vislumbre dos reais interesses de todos os envolvidos pode desvendar interesses comuns, complementares e divergentes. Uma lista de interesses oferece margem de negociação muito maior do que posições antagônicas.

Reside nos interesses comuns e complementares a possibilidade de autocomposição pautada no consenso e no benefício mútuo. Os interesses divergentes podem ser negociados via valores comuns, como já mencionamos e detalharemos adiante.

As intervenções pautadas nesse princípio também potencializam a postura colaborativa, pois geram alívio e confiança por parte dos mediandos ao perceberem que seus interesses mais valorizados estão sendo objeto de cuidado e de negociação, desmobilizando as posições polarizadas, erguidas em sua defesa. A confiança no mediador que demonstra cuidado com os reais interesses tende a ficar fortalecida.

5 – Identificar interesses comuns e complementares (p. 316)

Objetivos

O grande gol dos interesses comuns e complementares, quando corretamente identificados, é reposicionar os mediandos de forma que passem a olhar para uma mesma direção e trabalhar em parceria para alcançar uma solução que contemple a todos.

De maneira geral, porque estão enraizados em uma postura adversarial ou de desconfiança, mediandos não percebem coincidência ou complementaridade em seus interesses; é preciso uma escuta isenta e atenta (como a do mediador) para fazer essa articulação e trazê-la à mesa de negociação.

Operacionalização

Durante as narrativas, o mediador deve ter a atenção voltada para a identificação de coincidência e complementaridade de interesses, necessidades e valores dos mediandos, com vistas a explicitá-los e ressaltá-los.

Essa constatação pode ser oferecida por meio dos resumos, envolta em uma visão positiva, em um momento em que os mediandos estejam aptos a escutar.

Vale lembrar que as anotações do mediador e a identificação, nessas anotações, de posições, interesses e valores, dentre outros temas, auxiliam, em muito, na explicitação desta percepção pelo mediador e na construção dos resumos.

Impacto esperado

Pretende-se gerar empatia mútua e estimular ações cooperativas, ao possibilitar que os mediandos:

- deparem-se com a convergência de interesses e/ou valores – ideia não admitida pela posição adversarial e polarizada;
- se deem conta de que possuem identidade com o outro, no que concerne a temas de comum predileção;
- percebam que a composição de acordos e a construção de consenso são alcançáveis, confirmando a adequação da escolha da Mediação como instrumento;
- tenham sua disponibilidade para o diálogo colaborativo e inclusivo potencializada, inclusive no tocante a temas outros e a diálogos futuros.

6 – Manejar interesses divergentes *(p. 319)*

Objetivos

O ato de identificar e manejar interesses divergentes minimiza a competitividade, a desesperança e o sentimento de frustração, resultantes das aparentes incompatibilidades.

Quando a divergência de interesses é um fato inconteste, resta ao mediador identificar convergência de valores. O maior objetivo desta intervenção é viabilizar que alguma natureza de negociação seja feita, o que permite, em última instância, a manutenção de uma proposta de diálogo.

Operacionalização

A partir da identificação de interesses francamente divergentes, o mediador deve investigar se estes estariam assentados em valores comuns ou complementares. Dessa forma, pode-se vislumbrar algum nível de convergência entre os mediandos e possibilitar a construção de soluções de benefício mútuo, visando a um bem maior – a observância de um valor comum. Respeito mútuo é, com frequência, um valor almejado em situações dessa natureza.

Com base nos mesmos valores, uma gama enorme de negociações pode ocorrer e ganhar sustentabilidade. Mantém-se a divergência em um nível e as ações baseadas em valores em outro. Esse respeito a valores pode se dar mesmo quando eles não são coincidentes, pelo simples fato de serem considerados como valores para um determinado sujeito, grupo ou cultura.

Árabes e israelenses compõem, há anos, uma negociação baseada em valores, quando os interesses não convergem. Mediadores internacionais podem encontrar entre esses dois povos valores idênticos, como a preservação da vida de suas populações e o respeito a diferenças (religiosas, culturais, dentre outras), ambos valores de ocorrência frequente nas situações de antagonismo intercultural. A mesma intervenção pode ser utilizada em Mediações menos complexas, envolvendo pessoas.

Impacto esperado

Possibilitar a identificação de interesses comuns via o respeito a valores viabiliza a existência de um nível possível de negociação, o que pode resultar no desdobramento de outras micronegociações. Ex. para preservar a vida da população civil entre povos em guerra são necessárias as ações x, y e z e não ficam permitidas as ações j, k e l.

Com essa natureza de intervenção, pretende-se também provocar a colaboração para o atendimento de um bem maior – um valor – que, de maneira geral, diz respeito e envolve terceiros, o que potencializa sua aceitação e observância.

7 – Iniciar a negociação pela pauta subjetiva (p. 323)

Objetivos

Como mencionado anteriormente, alguns mediadores preferem iniciar o trabalho negocial pela pauta relacional, comunicacional ou subjetiva com vistas a preparar o terreno para o trabalho com as questões objetivas.

Esse saneamento possibilita que os temas objetivos tenham o seu real tamanho, que a relação social e o diálogo sejam restaurados e que o conflito subjacente seja desconstruído, permitindo a construção de soluções de benefício mútuo e a prevenção de novas desavenças.

Operacionalização

Para aqueles que conferem ao mediador a regência do processo de diálogo (guardião do processo), soa pertinente que este inicie os trabalhos pela pauta subjetiva/comunicacional/relacional.

A pauta subjetiva, construída ao longo dos relatos, também deve ser manejada de forma a propiciar benefício mútuo – reduzindo impasses à fluidez da negociação e possibilitando o restauro da relação social e do diálogo. Nesse sentido, deve ser trabalhada e negociada, sempre que possível, antes da pauta objetiva.

Em entrevistas privadas – quando são pautas muito sobrecarregadas – ou em entrevistas conjuntas, as questões relacionais devem, paradoxalmente, ser tratadas com a objetividade condizente com um processo negocial. Como a Mediação não faz restrição à profissão de origem do terceiro imparcial, é preciso ter cuidado para que profissionais de áreas afins à terapia não confiram viés terapêutico a essa fase do trabalho e para que mediadores de outras áreas profissionais e funcionais não subestimem essa etapa da negociação.

As perguntas de esclarecimento, voltadas à discriminação do que é matéria e do que é relação e à importância que cada um confere ao tratamento oferecido pelo outro, são de valia e geram informações que, por si só, desanuviam questões. Os resumos que condensam essas informações as potencializam, até porque são apresentados pelo viés positivo.

Quando o trabalho com a pauta subjetiva é realizado em entrevistas privadas, é necessário confirmar com o autor da fala que nível de permissão confere ao mediador para compartilhar sua narrativa com a(s) outra(s) pessoa(s) envolvida(s) na negociação. O cuidado com o sigilo, garantido como princípio norteador desse processo negocial, pode ser auxiliado pelo oferecimento de um resumo, ao final da entrevista privada, sobre o que seria compartilhado, possibilitando ao autor da fala a exata dimensão do que poderá ser dito ao outro.

Impacto esperado

Iniciar a negociação pelas questões subjetivas/comunicacionais/relacionais – (re)sentimentos, preocupações, valores feridos – possibilita evitar que estas se apresentem travestidas de questões objetivas, gerando impasses ou comprometendo a fluidez do processo.

O saneamento dessas questões viabiliza:

- a desconstrução do conflito;
- o restauro da relação social e do diálogo;
- uma maior objetividade na construção de alternativas;
- um maior empenho na eleição de opções de benefício mútuo;
- a prevenção de novos desentendimentos.

8 – Auxiliar a pensar soluções de benefício mútuo *(p. 325)*

Objetivos

O terceiro princípio do Projeto de Negociação de Harvard é a base dos processos ganha-ganha de composição de discordâncias ou de tomada de decisões. O benefício e a satisfação mútuos são os objetivos maiores das intervenções baseadas nesse princípio.

Operacionalização

No momento da geração de alternativas ou de tomada de decisões, o mediador deve convidar os mediandos a assumirem uma postura colaborativa, de forma que possam se disponibilizar a criar soluções inclusivas que atendam a si mesmos, sem desatender ao outro.

Esse é um dos norteadores mais difíceis de serem praticados na cultura ocidental. Se é fato que nas ocasiões em que identificamos inadequações usamos, predominantemente, o verbo na terceira pessoa do singular, também é fato que, nos momentos em que buscamos benefícios na negociação, utilizamos, predominantemente, o verbo na primeira pessoa do singular. Estamos acostumados a sentar à mesa de negociações para satisfazermos nossas necessidades, a partir de ideias que nos contemplem, sem, no entanto, considerar os interesses, necessidades e possibilidades do outro.

Ocorre que, não só essa postura repercute negativamente sobre a relação, como, na maioria das vezes, também é percebida no outro, inviabilizando a autocomposição dos interesses; restringindo a negociação à barganha de posições.

Ter o outro como objeto de cuidado durante um processo negocial exige que o conflito tenha sido cuidado minimamente, ainda que por intermédio da estabilização da pauta subjetiva/relacional/comunicacional.

Além das intervenções do mediador, via perguntas que convidam à geração de soluções de benefício mútuo, mediandos também podem ser convidados à tarefa de pensar, durante o intervalo das reuniões ou no período de espera que cada mediando tem que administrar no curso das reuniões privadas ocorridas em dias em que ambos estão presentes, alternativas que atendam a todas as partes e gerem satisfação mútua.

Impacto esperado

Pensar soluções de benefício mútuo implica colocar-se no lugar do outro para identificar suas necessidades, interesses e valores.

Intervenções que caminham nessa direção viabilizam identificar, também, as próprias possibilidades de atender as necessidades do outro (um dos focos das premissas *empowerment e recognition* da Mediação Transformativa).

Quando oferecida em forma de tarefa, essa ferramenta pode ter enorme potencial transformador, porquanto mantém os mediandos conectados ao processo negocial de forma positiva, conferindo atenção aos interesses e necessidades do outro e possibilitando negociar externamente com seus pares – amigos, parentes, advogados – soluções de benefício mútuo.

Este recurso estimula e legitima a colaboração, na medida em que os mediandos identificam, além das necessidades alheias, o empenho do outro em fazer o mesmo em relação a suas necessidades, interesses e valores.

9 – Iniciar a negociação da pauta objetiva por temas de menor tensão e que sejam de interesse de todos os envolvidos (p. 328)

Objetivos

Saneada a pauta subjetiva/comunicacional/relacional, caso seja uma modalidade de trabalho que confira ao mediador a possibilidade de coordenar o diálogo da maneira que considerar mais produtiva, este deve iniciar a negociação da pauta objetiva por temas que gerem menor tensão e sejam de interesse mútuo, com o franco propósito de criar um cenário favorável à construção de alternativas e de consenso.

Operacionalização

Como um maestro que direciona a entrada dos instrumentos, visando à harmonização de suas diferenças e ao melhor resultado melódico, o mediador pode eleger a ordem de abordagem dos temas que integram a pauta objetiva, privilegiando os que interessam a todos os envolvidos e que são menos geradores de tensão.

Expor visualmente os distintos temas que serão negociados – quadro, *flipchart*, projeção ou impressão escrita – ajuda os mediandos a administrarem a ansiedade provocada pela premência que atribuem a alguns pontos da pauta. O recurso visual garante que todos os assuntos serão tratados, possibilitando engajamento na resolução da questão eleita pelo mediador.

De delicado manejo, o mediador deve cuidar para que o uso desse recurso não crie impasses à negociação. É preciso estar autorizado pelos mediandos para atuar com diretividade na eleição dos itens de pauta que ganharão os espaços iniciais de geração de alternativas e de opções de solução. É a sensibilidade do mediador que o auxiliará no melhor ordenamento e em sua condução.

Impacto esperado

Com a administração da ordem de entrada dos temas de pauta, pretende-se alcançar maior fluidez na construção de consenso, logo no início da negociação da pauta objetiva.

Caso essa meta seja atingida, a percepção, pelas pessoas envolvidas, de que podem construir um diálogo positivo e produtivo estimula a continuidade da negociação. Movidos pelo sucesso das negociações iniciais e empoderados pela constatação de sua capacidade de autocomposição, os mediandos podem contribuir positivamente para o sucesso de sua própria tarefa.

O eventual reconhecimento da propriedade da regência do mediador na ordenação da pauta pode ampliar a confiança no condutor do diálogo e no processo de autocomposição.

10 – Articular necessidade e possibilidade em dupla mão *(p. 330)*

Objetivos

Articular a(s) necessidade(s) de alguém com a(s) possibilidade(s) de outrem (consequência natural da Mediação Transformativa) distancia os mediandos de parâmetros objetivos convencionais e uniformes, garantindo que as reais necessidades de todos os envolvidos sejam atendidas na justa medida.

São exemplos clássicos de parâmetros objetivos convencionais que não levam em consideração um diálogo entre as reais necessidades e possibilidades dos implicados: (i) pautar o pagamento de pensão alimentícia em percentuais de salário sem considerar o que é necessário para o alimentando e o que é possível para o alimentante; (ii) optar pela demissão em massa sem consultar os trabalhadores sobre alternativas que pudessem atender seus interesses e necessidades; (iii) deliberar sobre programas sociais que interferem no cotidiano e na dinâmica de comunidades, sem consultar os interessados a respeito.

Operacionalização

O mediador pode convidar os mediandos, por meio de perguntas que provoquem reflexão, a nortearem suas posturas e decisões pelos princípios das negociações pautadas em interesses – protagonismo, autoria, benefício mútuo –, assim como por princípios baseados na transformação do conflito e da convivência – visão prospectiva, preservação da relação social e contemplação de necessidades segundo possibilidades.

As perguntas do mediador devem ter como norte a identificação do que cada mediando entende como interesses e necessidades (para si e para terceiros indiretamente envolvidos) e a identificação de possibilidades de atendimento pelo outro.

Descritas, necessidades e possibilidades podem ser articuladas com a ajuda do mediador, se assim desejarem os mediandos. Acordos embasados nessa articulação expressam empatia pelo outro e por suas reais necessidades e possibilidades.

A inclusão da visão de futuro e do cuidado com a preservação da relação social pode retroalimentar positivamente a conversa entre necessidades e possibilidades.

Impacto esperado

O mapeamento das diferentes necessidades e possibilidades funciona como cenário de realidade para que mediandos possam:

- refletir sobre o que se está caracterizando como necessidade e sobre como e em que medida o outro pode atender;
- reconhecer que o dinamismo das necessidades e das possibilidades exige, por vezes, negociação continuada para que os ajustes possam se dar;
- desapegar-se de parâmetros emocionais, quando da identificação de necessidades e possibilidades; algumas contas afetivas são cobradas indevidamente por vias transversas, especialmente a financeira;
- conhecer qual a distância ou a proximidade entre o que se necessita e o que o outro pode oferecer; um dado de realidade a ser administrado por todos;
- atuar cooperativamente, notadamente pela constatação de que o diálogo entre necessidade e possibilidade fala da interdependência inerente aos negociadores.

11 – Auxiliar na identificação da Melhor Alternativa Negociada (MAN) e da Pior Alternativa Negociada (PAN) *(p. 333)*

Objetivos

Ao auxiliarem os mediandos a identificar o espaço de negociação situado entre as margens da solução ideal/melhor alternativa (Melhor Alternativa Negociada – MAN) e do resultado indesejável/pior alternativa (Pior Alternativa Negociada – PAN), mediadores atuam uma vez mais como agentes de realidade, fazendo emergir parâmetros e limites entre os quais (e com os quais) os mediandos devem conduzir a negociação na busca por soluções possíveis.

Operacionalização

Em entrevistas privadas, os mediadores devem convidar os mediandos a refletirem sobre a solução ideal/melhor alternativa (Melhor Alternativa

Negociada – MAN) e a solução indesejável/pior alternativa (Pior Alternativa Negociada – PAN) para a situação que se apresenta e estimulá-los a pensar em possibilidades que fiquem compreendidas entre essas duas margens.

Do seu ponto de vista, qual seria a solução ideal para essa questão? E qual seria a pior solução? E do ponto de vista do outro? Quais seriam, na sua avaliação, as soluções mais e menos interessantes? São perguntas que ajudam a identificar a melhor e a pior solução do ponto de vista de cada um e, na sequência, o espaço de negociação que favorece o benefício mútuo.

A boa solução é aquela que mais se aproxima da solução ideal, e por consequência, mais se distancia da solução indesejável, segundo as perspectivas de ambos os mediandos. MAN e PAN são parâmetros que ajudam a definir o que de melhor e de pior se pode obter na Mediação.

Essa intervenção está inspirada na intervenção oferecida pelo Projeto de Negociação de Harvard que trabalha com os conceitos de Melhor Alternativa à Negociação de um Acordo (MAANA) e Pior Alternativa à Negociação de um Acordo (PAANA), ou seja, o que de melhor e de pior, respectivamente, pode-se obter fora da mesa de negociação. Caso o resultado mais promissor possa ser facilmente obtido fora da Mediação (MAANA), nada justifica permanecer no processo de autocomposição. Caso haja o risco de se obter um resultado desfavorável fora da Mediação (PAANA), vale envidar esforços para permanecer na mesa de negociação. MAANA e PAANA são parâmetros que ajudam a definir a permanência, ou não, na Mediação/negociação.

Quando as pessoas têm clareza de que a Mediação é a melhor opção, se vinculam ao processo de negociação assistida e costumam obter bons resultados em função de sua qualidade de participação.

Como técnica para trabalhar os dados de realidade compreendidos entre as margens do ideal e do indesejável, adaptamos o conceito harvardiano para MAN e PAN, alterando o seu significado. As perguntas devem ser feitas nessa ordem (melhor alternativa antes da pior alternativa) e no espaço privado, para que os mediandos possam genuinamente entrar em contato com esses parâmetros de realidade e admitir que todos necessitam se distanciar do que consideram solução ideal e administrar possibilidades de satisfação parcial.

Impacto esperado

Essa contribuição, inspirada no Projeto de Negociação de Harvard, pretende auxiliar os mediandos a perceberem que nem a solução ideal, nem a pior solução fazem parte dos processos ganha-ganha de negociação em situações de desentendimento.

É uma natureza de reflexão que auxilia pessoas em discordância a entender que deverão, em conjunto, buscar a solução mais próxima do ideal (MAN); que será necessário flexibilizar alternativas para atingirem essa possibilidade e que a satisfação parcial integra os recursos de negociação pautados no ganha-ganga e no benefício mútuo, quando o cenário é de disputa.

Flexibilizar é uma natureza de aprendizagem e de impacto inerente à Mediação. Enquanto o ato de ceder nos afasta do nosso interesse e nos impõe a adesão ao desejo do outro, flexibilizar permite o atendimento de ambos os interesses, desde que possamos admitir a satisfação parcial.

Esse dado de realidade ajuda na percepção da interdependência entre os envolvidos, na aceitação das necessidades do outro como legítimas e na colaboração em busca de soluções de benefício mútuo. Quando a solução ideal (MAN) para alguém coincide com a pior solução para o outro (PAN), a necessidade de atenção e dedicação às soluções de benefício mútuo fica inconteste.

É possível ainda que os mediandos percebam que atingir a solução ideal para ambos exigiria um contexto de cooperação e de escuta para as necessidades do outro, além da existência de complementaridade de suas necessidades. Vide o exemplo clássico, anteriormente citado quando trabalhamos reais interesses, de duas pessoas disputando uma mesma laranja – para que ambas tivessem 100% de suas necessidades atendidas (toda a polpa para fazer suco, necessidade de uma; e toda a casca para fazer doce, necessidade da outra), foi necessário se ouvirem e identificarem complementaridade em suas necessidades. A solução mais óbvia e pragmática que propõe a divisão da laranja ao meio, deixaria ambas atendidas (e desatendidas) em 50% de suas necessidades, devido, simplesmente, à ausência de escuta e de uma solução cooperativa.

12 – Não abandonar a solução ideal factível – trabalhar o passo a passo para alcançá-la *(p. 336)*

Objetivos

Esta ferramenta tem por finalidade manter o empenho de todos para se alcançar a solução ideal factível. Impulsiona os mediandos a traçarem um passo a passo de conquistas progressivas, com vistas a se aproximarem (ou atingirem), o máximo possível, do que entendem como solução ideal.

Operacionalização

Quando o ânimo das negociações for comprometido pela constatação de que soluções factíveis, percebidas como ideais, não podem ser alcançadas, o mediador, como agente de realidade, pode ajudar os mediandos a identificarem se tais soluções seriam passíveis de realização mais adiante e a construírem um passo a passo para concretizá-las ao longo do tempo.

Esse passo a passo, traçado pelos próprios mediandos, pode ser delineado por meio de um acordo transitório – situação em que cada passo pode ser revisitado e revisto – ou um acordo definitivo.

Como exemplos de situações dessa natureza, podemos pensar na possibilidade de crianças pequenas irem um dia residir com o pai que vive fora do estado ou do país; na possibilidade de alguém ampliar significativamente a sua participação em uma sociedade comercial; ou, ainda, na possibilidade de despoluir completamente um cenário ambiental.

Impacto esperado

Essa intervenção permite que mediandos avaliem se as soluções idealizadas são passíveis de realização e, em sendo passíveis de realização, se haveria uma impossibilidade temporária de implementá-las, conservando o estímulo para prosseguirem no processo de diálogo, mantendo a realidade como parâmetro para as negociações presentes e futuras.

Manter a solução ideal factível como meta para os envolvidos no processo de diálogo ajuda a identificar possível complementaridade de intenções e de propósitos e a criar ações cooperativas.

13 - Provocar reflexão sobre custos e benefícios inerentes às alternativas geradas e às opções eleitas *(p. 338)*

Objetivos

É tarefa do mediador suscitar avaliação sobre a viabilidade prática e sobre os custos e benefícios provenientes das deliberações e decisões resultantes da fase de negociações, seja em relação aos mediandos, seja em relação aos terceiros indiretamente envolvidos. Seu objetivo é trazer as soluções escolhidas para um patamar de exequibilidade, efetividade e eficácia.

Operacionalização

Nesta intervenção, o mediador atua como agente de realidade, convidando os participantes a identificarem, durante o processo de eleição de opções dentre as alternativas pensadas, os custos e os benefícios de suas escolhas sobre si mesmos e sobre terceiros. Essa análise deve ser feita com relação a cada item de pauta e levando em consideração todos os direta e indiretamente envolvidos.

Vale ressaltar que temos, por vezes, utilizado as duas expressões – alternativas e opções, como sinônimas; Harvard refere-se a alternativas, como as ideias geradas no ***brainstorm*** destinado a ampliar o leque de soluções possíveis; e a opções, como as ideias que foram eleitas como solução, dentre as alternativas pensadas.

Impacto esperado

Conforme mencionamos anteriormente, seres humanos da cultura ocidental costumam fazer escolhas baseadas primordialmente em seus benefícios mais evidentes e imediatos, entrando em contato com seus custos, de maneira geral, por ocasião de sua operacionalização.

Espera-se que, a partir da avaliação das consequências das soluções pensadas, os mediandos mantenham-se atentos e disponíveis para rever ideias, ponderar sobre sua aplicabilidade, aportar novas alternativas e combinar diversas possibilidades de solução entre si, de forma que todos se sintam atendidos.

Almeja-se também que a análise de custos e benefícios das soluções aportadas viabilize sua maior sustentabilidade no tempo, uma vez que traduziriam factibilidade e o atendimento de necessidades e interesses múltiplos, reduzindo a possibilidade de resistência a sua execução.

14 – Criar cenários futuros *(p. 341)*

Objetivos

Os cenários futuros são o palco das hipóteses prospectivas. Trabalhar com essa natureza de hipótese traz para a ficção o possível e favorece um certo distanciamento afetivo, pelo fato de se tratar de um cenário de suposição. Essa dinâmica permite que a imaginação conduza as ideias pelo terreno das possibilidades, e somente possibilidades, não impedindo a reflexão sobre custos e benefícios correspondentes.

É o tipo de intervenção que auxilia mediandos a checarem, também, a sustentabilidade de suas escolhas no tempo.

Operacionalização

O mediador se vale de perguntas hipotéticas para estimular os mediandos a localizarem as soluções, até então aventadas como possibilidades, em um futuro de médio a longo prazo. Ex.: Como imagina que esta solução estará sendo administrada daqui a 5 anos? Quais seriam os benefícios e custos, e para quem? Esse é um contexto que tende a se manter nos próximos 5 anos? Seria possível a inversão dessa situação em algum momento no futuro?

O parâmetro tempo – anos ou meses – é primordial na formulação dessas perguntas e ajuda a criar um distanciamento ótimo – emocional e fático – para possibilitar uma análise crítica.

São chamadas generativas as perguntas de futuro que dizem respeito ao que as pessoas gostariam de alcançar (objetivos e resultados) ou a como pretendem que a situação esteja no porvir. Essa natureza de pergunta não projeta o presente no futuro, mas identifica o que se quer conquistar e que passos são necessários para consegui-lo. São perguntas que podem ser de enorme valia em processos de Mediação.

Impacto esperado

Com essa intervenção, espera-se possibilitar que os mediandos reflitam sobre a efetividade e a eficácia de suas escolhas, quando projetadas no futuro, em médio e em longo prazos, assim como seus custos e seus benefícios, para si mesmos e para terceiros. A avaliação da sustentabilidade das soluções eleitas é inevitável.

Essa viagem no tempo viabiliza rever opções consideradas como adequadas, quando somente o momento presente está sendo levado em consideração, ou quando o marco futuro não está sendo vislumbrado.

15 - Trabalhar com um mínimo de três alternativas na etapa de negociação de opções de solução *(p. 343)*

Objetivos

Essa máxima da negociação evita a polarização entre a alternativa oferecida por A e a alternativa oferecida por B. Trabalhar com duas alternativas faz emergir ou reeditar um cenário competitivo. O trabalho com um número maior de alternativas favorece a dinâmica negocial e amplia o espectro de possibilidades de solução.

Operacionalização

Por ocasião da criação ou ampliação de alternativas, geradas para cada item de pauta, e antes ainda da eleição de opções de solução, o mediador promove um *brainstorm* com os mediandos – produção generosa de ideias que possam embasar, nortear ou compor as soluções e os consensos.

Recomenda-se que o juízo crítico não cerceie o processo criativo de geração de alternativas. O olhar avaliativo poderá vir em uma fase subsequente, quando da posterior análise de custos e benefícios relativos às opções pensadas.

Mesmo que as propostas oferecidas inicialmente pareçam pertinentes e suficientes, recomenda-se estimular os mediandos a identificarem possibilidades outras, de forma a evitar a polarização natural provocada pela existência de uma ideia de cada um, como base de eleição da solução.

Impacto esperado

Essa ferramenta propicia a vivência da escolha, evitando a postura adversarial de ter que eleger entre as ideias de A e as ideias de B.

O mínimo de três alternativas é uma imagem metafórica para indicar que a lista de possibilidades precisa ser maior do que o número de mediandos. A ampliação da relação de propostas permite que ideias híbridas – que mesclam aquelas oferecidas no *brainstorm* –, tenham lugar.

Esta intervenção possibilita, também, a sensação, nos mediandos, de terem sido cuidadosos e participativos no processo decisório; reveste de satisfação a solução eleita, em função de a terem construído explorando e esgotando possibilidades.

16 - Transformar "ou" em "e" *(p. 345)*

Objetivos

Intervenções pautadas nessa premissa convidam para a construção de soluções inclusivas, assentadas na satisfação mútua. Pretendem facilitar o acolhimento de diferentes propostas, ou de opções híbridas, utilizando o e da inclusão em lugar do ou da competição.

Trocar o "ou" pelo "e" ajuda a despolarizar posições, tendência evidenciada nas situações de dissenso.

Operacionalização

O mediador não deve permitir que o "ou" seja referência para a escolha de alternativas e precisa trabalhar, o máximo possível, com a ideia de inclusão de propostas ("e"), tornando viável a criação de soluções híbridas – aquelas que somam ou articulam as ideias/alternativas concebidas pelos envolvidos.

A metáfora que melhor contempla a função do mediador nessas situações é a da costureira de colcha de retalhos. Costureiras de colchas de retalhos não recusam pequenos recortes; muito pelo contrário, trabalham arduamente para compô-los harmonicamente. Reside nessa tarefa a sua arte e a sua especial competência.

Esse olhar apurado que vislumbra composição ("e") em lugar de competição ("ou") precisa ser emprestado aos mediandos para que avaliem possíveis articulações entre as suas ideias. As anotações seletivas do mediador são extremamente úteis nessa missão. Os resumos oferecidos ao longo do trabalho podem, igualmente, ir alinhavando essas costuras.

Impacto esperado

É uma intervenção que evita a retomada da competitividade na fase de negociação de alternativas e ajuda a construir soluções de mútua satisfação.

Confere a sensação de sucesso sem concessão ou submissão ao outro. O empoderamento dos mediandos e o estímulo à coautoria e ao progresso da superação do conflito são consequências naturais.

A composição que inclui as diferenças tem por mérito mostrar aos mediandos que a possibilidade de harmonia na convivência e nas negociações futuras não está na unanimidade de pensamento, mas na habilidade para compor divergências. Esse é um dos grandes méritos pedagógicos da Mediação como processo negocial.

17 – Trabalhar com critérios objetivos *(p. 347)*

Objetivos

Este quarto princípio da negociação baseada em interesses do Projeto de Harvard possibilita que a subjetividade dos mediandos não seja norteadora de decisões objetivas, de forma a se constituir elemento de impasse quando da operacionalização do que foi acordado.

Ou seja, na fase de tomada de decisões – em meio à construção de alternativas e eleição de opções –, critérios objetivos de legitimidade e de instrumentalização do consenso construído podem ser de auxílio para impedir que surjam novos obstáculos.

Operacionalização

O mediador deve auxiliar os mediandos a identificarem critérios objetivos para a eleição de soluções, notadamente quando, após alcançarem consenso sobre um determinado tema, a negociação ficar obstaculizada por sua operacionalização.

Ex.: Os mediandos optam por descontinuar a participação de um deles na sociedade comercial, mas não encontram critérios que viabilizem a transferência de suas cotas para outros sócios. Os mediandos optam pela venda de imóveis para saldar dívidas, mas discordam quanto a seus valores de mercado.

Trabalhar essas questões por meio de critérios subjetivos/emocionais – o que as pessoas acham ou sentem que deva ser feito – traz a negociação para parâmetros afetivos, criando, numa etapa já avançada da negociação, posições adversariais entre o que percebe/afere um e o que percebe/afere o outro. Convidar os mediandos a elegerem critérios objetivos como fonte de informação e decisão evita essa natureza de impasse.

Nos exemplos anteriores, o parecer técnico de um ou mais profissionais – especialistas no tema – poderia ser de enorme valia como norteador das decisões. Tendo como referência a situação da venda dos imóveis, se mais de um profissional avaliador é consultado, a média de seus pareceres pode ser de auxílio, se suas opiniões não forem coincidentes.

De igual maneira, critérios objetivos utilizados numa determinada cultura podem legitimar escolhas feitas pelos mediandos, conferindo-lhes a percepção de solução justa e de adequação das opções eleitas.

Ex.: O pagamento está previsto para 30 meses e essa é uma prática de mercado para o tema em questão. Alguém será ressarcido em 15% do valor de uma compra e esse percentual é o usualmente praticado em casos semelhantes. Um prestador de serviços negocia um valor de cobrança com um cliente, utilizando um critério que os faz perceber o valor cobrado como justo.

Impacto esperado

A utilização dessa ferramenta possibilita dar fluência à etapa de eleição de opções de solução, quando há o risco da concretização de alguma opção eleita provocar dúvida quanto a sua adequação.

Essa natureza de intervenção possibilita que a negociação prossiga sem a criação de novos impasses, viabiliza a vivência da eficiência e da eficácia do instituto e das pessoas (empoderamento dos mediandos), despertando confiança na negociação, nos seus resultados e em si mesmos.

PARTE II

INTRODUÇÃO AOS APORTES TEÓRICOS

As articulações teóricas feitas neste capítulo obedecem a ordem na qual os temas foram apresentados no capítulo anterior, para facilitar a consulta – *introdução aos aportes práticos/teóricos, etapas do processo, ferramentas procedimentais, ferramentas de comunicação e ferramentas de negociação*. Das inúmeras articulações teóricas possíveis, foram eleitas algumas, de forma que segue em aberto, para o leitor, a possibilidade de ampliá-las.

Elegeu-se, a cada tema, duas referências bibliográficas, distintas de todas as demais, que seguem comentadas para possibilitar ao leitor a exploração das fontes, a partir também da descrição sumarizada de cada obra. Em realidade, os comentários feitos a cada aporte bibliográfico muitas das vezes complementam a leitura teórica oferecida para cada ferramenta.

O espaço em branco dedicado à reflexão, que sucede cada par bibliográfico oferecido, é um território interativo com o leitor e dedica-se a receber ideias, outras articulações teóricas sobre o mesmo tema – uma vez que as que seguem aqui apresentadas não esgotam possibilidades – e reflexões suscitadas por leituras outras e por variadas interlocuções. É um espaço oficialmente dedicado à coautoria do leitor nesta obra.

Os quatro pilares teóricos tratados nesta introdução ao segundo capítulo consistem nos alicerces sobre os quais cada ferramenta e seus aportes teóricos se assentam. São considerados pilares porque dão sustentabilidade teórica à prática da Mediação:

- os Norteadores éticos, pelo fato de se tratar de uma atividade interativa, que reúne duas ou mais pessoas motivadas pela proposta da autocomposição;
- o Pensamento sistêmico, por ser o paradigma adotado por todas as ciências como cenário de entendimento do que acontece no universo;
- o Diálogo como processo por ser o meio, o instrumento que viabiliza a autocomposição e a realização de outros princípios da Mediação;
- os Processos reflexivos porque são o território onde as ideias dos mediandos são geradas e articuladas com as do interlocutor e com as informações propiciadas pelas diferentes conversas que a Mediação promove, viabilizando assim a construção de soluções e a sua autoria; o resgate da relação social e do diálogo – bens maiores a alcançar no processo de Mediação.

I. Norteadores éticos

A ética – do grego ***ethos***, que significa o conjunto de costumes, hábitos e valores de uma determinada sociedade ou cultura – diz respeito à nossa experiência social cotidiana e nos convida à permanente reflexão sobre como agimos na interação com o outro. Assim, a liberdade humana ficaria margeada por e pautada em valores éticos, concretizando uma das noções mais fundamentais da ética: a noção do dever para com o outro. Ética e Mediação são do campo da prática, motivo maior da articulação aqui feita.

Para alguns, moral e ética guardam semelhança. Para outros, distinção.[1] Como moral, a cultura ocidental entende o conjunto de valores e regras relacionais proposto a indivíduos ou grupos, por contextos prescritivos como a igreja, a família, as instituições de ensino, dentre outros. Esses conjuntos são validados pela cultura como códigos morais, como princípios de conduta de um determinado contexto. Também denominamos moral o nível de obediência demonstrado pelo comportamento dos indivíduos relativo a essas regras ou valores. Para os que fazem distinção entre ética e moral, ética é gênero e moral, espécie. Ética diz respeito, em primeira e em última instância, à prática interativa com o outro.

Segundo Danilo Marcondes,[2] poderíamos distinguir três dimensões do que entendemos como ética: (i) uma, de costumes e práticas, não dissociada da realidade sociocultural concreta; (ii) outra, prescritiva ou normativa, contida, por exemplo, nos códigos de ética profissionais, cristãos, kantianos etc., regida por preocupações temáticas específicas; (iii) e uma terceira, reflexiva ou filosófica – a metaética, que examina e discute os fundamentos das práticas e os valores que as sustentam, permitindo a análise crítica por seus praticantes, ou não praticantes.

Com a velocidade das mudanças, o dinâmico avanço tecnológico e a consequente diversidade de valores de referência que caracterizam esse momento histórico, a sensação de crise ética emerge e nos (re)coloca em contato com a relatividade de valores e normas de conduta e em permanente conexão com a dimensão reflexiva ou filosófica, mencionada por Marcondes, aquela que examina e discute os fundamentos das práticas e os valores que

---

[1] A tradução romana de *ethos*, *mos*, *moris*, deu origem à palavra moral em português: do latim moralis: usos e costumes; do grego *éthicos*: doutrina do caráter.
[2] Ver em MARCONDES, Danilo. **Textos Básicos da Ética de Platão a Foucault**. Rio de Janeiro: Zahar Editores, 2007.

as sustentam. Assim que, para não repetirmos inadvertidamente o estabelecido, o habitual, é preciso que a reflexão diuturna sobre como e por que agimos de uma determinada maneira nos acompanhe.

A dimensão reflexiva ou filosófica citada por Danilo Marcondes foi eleita, neste capítulo, como norteador de análise dos valores éticos que atravessam a Mediação. Dentre outros filósofos que se ocupam do tema, elegemos Aristóteles, Kant e Max Weber como possíveis interlocutores.

Aristóteles é o autor do primeiro tratado ocidental sobre ética no sentido relacional que empregamos hoje. O texto-ícone, dentre um conjunto de textos, foi dirigido a seu filho Nicômaco e ofereceu linhas centrais para posteriores discussões ocidentais sobre o tema.

Em Aristóteles, a ética pertence ao campo do saber prático,[3] aquele que nos norteia a agir com prudência e/ou discernimento, ou seja, deliberar bem a respeito do que é bom e conveniente para si e para o outro, tendo como objetivo a felicidade e/ou realização pessoal.

Para Aristóteles, a felicidade corresponde ao bem-estar relacionado ao que realizamos com excelência. A excelência que pautaria nossas realizações é entendida pelo filósofo como virtude. A virtude não seria inata, mas poderia ser ensinada e resultaria do hábito – que tem a mesma raiz etimológica da ética, sendo, portanto, necessário praticá-la sempre, para ser internalizada.

A Mediação é um instrumento que auxilia os sujeitos a negociarem suas diferenças, pautados no discernimento e na virtude aristotélica – deliberar com excelência a respeito do que é bom e conveniente para si e para o outro. As ações éticas baseadas nessa natureza de discernimento e de virtude são resultantes de uma análise crítica interna permanente, no que tange à interação com o outro, independendo de uma normativa externa. Tais ações éticas estariam, ainda, pautadas na justa medida da doutrina aristotélica do meio-termo, aquela que evita os extremos caracterizados pelo excesso e pela falta.

Quando em Mediação nos referimos à boa-fé, estamos assentados na crença aristotélica de que é possível aos seres humanos prescindirem de leis externas para pautarem suas condutas de forma a considerar o outro como legítimo em suas necessidades, que devem ser atendidas, tanto quanto as próprias, na justa medida. Um outro legítimo também em suas versões, em suas formas de descrever o mundo e os eventos, que devem ser prestigiadas tanto quanto as próprias.

---

[3] Seriam três as grandes áreas que sistematizam a experiência humana: o saber teórico ou o campo do conhecimento, o saber prático ou o campo da ação e o saber criativo ou o campo da produção.

Kant é um dos mais influentes pensadores sobre ética da modernidade. Propõe uma ética baseada em princípios e tem como tema central a razão no sentido teórico e prático – como a razão opera e seu(s) objetivo(s). O pressuposto fundamental da ética kantiana é a autonomia da razão e *Crítica da Razão Prática* é seu trabalho mais significativo nesse campo.

Está em Kant o célebre princípio do imperativo categórico – age somente de acordo com a premissa de que seus atos possam também ser praticados por outros – ou seja, o critério fundamental do caráter ético de um ato está em sua universalidade. O que faço em nada deve diferir do que aceito que façam comigo.

Agir de forma que a ação possa ser considerada universal – válida também para o outro – é princípio presente na Mediação quando esta solicita que mediandos se proponham, em mão dupla, soluções de benefício mútuo, pautadas, também, nas necessidades e nas possibilidades de todos. As necessidades e possibilidades de todos podem ser identificadas quando há permissão interna para conhecer a perspectiva do outro.

Max Weber, um dos fundadores das ciências sociais contemporâneas, preocupado com a influência do protestantismo calvinista na formação da sociedade e da cultura europeias, teve como um dos temas centrais de sua análise social e política a questão dos limites da responsabilidade moral.

Weber formulou significativa distinção entre a ética pautada na convicção e a ética pautada na responsabilidade, oferecendo novos vieses para a análise das condutas interativas humanas.

A ética da convicção estaria assentada no compromisso com valores associados a determinadas crenças, religiosas ou não. Seria mais rígida e dogmática e daria mais importância às intenções dos praticantes do que aos resultados de seus atos. Vale ressaltar que, mesmo atendendo a essas características, a prática advinda dessa natureza ética, pelo fato de desconsiderar resultados, não diz respeito à irresponsabilidade, mas sim à convicção.

A ética da responsabilidade estaria assentada em atos cujas consequências, assim como a relação entre meios e fins, seriam avaliadas. Seria mais crítica, preocupada com a prática e mais adequada à tomada de decisões. Vale ressaltar que mesmo atendendo a essas características, a prática advinda dessa natureza ética, pelo fato de considerar resultados, não diz respeito ao oportunismo sem princípios, mas sim à responsabilidade.

Ambas – ética da convicção e ética da responsabilidade – não obrigatoriamente se excluem. Quando as considerações das consequências, pertinentes à segunda, e os compromissos com as convicções, relativos à primeira, entrarem em conflito em um processo de Mediação, a decisão deverá ser conscientemente tomada, no sentido de qual dos dois norteadores deverá prevalecer, em uma determinada situação ou num dado momento.

O que fazer quando a ética da convicção nos alertar sobre o veto para oferecer possibilidades de solução na Mediação e a ética da responsabilidade nos alertar que aqueles mediandos possuem pequena capacidade reflexiva para articular ideias, comprometendo, em função disso, o andamento do diálogo?

Referências bibliográficas

MARCONDES, Danilo. ***Textos Básicos da Ética de Platão a Foucault***. Rio de Janeiro: Zahar, 2007.
O livro contém uma antologia de textos sobre a ética, a partir da visão de diferentes filósofos. Por ter fins didáticos, é de fácil e objetiva leitura e está sistematizado de forma que, ao final da exposição das ideias de cada pensador, o leitor encontre perguntas que favoreçam o entendimento e a construção do conhecimento correspondente, assim como a recomendação de outras obras sobre o tema.

LA TAILLE, Yves de. ***Moral e Ética – dimensões intelectuais e afetivas.*** Porto Alegre: Artmed, 2006.
Professor do Instituto de Psicologia da USP, La Taille, interessado em desvendar por quais processos mentais uma pessoa chega a intimamente legitimar, ou não, regras, princípios e valores morais, coloca em conversa, nessa obra, a razão e a afetividade, a moral e a ética. Faz uma distinção entre o saber fazer moral, como dimensão intelectual, e o querer fazer moral, como dimensão afetiva. La Taille inclui a reflexão e a sensibilidade como elementos integrantes da tomada de decisões éticas, especialmente quando frente a dilemas.

Reflexões

_____
_____
_____
_____

II. Pensamento sistêmico

Thomas Kuhn,[4] ao investigar o processo das descobertas e invenções humanas, contribuiu também para dar destaque à ideia de paradigma – do grego *parádigma*, modelo, padrão: um sistema de crenças que rege nossa visão de mundo, a interpretação dos fatos, nossas ações e curiosidades.

Paradigmas são construídos ao longo da existência, a partir da microcultura familiar, do tempo, lugar, momento e contexto em que vivemos. Os paradigmas compartilhados constituem-se base da organização social. Na visão de Humberto Maturana,[5] paradigmas funcionam como domínios explicativos, gerando coerências operacionais na prática daqueles que partilham um mesmo sistema de crenças – uma família, uma comunidade, um grupo profissional.

Como os paradigmas que regem nossas descrições dos fatos correspondem a construções sociais, as noções de verdade, realidade e objetividade ganharam parênteses, na visão de Maturana. Esses parênteses são representantes gráficos e simbólicos da impossibilidade de apreensão da verdade, da realidade e da objetividade, todas três construídas a partir de nossas percepções e visões paradigmáticas.

Até a primeira metade do século passado, estivemos imersos no paradigma cartesiano, de natureza mecanicista e pautado na linearidade da relação direta entre causa e efeito. Como paradigma científico – aquele que valida conhecimentos –, a linearidade fez o papel de organizar a sociedade em torno aos seus princípios. Segmentamos o conhecimento em disciplinas, nos subespecializamos e, regidos pela equação causa e efeito, passamos a

---
4 Ver em KUHN, Thomas S. *A Estrutura das Revoluções Científicas*. 9. ed. São Paulo: Perspectiva, 2006.
5 Humberto Maturana é um biólogo chileno que em muito contribuiu para as visões paradigmáticas construtivista e construcionista social "como o homem constrói a realidade e como se constrói esse homem que constrói a realidade, respectivamente", a partir de análises da própria constituição biológica dos seres vivos. Ver em MATURANA, Humberto. *A Árvore do Conhecimento: as bases biológicas do entendimento humano*. São Paulo: Editorial Psy II, 1995.

analisar e a lidar com os eventos, estreitamente regidos por conhecimentos específicos. É exemplo disso a visão monocular das especificidades profissionais, como, por exemplo: as óticas monoculares do Direito e da Psicologia sobre os conflitos.

As mudanças paradigmáticas se dão a partir do consenso sobre a insuficiência e a ineficácia do paradigma vigente. Por isso mudamos, ao longo do tempo, as leis, os comportamentos, uma maneira de vestir etc. Essas mudanças consistem em processos e, por vezes, se dão a partir de um movimento que inclui a experimentação do novo e visitas ao antigo jeito de ser ou proceder. Um ir e vir denominado por Dora Schinitman[6] estado oscilatório – um movimento pendular entre o novo e o antigo paradigmas acontece até que o mais recente possa se instalar na cultura.

Os mediandos experimentam esse estado oscilatório, entre o paradigma da disputa e da adversarialidade e o da colaboração, durante o processo de Mediação, e até mesmo após o seu término. Até que consigam colocar os dois pés em um novo modus operandi, "surpreendem" o outro, e a si mesmos, intercalando mudanças em termos de comportamento e de atitudes com ações e interpretações antigas.

A Mediação guarda coerência com novos paradigmas e tende a se instalar definitivamente na cultura ocidental quando a oscilação entre antigas e novas crenças relativas à gestão de conflitos ganhar maior estabilidade e, concomitantemente, quando um significativo grupo social – em termos de quantidade e credibilidade – lhe der validação.

O pensamento sistêmico[7] veio ampliar nossa visão sobre os eventos e sobre o mundo em que vivemos, constituindo-se, na contemporaneidade, pilar para todas as ciências. Entende o mundo como um sistema: o que significa percebê-lo como um todo integrado, composto de diferentes elementos interdependentes que interferem uns nos outros, em maior ou menor proporção.

Essa ideia pode ser transposta para qualquer conjunto de elementos em convivência – em nível micro, como a família, ou macro, como um país ou o universo – e caracteriza os processos de diálogo recém-inaugurados pelas nações para cuidar dos interesses comuns – os mercados, a economia, a ecologia e a sustentabilidade do planeta, dentre outros.

---

6 Ver em SCHNITMAN, Dora. Construtivismo, evolución familiar y processo terapeutico. *Sistemas Familiares*, 2(1): 9-15, 1986.
7 Ludwig von Bertalanffy foi um biólogo austríaco que publicou em 1968 a *Teoria Geral dos Sistemas*, obra dedicada a identificar os princípios gerais do funcionamento dos sistema vivos. O paradigma sistêmico rege hoje o pensamento científico e abriga conceitos, como o de totalidade "o resultado da interação de diferentes elementos de um sistema é diferente da sua soma" e o de interdependência: marco emblemático da teoria sistêmica.

O paradigma sistêmico é o grande responsável pelas ideias de interdependência e interdisciplinaridade, pela proposta da complexidade[8] e pela crença na causalidade multifatorial, dentre outras visões novo-paradigmáticas. Veio nos salvar da percepção estreita da visão monocular e nos possibilitou identificar que a eficácia de nossas atuações deve-se, também, ao tratamento multifocal e multidisciplinar que lhes possamos conferir. Compartilhar e integrar conhecimento tornou-se uma máxima na contemporaneidade.

A crença no paradigma sistêmico nos traz algumas importantes consequências, todas passíveis de serem articuladas com a prática da Mediação:

- os eventos com os quais lidamos são sempre parte de uma cadeia maior de ocorrências – no caso dos conflitos trazidos à Mediação, eles foram iniciados antes do recorte apresentado à mesa de diálogo e terão sequência para além da finalização do trabalho de construção de consenso;
- isso significa que nossas intervenções ajudam a mudar o curso da vida dos eventos e das pessoas e precisam estar pautadas no cuidado, na análise multifatorial e em ações multifocais; implica, igualmente, em não perdermos de vista a repercussão que possam ter na vida dos direta e dos indiretamente envolvidos na situação – o impacto de nossas intervenções nos escapa do controle e da previsão, o que demanda ainda maior cuidado de atuação;
- a interdependência entre os atores do evento conflitivo é fato e, tal como acontece com o planeta Terra, os melhores resultados de sua interação virão de atuações colaborativas, e não das competitivas; cada ator é sujeito e objeto de sua própria ação, o que importa em administrar os benefícios e as consequências dos próprios atos e decisões;
- os fatores que contribuem para os resultados dos processos em geral são múltiplos – multifatorialidade –, e dependem da interação entre vários elementos do sistema; no caso da Mediação, é preciso considerar o ambiente do desentendimento – entorno físico e humano –, e dimensionar sua participação na construção do conflito e na sua resolução;

---

8 Em MORIN, Edgar. *Ciência com Consciência*. Rio de Janeiro: Bertrand Brasil, 1996. Nesse livro, Edgar Morin oferece reflexões sobre a interferência no campo das ciências físicas, biológicas e sociais da mudança do paradigma da simplicidade para o da complexidade. Para o autor, enfrentar a complexidade do real significa: confrontar-se com os paradoxos da ordem/desordem, da parte/todo, do singular/geral; incorporar o acaso e o particular como componentes de análise. Ou seja, considerar a simultaneidade dos opostos, do singular e do fortuito, sempre.

- uma das maiores contribuições que o pensamento sistêmico oferece ao homem é o convite ao protagonismo e à autoimplicação; como elementos de um mesmo sistema, somos coautores e corresponsáveis pelo que nos proporcionamos e pelo que proporcionamos ao outro vivenciar; como estou contribuindo para o que ocorre comigo e com o outro é pergunta indispensável para mediandos e para mediadores – a autoimplicação convida à corresponsabilidade;
- o mundo sistêmico é o mundo das diferenças, uma vez que os sistemas são compostos por distintos elementos em interação e que reside nessa diversidade a possibilidade de complementaridade e de sobrevivência do próprio sistema; assim que, salvo se ofensivas à ética, todas as ideias são legítimas e passíveis de articulação, na Mediação e na convivência.

O protagonismo, o reconhecimento da legitimidade do outro com suas diferenças, a autoimplicação, a colaboração dos mediandos na busca por soluções de benefício mútuo – pressupostos da prática da Mediação – assim como o reconhecimento de nossa contribuição e participação como mediadores, para o que é coconstruído, convertem a atuação sistêmica possibilitada pela Mediação em exercício ético.

Referências bibliográficas

VASCONCELOS, Maria José Esteves. *Pensamento Sistêmico – o novo paradigma da ciência*. Campinas: Papirus, 2002.

Ciência só se torna novo-paradigmática se os cientistas se tornarem novo-paradigmáticos, afirma Maria José. Os leitores precisam também de pensadores novo-paradigmáticos que os auxiliem, em linguagem simples, a vivenciar nos textos aquilo que lhes é narrado. É o que ocorre nessa obra repleta de informações. Um livro para ler e para consultar; especial contribuição para aqueles que trabalham com práticas novo-paradigmáticas, como a Mediação.

CAPRA, Fritjof. *O Ponto de Mutação – a ciência, a sociedade e a cultura emergentes*. São Paulo: Cultrix, 1982.

Este é um clássico, também transformado em filme, sobre o pensamento holístico ou sistêmico. Um livro para o leitor leigo, que possibilita acompanhar a influência do pensamento cartesiano-newtoniano em nossas vidas e sua redenção a uma nova visão de realidade, a do pensamento holístico ou sistêmico. Autor de algumas outras obras, como O *Tao da Física* e a *Teia da Vida*, Capra nos brindou, inclusive, com o livro *Educação para uma Vida Sustentável*, em que demonstra que a consciência sistêmica pode ser compartilhada com nossas crianças desde o ensino fundamental.

Reflexões

_____
_____
_____
_____

III. Diálogo como processo

Estuda-se hoje, também no campo das pesquisas, a mágica arquitetura do diálogo – uma prática interativa, um momento em que a expressão, a escuta e a indagação que busca o esclarecimento são compartilhadas, visando a um pensar e a um refletir conjunto.[9] Integra o rol de ingredientes favorecedores dos diálogos, o apreço pelas diferenças, uma vez que estar em diálogo pressupõe entrar em contato com ideias diferentes das próprias.

O estudo dos diálogos possibilitou adjetivá-los, tomando em conta suas qualidades, finalidades e princípios. Diálogos produtivos e debates, diálogos generativos e apreciativos, diálogos verbais e não verbais, diálogos escritos e falados, diálogos presenciais e virtuais são exemplos de diferentes qualidades dessa prática de interação.

Teóricos da comunicação, como Watzlawick – *Pragmática da comunicação humana*– ; filósofos como Habermas – *Teoria da ação comunicativa* –, Foucault – *A Ordem do discurso* –, ou Sócrates, com sua maiêutica; ou ainda pesquisadores do diálogo, como William Isaacs – *Diálogo e a arte de pensar*

---

[9] Ver ISAACS, William. *Dialogue and the Art of Thinking Together.* New York: Currency, 1999.

juntos –, dentre outros, nos oferecem reflexões que chamam a atenção para aspectos plurais da construção dos diálogos.

O que sobressai nos estudos mais contemporâneos é a busca incessante por características que tornem os diálogos produtivos – aqueles que privilegiam a escuta à contra-argumentação, a construção de consenso ao debate, o entendimento à disputa. É como se já tivéssemos nos ocupado o suficiente em diagnosticar as mazelas dos diálogos e dos discursos, por meio de inúmeros processos de análise que os adjetivam, e estivéssemos agora voltados para a identificação daquilo que pode contribuir para que uma conversa gere bons frutos.

Estamos, no atual momento, especialmente interessados no estudo de diálogos em situações de crise, e temos nos valido de terceiros, especialistas na matéria, para auxiliar pessoas a bem aproveitar a oportunidade transformadora das crises. Os diálogos apreciativos[10] e os generativos[11] são recurso em situações de crise e objeto de estudos vários. Inspirados no passado e no presente – diálogos apreciativos –, ou no futuro – diálogos generativos –, oferecem subsídios para que um determinado cenário interativo – familiar, corporativo, comunitário – identifique suas competências para alcançar bons resultados em situações e interações futuras.

Nos apreciativos, busca-se diagnosticar o que bem funcionou no passado; o que ao longo da convivência pretérita foi produtivo. Trazidos à consciência, esses elementos podem ser aproveitados no presente e no futuro, em especial nas situações de crise – oportunidades de mudança e de reconstrução das interações e das ações. Resgatar aspectos positivos para alimentar o presente e o futuro coloca as pessoas envolvidas no desentendimento em contato com seu potencial construtivo e cooperativo.

Nos diálogos generativos, auxilia-se as pessoas a desenharem o futuro almejado e, a partir dessa visão prospectiva, busca-se com elas identificar o que é necessário integrar ao tempo presente para que o objetivo futuro identificado seja alcançado. Estruturar um presente a partir de um futuro desejado e projetado convida as pessoas a serem ativas co-construtoras de novas realidades e atitudes, desenvolvidas a partir da crise, ou resgatadas de seu histórico.

---

10 Ver COOPERRIDER, David; WHITNEY, Diana. *Appreciative Inquire a Positive Revolution in Change*. San Francisco: Berrett-Koehler Publishers, 2005.
11 Ver FRIED SCHNITMAN, Dora. La resolución alternativa de conflictos: un enfoque generativo. In: FRIED SCHNITMAN, Dora (Org.). *Nuevos Paradigmas en la Resolución de Conflictos: perspectivas y prácticas*. Buenos Aires: Granica, 2000.

A relação com o outro é o palco que possibilita expor e ouvir ideias, ser considerado e considerar, e precisa, portanto, ser bem cuidada. Quando nos colocamos como observadores e críticos do outro, sabemos precisar com exatidão as imperfeições daqueles que conosco dialogam. Como atores do diálogo ou da interação, não nos damos conta das nossas inadequações nem de como contribuímos para que surjam as inadequações do outro.

Nos diálogos produtivos, trata-se bem o outro e trata-se com severidade e seriedade as questões; neles, pontos de vista são oferecidos ou complementados, sem a intenção de comparar a qualidade dessas contribuições. Quando há discordâncias, outros pontos de vista são apresentados e validados pela riqueza da diferença que aportam, e não pela competição com a ideia anteriormente oferecida; não há a intenção de desqualificar o interlocutor.

Nos debates, trata-se mal o outro e relega-se a segundo plano as questões. Neles, é preciso atacar o outro, seus feitos e suas ideias, mais do que enfrentar as questões, mesmo quando as questões são o objeto de interesse e o pretexto para a conversa. Nos debates, derruba-se, elimina-se e desqualifica-se pontos de vista. E, com eles, seus autores.

Segue quadro ilustrativo que demarca distinções entre diálogo e debate:

Diálogo	Debate
Procura-se construir consenso ou, genuinamente, almeja-se que a expressão e a escuta sejam respeitosas e voltadas ao entendimento (cooperativo).	Procura-se que haja um ponto de vista vencedor; consequentemente, haverá um ponto de vista perdedor
Um escuta o outro para entendê-lo em busca do consenso ou, ao menos, para compreender o seu ponto de vista.	Um reafirma o seu ponto de vista sem escutar o do outro, ou, ainda, escuta o outro com o objetivo de reunir contra-argumentos.
Um toma o seu ponto de vista como possibilidade (não como verdade) e considera a ideia do outro também como alternativa.	Um toma o seu ponto de vista como verdade e desqualifica o ponto de vista do outro.
Espera-se de todos os participantes a possibilidade de flexibilização de suas ideias.	Percebe-se a irredutibilidade e a crítica à posição ou à ideia do outro.
Busca-se a melhor solução apresentada ou aquela composta por um mix das ideias trazidas; todos contribuem para construir parte da solução.	Pretende-se a prevalência de uma(s) ideia sobre a(s) outra(s) e trabalha-se para excluir as opiniões dos opositores.
Persegue-se um comum entendimento, preservando-se as diferenças.	Demarcam-se diferenças como opositoras.

Diálogo e Debate

Faz parte da competência social desse início de milênio a habilidade para conviver e bem lidar com a diferença. Diferença entre pessoas, culturas, ideias. O mundo contemporâneo exige flexibilidade de concepções – em função da velocidade das mudanças e da diversidade inerente à convivência – e demanda, consequentemente, a capacidade de negociá-las por meio do diálogo.

O resultado positivo dos diálogos é ativo intangível extremamente valorizado nas convivências privadas, comunitárias e corporativas. O relacionamento com o outro, a capacidade interativa, a habilidade para compor redes e parcerias é exigência deste milênio, em que a sobrevivência fica garantida somente se ações cooperativas puderem existir.

A sustentabilidade de qualquer projeto coletivo – comunitário, corporativo, nacional ou continental – alimenta-se de coautoria. A coautoria amplia, em muito, o comprometimento com a implementação prática das ideias construídas e a execução dos projetos. Somente o diálogo produtivo viabiliza a coautoria.

É a incessante busca pelo diálogo produtivo que propicia o contínuo redesenho de novos instrumentos de entendimento, neste momento da nossa existência, especialmente aqueles voltados para a construção de consenso entre pessoas em dissenso ou entre múltiplos atores com significativas diferenças de qualquer natureza.

Referências bibliográficas

ISAACS, William. ***Dialogue and the Art of Thinking Together***. New York: Currency, 1999.

O autor integra a equipe do MIT Dialogue Project, e seu livro, baseado em 10 anos de pesquisa, dedica-se a estudar as características positivas de processos de diálogo, destacando a qualidade da expressão e da escuta, a admissão da diferença e a genuína curiosidade que vê o novo em temas conhecidos. A imagem metafórica que a pesquisa construiu sobre o diálogo foi levada para o título do livro – a arte de pensar junto. Uma enorme contribuição reflexiva desta obra está na afirmação: se entramos e saímos de uma conversa com nossas ideias intactas, pressupõe-se que não estivemos em diálogo. O diálogo implica em se permitir ser contagiado pela ideia do outro. Em incluir novos vieses sobre algum tema, como possibilidade.

COOPERRIDER, David L.; WHITNEY, Diana; STAVROS Jacqueline M. *Appreciative Inquiry Handbook*. Brunswick, Ohio: Crown Custom Publishing, 2005.

Os autores desenvolveram uma pesquisa no campo organizacional e constataram que as consultorias pautadas em diagnósticos patológicos – o que não está funcionando e precisa ser revisto – deixavam de lado os aspectos positivos da corporação. O diálogo apreciativo está baseado na positividade de qualquer sistema – família, empresa, comunidade. O livro mostra um passo a passo que orienta na construção de diálogos dessa natureza e propõe uma mudança paradigmática no campo da facilitação de diálogos.

Reflexões

_____
_____
_____
_____

IV. Processos reflexivos

Para o campo das psicoterapias, a reflexão é cenário para a gestão e o processamento de informações que o contexto terapêutico viabiliza. As terapias assentadas em processos reflexivos têm no trabalho de Tom Andersen, psiquiatra norueguês já falecido, uma das mais inspiradoras fontes.

Em março de 1985, Tom Andersen colocou em prática pela primeira vez um estilo de trabalho conhecido como equipe reflexiva.[12] A equipe de psiquiatria coordenada por Tom, no hospital psiquiátrico de Tromso, Noruega, vinha conversando a respeito e estudando temas que embasavam essa inovação, há pelo menos 10 anos. Uma das questões tratadas pela equipe, naquele momento − podemos conduzir uma entrevista sem oferecer uma intervenção final? − acenava com a possibilidade de coordenarem as entrevistas com as famílias dos pacientes de forma distinta da habitual. À época, a intervenção final em trabalhos daquela natureza era uma máxima e possibilitava que a família voltasse para casa com o "parecer" da equipe de atendimento sobre as questões trazidas.

Na condução proposta por Tom Andersen, a equipe reflexiva era oferecida à família como possibilidade. Cada membro da equipe psiquiátrica que integrava um determinado atendimento ofertava descrições outras sobre a situação trazida à sessão, a partir do que ouvia dos membros da família e de suas vivências. A equipe falava entre si, e o caráter das intervenções era especulativo, ou seja, os conteúdos das falas eram apresentados como outras possibilidades de leitura acerca do narrado; não como pareceres ou como verdades, mas como versões possíveis. Após a escuta, a família oferecia comentários, ou não, sobre o que havia sido dito. O objetivo era gerar reflexão e ampliação de narrativas, não uma seleção de falas consideradas pertinentes pela família. A reflexão poderia ocorrer ainda ali no atendimento ou fora dele.

Essa era uma nova proposta de trabalho, uma inovação no campo da terapia de família. Um novo lugar era conferido aos terapeutas e, consequentemente, à família. Terapeutas com menor demonstração de saber e famílias mais empoderadas diante de versões outras sobre suas questões, para ativamente, via reflexão, ampliarem ou não seu entendimento, e, por consequência, o curso de suas ações.

---

[12] Ver em ANDERSEN, Tom. *Processos Reflexivos*. Rio de Janeiro: NOOS & Instituto de Terapia de Família do Rio de Janeiro, 2002.

Tom Andersen escreveu artigos e livros sobre essa proposta, articulou seu pensamento com o de outros teóricos e deixou um suporte teórico extremamente rico para abordagens futuras sobre processos reflexivos em diálogos que visem contribuir para mudanças, contando ativamente com a autoria dos envolvidos. Aqui entra a articulação com a Mediação.

Dentre outros aspectos, a Mediação e o atendimento coordenado por Tom Andersen têm em comum o fato de a equipe de atendimento e o cliente trabalharem juntos para gerar um funcionamento distinto do vigente, uma vez que a dinâmica atual vem provocando desconforto. Esse mútuo interesse de propósitos possibilita que os dois sistemas – equipe de atendimento e clientes – trabalhem em ideias que convirjam na direção do entendimento sobre as motivações que geram o desconforto e na construção de possíveis mudanças.

A base desse diálogo é a reflexão – clientes refletem a partir do que escutam de suas próprias falas e a partir do que escutam da equipe de atendimento (perguntas e novas versões); equipe de atendimento reflete a partir do que escuta dos clientes e das intervenções que a própria equipe gera: (i) reflete para construir as intervenções; (ii) reflete sobre o fato de as terem eleito para compartilhar com os clientes; (iii) reflete sobre o motivo de eleição dessas intervenções e não de outras; (iv) reflete sobre os possíveis impactos provocados por essas intervenções. Essa mesma natureza de processo reflexivo ocorre na Mediação.

Quais os aprendizados-base sobre processos reflexivos que aquele grupo de estudos de Tromso pode oferecer para mediadores?

Muitos e significativos aprendizados podem ser importados para a prática da Mediação:

- trabalhar com a ideia de fazer distinções/identificar diferenças/gerar informações: Gregory Bateson, antropólogo que muito agregou aos estudos sobre a comunicação humana[13], contribuiu para esse pensamento, ao afirmar que fazemos distinções quando identificamos algo como diferente de nós (do nosso meio, do que pensamos, do que percebemos). Para Bateson, a ideia de fazer distinções está na base da informação – informação é uma diferença que faz diferença no acervo de conhecimentos. Para aquele antropólogo, a mudança corresponderia à incorporação, ao próprio repertório, de

---

13 Ver em BATESON, Gregory. **Steps to an Ecology of Mind**. New York: Ballantine. As ideias de Bateson eram referência para Tom Andersen.

diferenças percebidas ao longo do tempo. Mediadores trabalham gerando informação, especialmente via perguntas. Nossas perguntas precisam então levar a refletir sobre algo novo, distinto do repertório daqueles sujeitos, para que gerem informação e, ao longo do tempo, possíveis mudanças;

- trabalhar com a ideia de que as intervenções oferecidas não são ingênuas e podem ser cuidadas quanto à sua eficácia: Bulow-Hansen era uma fisioterapeuta com quem Tom Andersen trabalhava e com quem aprendeu que as intervenções, em fisioterapia, não podem ser tão fracas que não sejam percebidas, nem tão fortes que precisem ser evitadas. Elas precisam ter a força adequada para serem percebidas como diferença, e assim se constituírem em informação. O mesmo ocorre na Mediação. As intervenções precisam ter a medida da necessidade e da possibilidade das pessoas. Nem mais, para serem recusadas; nem menos, para não fazerem diferença. O termo escolhido por Tom Andersen para descrever as intervenções que provocariam distinção sem recusa foi incomum. Assim, a intenção de favorecer a geração de informação e de mudança deve ser acompanhada de intervenções que sejam percebidas como incomuns para um determinado repertório;

- trabalhar com a ideia de repertório estrutural: o grupo de Tom Andersen inspirou-se no enfoque biológico das ideias de Maturana e Varela,[14] ideias que contaminaram as ciências sociais e que afirmam: nosso repertório de ações e de possibilidades está também limitado pelas estruturas biológicas, ou seja, o ser humano transita pelo mundo dentro de possibilidades biológicas (determinismo estrutural). No entanto, essas possibilidades podem ser alteradas como resposta a mudanças ocorridas no meio, e no próprio sujeito. Para mediadores, fica a mensagem de que as pessoas se dispõem, inicialmente, a propostas de mudança que façam algum sentido para o seu repertório. Está na variável tempo e nas possibilidades de cada estrutura pessoal a viabilidade, maior ou menor, de mudanças mais amplas nesse repertório;

---

14 Ver em MATURANA, Humbert; VARELA, Francisco. *The Tree of Knowledge*. Boston: New Science Library, 1987.

- trabalhar com a ideia de linguagem como base da nossa construção social e expressão no mundo: (i) o repertório de cada um de nós se constrói na interação social e se expressa fortemente no agir, no pensar e no sentir, que são articulados diferentemente, dependendo, em especial, do contexto, do momento e do interlocutor; (ii) significamos de maneira distinta uma mesma palavra ou situação a partir desse repertório construído socialmente, ao longo da nossa existência; (iii) descrevemos situações quando ainda podemos lhes conferir movimento e explicamos situações quando o movimento foi substituído pela certeza; (iv) o que apresentamos para descrever ou explicar situações são versões particulares e não a expressão da verdade, que, pela singularidade de cada observador, é inapreensível; (v) construímos a ideia de que algo é problema a partir de nossa percepção e visão de mundo; a definição de algo como problema pode não ser compartilhada em termos de qualidade e intensidade. Esse conjunto de norteadores pautados na linguagem pode auxiliar mediadores na proposta de promover reflexão, no sentido de considerarem distintas intervenções para diferentes sujeitos e dessemelhantes respostas para cada um deles, diante de uma mesma intervenção.

Refletir significa ter um diálogo interno, conversar consigo mesmo e com as vozes internalizadas que atravessaram e atravessam a nossa história – aqueles com quem convivemos e/ou conversamos, aqueles que lemos, ouvimos e/ou admiramos.

A reflexão está presente em todo o percurso da Mediação. O atendimento, geralmente sistematizado em três momentos – o antes (reunião da equipe, prévia à reunião com os mediandos), o durante (reunião com os mediandos) e o depois (reunião da equipe, pós-reunião com os mediandos) – está marcado por processos reflexivos que incluem todos que integram essa natureza de diálogo – mediadores e mediandos.

Há modelos de trabalho em Mediação que agregam o processo reflexivo de maneira mais explícita: (i) por vezes, oferecendo equipes reflexivas para os mediandos, seguindo os norteadores originalmente preconizados por Tom Andersen; (ii) por vezes, promovendo conversas informais entre a equipe de atendimento, na presença dos mediandos – a equipe conversa a respeito do caso, atenta ao propósito de oferecer versões e não pareceres, perguntas e não afirmações; (iii) existe, ainda, a possibilidade de uma dupla de mediadores, não acompanhados por uma equipe, conversar entre si, tanto sobre outras versões que lhes ocorram sobre o que ouvem e percebem, quanto sobre intervenções que gostariam de incluir no trabalho, optando primeiramente por negociá-las com o(a) comediador(a).

A reflexão integra nosso cotidiano, independentemente dos momentos de atuação funcional ou profissional. A ideia desse diálogo interno ser prestigiado na Mediação está assentada na proposta de autoria com responsabilidade – tanto dos mediandos como dos mediadores. Como no diálogo socrático,[15] a reflexão precisa se dar mesmo que o consenso obtido inclua atitudes e decisões que correspondam ao usual, ao vigente, ao anteriormente pensado.

Referências bibliográficas

ANDERSEN, Tom. *Processos Reflexivos*. 2ª ed. ampliada. Rio de Janeiro: NOOS e Instituto de Terapia de Família do Rio de Janeiro, 2002.

Nesta segunda edição, Tom Andersen agrega novas ideias e uma revisão das anteriores. Historiciza a construção do trabalho com equipes reflexivas e oferece seu substrato teórico, revelando a interlocução com diferentes autores e distintos pensamentos que se constituíram base daquele trabalho. Diretrizes para a atuação com equipes reflexivas e para processos reflexivos em geral são oferecidas.

GLASERSFELD, Ernest von. Introdução ao Construtivismo Radical. In: WATZLAWICK, Paul (Org.). *A Realidade Inventada*. São Paulo: Psy, 1994.

No introito dessa obra, von Glasersfeld escreve o artigo Introdução ao Construtivismo Radical e Heinz von Foerster escreve Construindo uma Realidade. Ambos os autores foram referência para Tom Andersen na elaboração da ideia da equipe reflexiva. Ambos os textos são densos, mas emblemáticos. Os processos reflexivos se articulam com a ideia construtivista na medida em que o pensamento construtivista, como diz Glasersfeld, leva inevitavelmente

---

[15] O processo estruturado de diálogo proposto por Sócrates (Maiêutica) tinha por intenção suprema a reflexão. Filho de uma parteira, Sócrates pretendia que suas perguntas levassem seus interlocutores a parir ideias próprias, após reflexão. Que nada fosse afirmado por ser norma ou usual, sem que a reflexão provocasse uma análise crítica.

a fazer do homem pensante o único responsável por seu pensamento, por seu conhecimento e até mesmo por seu comportamento (p. 25).

Reflexões

___
___
___
___

CAPÍTULO II

Caixa de ferramentas em Mediação:
articulações e aportes teóricos

As articulações e aportes teóricos aqui apresentados dizem respeito aos temas desenvolvidos no primeiro capítulo desta publicação – Caixa de ferramentas em Mediação: objetivos, operacionalização e impactos esperados. A reserva da teoria para o capítulo II teve por objetivo manter a fluidez da leitura, dando a este segmento um caráter complementar ao primeiro.

Em realidade, são as articulações e os aportes teóricos apresentados a seguir que dão suporte à Caixa de ferramentas em Mediação. Essas ferramentas foram assim sistematizadas a partir da contribuição de diferentes pensadores que, ao longo do tempo, têm agregado conhecimento a essa prática e ampliado suas intervenções em quantidade e qualidade.

A multiplicidade de substratos teóricos relativos à caixa de ferramentas deve-se à contemporaneidade desse instrumento, ao fato de ele não estar engessado por nenhuma disciplina, recebendo aportes de profissionais de distintas áreas do conhecimento. Deve-se, também, à capacidade de todos esses teóricos e praticantes de se manterem curiosos, permanecendo abertos a contribuições, como preconiza o momento atual no que diz respeito ao conhecimento, e o próprio instituto da Mediação.

Como a Mediação não faz restrição à profissão de origem, pode, ao longo do tempo, enriquecer-se com olhares e subsídios advindos de distintos saberes – caráter transdisciplinar da Mediação.[16] Esse dinamismo dá à Caixa de ferramentas um caráter de perene construção. Aberta à atualização e a novos aportes – são inúmeras e constantes as ofertas nesse sentido –, a prática da Mediação vem sendo enriquecida permanentemente.[17]

---

16 *Em Interdisciplinaridad en Educación*, publicado por Editorial Magisterio del Río de la Plata em 1994 (p. 24), Ezequiem Ander-Egg estabelece distinções entre multidisciplinaridade, interdisciplinaridade e transdisciplinaridade – uma perspectiva epistemológica que não somente entrecruza e interpenetra diferentes disciplinas, como apaga os limites entre elas, integrando-as em um único sistema.

17 O compartilhamento de conhecimento é premissa para um mundo sistêmico onde a articulação de saberes, sua interdependência e complementaridade se evidenciam como benéficas, quando consideradas. Essa crença motiva a educação continuada preconizada pela Mediação, como forma de manter seus praticantes atualizados com relação a novos e constantes aportes.

Para guardar coerência com a ideia de constantes contribuições e de aprimoramento continuado, um espaço intitulado reflexões, ao final da teoria atrelada a cada ferramenta, destina-se a possibilitar a inserção de anotações e novos aportes oferecidos pelos leitores. Esse formato de apresentação está pautado na crença da coautoria como base de sustentação para toda e qualquer expressão de pensamento teórico – é sempre o produto de articulações feitas a partir do que foi lido ou debatido anteriormente com distintos interlocutores e mantém-se aberto à ampliação e atualizações.

Por vezes, as considerações teóricas concernentes a uma ferramenta são oriundas de várias fontes bibliográficas. Algumas são mencionadas no rodapé e outras na bibliografia que finaliza o tema, com vistas a manter a proposta de duas referências bibliográficas diferentes de todas as demais, por ferramenta. Em algumas ocasiões, a correspondência entre as fontes bibliográficas e a ferramenta não é obvia. Há, aqui, um incentivo à busca de distintas naturezas de leitura para enriquecer as articulações que mediadores possam fazer, quando pensarem teoricamente.

Abaixo da chamada de cada ferramenta, o leitor encontrará palavras ou expressões em **negrito**, destacando os temas que serão abordados na explanação teórica correspondente àquela ferramenta.

Grupo I – Etapas do processo

1 - Pré-mediação

Participação dos advogados; transformação de dados em informação; situações mediáveis ou não; independência e competência do mediador; comediação

A pré-mediação é uma etapa eminentemente informativa e se dá antes do início da Mediação, mantendo coerência com o princípio fundamental do instituto – a autonomia da vontade. Para que as pessoas possam identificar se a Mediação seria o método de sua eleição para a resolução do impasse vivenciado, é necessário que conheçam seus princípios e procedimentos. Escolhas de qualidade são sempre informadas.

O ideal é que os envolvidos no conflito estejam juntos na pré-mediação, para que ouçam do mediador uma mesma apresentação e para que as versões e as questões de cada um possam contribuir para a reflexão de todos.

Algumas vezes as pessoas em conflito não desejam estar no mesmo espaço físico. Essa solicitação deve ser atendida, sempre que possível – é desejável que as pessoas possam arrefecer seus ânimos para poderem vir a participar de reuniões conjuntas. Sendo esse o caso, o mediador pode, inclusive, trabalhar durante todo o processo de diálogo com reuniões privadas.

Certos contextos de atendimento incluem a prática de Oficinas de pré-mediação – espaço dedicado a receber os litigantes antes do início da Mediação. Essas reuniões (de uma a quatro, dependendo do contexto) oferecem informação sobre o processo de diálogo, promovem reflexão sobre o quanto a eficácia de seu resultado depende da qualidade de participação dos envolvidos e possibilitam uma contenção emocional inicial que contribui para essa qualidade de participação.[18]

É ideal que os advogados, caso haja, acompanhem seus clientes na pré-mediação. É uma oportunidade ímpar para nivelar o conhecimento de todos sobre o instituto e para legitimar a sua importância, redefinindo sua natureza de participação – manter-se-ão interlocutores de seus clientes, cuidando da margem legal do que vier a ser acordado, distanciando-se da postura de defensores dos direitos de um dos lados e aproximando-se da postura de assessores para soluções colaborativas e de benefício mútuo.

O exercício da advocacia na Mediação é um tema à parte, que demanda uma mudança paradigmática no campo da prática, uma vez que, dentre outras redefinições, solicita que os advogados passem a considerar a lei (e os direitos) como margem e não como norteador da negociação. Advogados podem contribuir enormemente, ajudando seus clientes a tornarem claras as suas demandas – interesses e necessidades – e a identificarem as demandas do outro, assim como alternativas de solução que as contemplem.

Retomando o tema do exercício da autonomia da vontade na Mediação, este se dá em todo o seu curso – mediandos elegem o instrumento e seus pro

---

18 Em alguns Fóruns do Tribunal de Justiça do Rio de Janeiro, esta prática tem resultado em redução do tempo de duração da Mediação, em uma participação mais colaborativa dos envolvidos e na ampliação numérica dos acordos e da satisfação dos mediandos.

cedimentos; decidem sobre ampliar, ou não, os temas trazidos inicialmente e sobre a inclusão de pessoas da rede social no processo de diálogo; criam as alternativas de solução e deliberam sobre as opções que melhor atendem a todos; identificam o grau de formalidade que será conferido ao acordado e a natureza de seu encaminhamento (salvo em situações que demandam homologação judicial). No âmbito privado e em alguns contextos institucionais, mediandos escolhem o profissional que atuará no caso, a partir de sua expertise.

Todas as escolhas mencionadas anteriormente se darão a partir da geração de informação. A informação é, dentre os bens intangíveis, aquele que possui especial relevância quando o tema é a tomada de decisão. Consiste, portanto, em elemento especialmente prestigiado na Mediação.

Alguns teóricos fazem distinção entre dado, informação e conhecimento e os consideram subsídios essenciais à comunicação e à tomada de decisão.

Para os que discriminam os três subsídios, eles compõem um passo a passo evolutivo: dados são elementos brutos, ainda não significados ou contextualizados; são, em realidade, matéria-prima da informação. Na sequência, informações são dados dotados de significado para um determinado contexto – contextualizados, os dados ganham relevância, ou não, e propósito. Conhecimento seria então o resultado final dessa equação, surgido após o processamento da informação – processo que utiliza, inclusive, conhecimentos anteriores que agregam valor à informação. Os três conceitos têm, então, grau crescente de complexidade.

Como um todo, a passagem de dado a conhecimento é um processo de transformação que se dá, ou não, e que é singular, em termos qualitativos, a cada pessoa. Características individuais interferem na codificação e na decodificação desses elementos, provocando desbalanços no entendimento sobre os mesmos dados e gerando distorções que poderão ocasionar ruídos na comunicação.

Na pré-mediação, mediadores oferecem dados sobre o instituto da Mediação que serão transformados, ou não, em informação e em conhecimento pelos mediandos. Em contrapartida, os dados oferecidos por um mediando sobre o que o traz ao diálogo assistido devem ser transformados em informação, tanto pelo mediador quanto pelo outro mediando. São a base das histórias que serão relatadas no processo.

Vale ressaltar que a agenda trazida pelos mediandos na pré-mediação é sempre provisória, podendo ser ampliada a qualquer momento.

Os temas aportados pelos mediandos serão também objeto de análise pelo mediador: (i) tanto no sentido de avaliar se seriam mediáveis; (ii) quanto no sentido de constatar a independência do mediador, assim como sua competência para atuar no caso. Mediadores não podem, por vedação ética e por ser contraproducente à dinâmica do processo, guardar conflito de interesses com o tema da mediação, ou com os mediandos.

Tanto a cultura pessoal (ética, religiosa) quanto a cultura local ou institucional (legal, social) podem categorizar alguns temas como não passíveis de negociação. As questões de ordem pública e os terceiros indiretamente envolvidos não podem ser prejudicados pelo processo negocial.

A avaliação de se seriam mediáveis ou não os temas trazidos à Mediação – cumpridos os pressupostos de que a matéria trazida é passível de negociação e de que os envolvidos na discordância têm capacidade cognitiva e emocional para deliberar a respeito – inicia-se com a identificação da disponibilidade das pessoas envolvidas para atenderem às expectativas que a Mediação tem com relação a sua participação no processo de diálogo.

Vale ressaltar que, apesar de ser dever ético do mediador identificar, no período de pré-mediação, se uma situação é mediável ou não, algumas vezes, somente no curso do processo de diálogo poderemos ter consciência do grau de adequação do caso com a Mediação. Há situações em que o tema seria mediável, mas as pessoas envolvidas se comportam de forma a criar impasses ao prosseguimento do diálogo.

A natureza do instituto pede que os indivíduos que a ele recorram se disponham a rever suas posições iniciais (quero isso e desta forma), a identificar se têm o desejo de resolver a questão e se podem firmemente se dedicar a consegui-lo e a construir soluções de benefício mútuo, uma vez que a Mediação é um instrumento voltado a soluções ganha-ganha.

A Mediação não é instrumento adequado para ratificar posições rígidas e soluções previamente estabelecidas, para decidir com base em provas, para determinar culpados e suas penalidades, nem vencedor(es) e perdedor(es).

Os desbalances de diferentes naturezas – hierárquico; de conhecimento; de entendimento; emocional; cultural, social ou financeiro; de capacidade de expressão ou de habilidade negocial; dentre outros – podem ser manejados com adequação por mediadores e não se constituem em impedimento prévio ao processo de diálogo. Dificilmente, a força desses desbalances se sobrepõe ao manejo adequado, definindo-se, no curso da Mediação, como impossibilidade ao seu prosseguimento.

No entanto, há qualidades de comprometimento emocional que se mostram impeditivas ao longo do processo de diálogo – conhecemos hoje que o litígio pode ser a única forma de vínculo[19] existente entre alguns, e que dedicar a vida ao desentendimento pode se converter em padrão de convivência.

A avaliação sobre a independência e a competência do(s) mediador(es) é subjetiva. Mediadores devem revelar se conhecem as pessoas e/ou sua rede social de pertinência, para que mediandos avaliem se acreditam que poderão atuar com imparcialidade na condução do processo. Mesmo que mediandos confiem nessa possibilidade, será do mediador a palavra final – ele precisará atestar que poderá fazê-lo. Alguns contextos trabalham com uma declaração escrita do mediador sobre sua independência.

Quanto à competência, esta pode estar referida a pelo menos dois itens: (i) no que diz respeito à condução do processo de diálogo, diretamente proporcional a uma boa capacitação e à experiência prática; (ii) no que diz respeito ao tema trazido à mesa, conferida pelo adequado conhecimento da matéria, de forma a possibilitar a construção apropriada de perguntas e a identificação da necessidade de os mediandos buscarem complementar seu entendimento com um olhar técnico especializado. Como o poder decisório relativo às soluções eleitas é dos mediandos, são eles que devem estar (ou buscar estar) adequadamente informados sobre o(s) tema(s) trazidos à Mediação.

Com relação à definição sobre atuar ou não em comediação, esta deve se dar, preferencialmente, na pré-mediação, quando a prática do trabalho em dupla não é sistemática. A comediação tem o condão de propiciar uma abordagem multidisciplinar e privilegia a formação de uma dupla composta por pessoas advindas de diferentes constituições culturais ou profissões de origem. Valoriza-se, também, a possibilidade da diversidade de gêneros na composição da dupla de mediadores. O pilar da comediação é a ampliação da qualidade de atuação.[20]

O caráter transdisciplinar da Mediação em muito se beneficia da comediação, na medida em que muitas são as leituras sobre uma situação, as articulações a serem feitas, as abordagens possíveis. O fato de a Mediação trabalhar com a oitiva das partes em tempo real e de convidá-las a expor suas ideias em um mesmo espaço físico faz com que a carga emocional desse cenário traga tensão para todos, o que exige delicado manejo. Uma dupla de

---

[19] Ver VAINER, Ricardo. *Anatomia de um Divórcio Interminável: o litígio como forma de vínculo – uma abordagem interdisciplinar*. São Paulo: Casa do Psicólogo, 1999.
[20] Ver ALOISIO, Victoria. *Co-Mediación – aporte emocional para fortalecer la relación con el otro*. Buenos Aires: AD-HOC, 1997.

mediadores poderá melhor administrar essa tensão, se alternar em termos de proatividade e se complementar em suas tarefas.

A eleição da comediação traz benefícios tanto quanto riscos. É preciso ter claras as premissas que regem a escolha das duplas em Mediação – um mediador pode trabalhar com diferentes parceiros no exercício de sua função. Faz-se primordial que mediadores tratem com transparência suas percepções sobre o caso e sobre o funcionamento de sua parceria. As possíveis disfunções da comediação podem dizer respeito à interação da dupla – competição, ausência de escuta, franca divergência, dentre outras – e à interação da dupla com os mediandos – aliança entre um mediando e um mediador, formando uma dupla extra.

A experiência tem mostrado que os benefícios da comediação superam os custos quando estes são devidamente cuidados pela interlocução entre mediadores e/ou pela interlocução com outros profissionais supervisores.

Referências bibliográficas

ANGELONI, Maria Terezinha. Elementos intervenientes na tomada de decisão. *Ciência da Informação*, 32: 17-22, 2003.

Esse artigo oferece uma articulação entre informação e tomada de decisão e identifica elementos intervenientes nesse processo que liga uma à outra. É muito interessante a distinção entre dado, informação e conhecimento.

O entendimento dessa distinção e de sua dinâmica de transformação pode ajudar mediadores a perceberem impasses e a manejarem desbalances dessa natureza no processo de diálogo.

ARÉCHAGA, Patricia; BRANDONI, Florencia; FINKELSTEIN, Andrea. *Acerca de la Clínica de Mediación – relato de casos*. Buenos Aires: Librería Histórica, 2004.

As autoras dessa obra – duas advogadas e uma psicóloga – acompanham questionamentos teóricos e práticos relativos à Mediação por meio da análise de casos que os ilustram. Casos mediáveis ou não, neutralidade, intervenções e a subjetividade/imaginário social da Mediação são parte dos temas abordados. Um livro muito ilustrativo para quem atua na prática da Mediação.

Reflexões

_____
_____
_____

2 - Declaração ou discurso de abertura

Composição do discurso/declaração de abertura; consentimento informado; exploração preliminar

O discurso ou declaração de abertura – *opening statement* – é expressão utilizada para se referir a uma fala estruturada do mediador, ocorrida no momento inicial da Mediação. Para alguns se confunde com a pré-mediação, especialmente quando o processo de diálogo tem continuidade no momento subsequente à sua ocorrência. Para outros, particularmente quando há uma lacuna de tempo entre a pré-mediação e o início da Mediação – de horas a meses ou anos –, é momento distinto e tem finalidade adicional.

Na segunda hipótese, a declaração de abertura retoma, de forma resumida, o conteúdo da pré-mediação, especialmente no que diz respeito aos pressupostos éticos, e ritualiza o início da Mediação. Essa retomada tem por objetivo reforçar os princípios da Mediação e seu código de ética e esclarecer pontos abordados na pré-mediação que não tenham ficado claros, ou tenham despertado perguntas.

Como, no âmbito privado, e por vezes no institucional, material escrito é oferecido na pré-mediação – código de ética, regulamento modelo, textos de esclarecimento –, as perguntas que suscitam devem ser respondidas no momento de declaração de abertura.

Tanto na pré-mediação quanto no discurso de abertura, é importante diferenciar a Mediação de outras abordagens igualmente dedicadas à resolução de controvérsias. Essa é uma atividade social nova e, uma vez que adultos incluem em seu processo de aprendizagem a articulação com o que já conhecem, faz-se importante marcar distinção com práticas outras dedicadas à semelhante finalidade, como a conciliação, a arbitragem e a resolução judicial.

A Mediação distancia-se da lógica jurídica na medida em que propõe que a resolução se paute nos interesses, necessidades e valores dos mediandos. Agrega subjetividade ao processo de construção de consenso e espaço para incluir como norteadores de solução o sofrimento e o desconforto, sem se tornar, no entanto, uma prática terapêutica. É um trabalho dedicado à gestão de conflitos, mas diferenciado de outras abordagens, pautadas no Direito e na Psicologia.

À declaração de abertura que precede o início da Mediação, segue-se a assinatura do Acordo de Participação – tema tratado no segmento das ferramentas procedimentais –, documento que sela ritualisticamente a adesão à Mediação e que pode conter em sua redação os elementos éticos mencionados na pré-mediação. Quando um Acordo de Participação não integra o processo de Mediação, o momento do discurso/declaração de abertura funciona igualmente como ritual de passagem, caracterizando que um processo de diálogo está sendo inaugurado.

Esse momento prévio ao início da operacionalização da Mediação é apropriado para auxiliarmos os futuros mediandos com esclarecimentos relativos às expectativas da Mediação com relação a seus participantes, assim como com alguns aportes pedagógicos concernentes aos processos negociais do espectro ganha-ganha – compartilhando com eles princípios norteadores de uma comunicação produtiva e de uma negociação colaborativa, favorecedores do diálogo presente e da manutenção deste no futuro.

As autoras de *Mediación: Diseño de una Práctica*[21] dão a esse momento o cunho de intervenção e prefeririam chamá-lo de *explicación o propuesta de trabajo*, uma vez que são nomeações que descreveriam melhor os seus propósitos – as expressões declaração e discurso constroem uma imagem que confere atividade ao mediador e passividade aos envolvidos, o que, do ponto de vista dessas autoras, não é o caso.

Em realidade, o discurso/declaração de abertura oferece uma moldura para o trabalho que irá se realizar – esclarece o papel do mediador, diferenciando-o de outros terceiros que atuam na composição de conflitos, como árbitros e juízes; menciona as características mais relevantes desse processo de diálogo, seu passo a passo, alcances, limites e princípios éticos; fala das expectativas relativas aos mediandos em termos de postura colaborativa e de atitudes produtivas.

---
21 Escrito pelas advogadas argentinas CARAM, María Helena; EILBAUM, Diana Helena; RISOLÍA, Matilde. *Mediación: Diseño de una Práctica*. Buenos Aires: Librería Editorial Histórica, 2006.

Essa moldura é extremamente importante para o curso do processo e devemos considerar a possibilidade de não abrirmos mão dela, mesmo quando as pessoas envolvidas e/ou seus advogados já participaram de mediações anteriores. O conteúdo do discurso/declaração de abertura, mesmo que trazido de forma resumida para os que dizem conhecer o processo, possibilitará a utilização posterior da ferramenta chamada enquadre, que viabiliza o resgate de princípios éticos e procedimentos mencionados ao início do trabalho, tantas vezes esgarçados durante o diálogo em função da animosidade.

De primordial importância, e indispensável para alguns, é o consentimento informado construído nesse momento, validando a ocorrência da Mediação. Esse consentimento pode ocorrer por escrito – via Acordo de Participação –, verbal ou tacitamente – por meio de atitudes e atos concretos que ratificam o desejo de participação no processo de diálogo. O consentimento informado concretiza o princípio fundamental da Mediação – a autonomia da vontade. Voluntariedade, colaboração, protagonismo e autoria são consequentes ao consentimento informado.

Em resumo, são pertinentes ao discurso/declaração de abertura:

- as apresentações pessoais, dos mediadores, dos mediandos, dos advogados e, se o contexto permitir, o questionamento sobre como gostariam de ser chamados (grau de formalidade);
- a comunicação não verbal expressa na ambientação oferecida, na cortesia, no acolhimento e na firmeza e segurança do mediador para descrever seu trabalho;
- a conotação positiva sobre a escolha do processo de diálogo para auxiliar na autocomposição; essa escolha pode ser ressaltada como um primeiro acordo/consenso entre os envolvidos;
- a explicação sobre a dinâmica da Mediação – objetivos, alcances, limites, procedimentos (como as reuniões privadas) e seu passo a passo;
- a explanação sobre o papel do mediador – sua independência, imparcialidade, confidencialidade, a regência do processo de diálogo e a função de guardião dos princípios éticos;
- as considerações sobre as expectativas do processo com relação aos mediandos – expressão clara e escuta sem interrupções; voluntariedade, colaboração, protagonismo, e autoria; oferecimento de soluções de benefício mútuo; determinação em resolver a questão pela autocomposição;

- a exposição das expectativas relativas aos advogados – em lugar de defensores de seus clientes, são convidados a atuar como assessores legais e coachs na identificação clara de suas demandas, interesses, necessidades (assim como de todos os envolvidos) e de alternativas de solução de benefício mútuo;
- os esclarecimentos com relação à participação de convidados dos mediandos, sua submissão aos princípios éticos e a possibilidade de consulta a especialistas, visando à construção de decisões qualificadas;
- a confirmação sobre as informações oferecidas pelo mediador estão claras e o eventual esclarecimento de dúvidas.

Esse conjunto de elementos que compõem o ritual de passagem que antecede a operacionalização da Mediação em muito contribui para gerar confiança no instituto e no mediador.

Uma alternativa ao formato clássico de discurso/declaração de abertura é oferecida por Patrícia Aréchaga y Elvira Bulygin, por meio de uma intervenção que denominam exploração preliminar.[22] Fazendo jus ao nome, a exploração preliminar é uma primeira abordagem com os envolvidos no conflito e se dá quando perguntas do tipo "por que estão em um processo de Mediação?", "Que recursos já utilizaram antes de chegar à Mediação?", "Que expectativas têm com relação à Mediação?", "O que conhecem sobre Mediação?", "Por que a elegeram?" são feitas.

Dessa forma, a primeira fala fica sendo a das pessoas em discordância e a apresentação da Mediação, pelo mediador, segue essa exposição inicial dos participantes, articulada aos interesses, necessidades, valores, temores e dúvidas manifestados em seus discursos iniciais. Esse enfoque destaca a condição protagônica dos mediandos, possibilita um discurso mais personalizado do mediador – o que amplia sua eficácia e escuta – e permite formular as primeiras hipóteses a respeito de como o conflito é percebido por todos os envolvidos.

Essa articulação dos discursos dos mediandos e dos mediadores, nessa etapa do trabalho, concretiza a expertise de seus participantes: (i) mediadores, aqueles que são especialistas no processo de diálogo, definem a Mediação e tiram dúvidas; (ii) mediandos, aqueles que são especialistas nas questões que os trazem ao diálogo assistido, discorrem sobre seus pontos de vista e sobre as expectativas em relação ao procedimento.

---

22 Ver em *Mediación: Diseño de una Práctica* de María Helena Caram, Diana Teresa Eilbaum e Matilde Risólia. Buenos Aires: Editorial Histórica, 2006. A exploración preliminar está descrita na página 123.

A exploração preliminar, ocorrida antes ou depois de um breve discurso/ declaração de abertura, é complementar a ele e pode, igualmente, ser articulada à pré-mediação.

Referências bibliográficas

AZEVEDO, André Gomma (Org.). ***Manual de Mediação Judicial***. Brasília/DF: Ministério da Justiça e Programa das Nações Unidas para o Desenvolvimento – PNUD, Secretaria de Reforma do Judiciário, 2012.

Devido ao fato de ter o ensino como finalidade primeira, essa obra é muito útil para os que estão em processo de capacitação em Mediação. Além de descrever o processo em toda a sua extensão, aporta técnicas e leituras teóricas correspondentes. Traz um exemplo detalhado de declaração de abertura e uma lista de verificação com os temas que devem ser abordados neste momento. De grande auxílio para os iniciantes dessa prática.

SKALIEU, Karl A. ***No Final das Contas – um manual prático para a Mediação de Conflitos***. Brasília: Brasília Jurídica, 2004.

Esse manual traduzido pelo Grupo de Pesquisa e Trabalho em Arbitragem, Mediação e Negociação na Faculdade de Direito da Universidade de Brasília transita pelo passo a passo do processo de Mediação, incluindo um exemplo de declaração de abertura. No Apêndice A – revisão das habilidades de comunicação –, há exemplos práticos de intervenções pautadas na comunicação.

Reflexões

3 - Relato das histórias

Escuta acolhedora do mediador; *rapport*; escuta dos mediandos; desconstrução do conflito; reformulação e redefinição do problema

O processo de Mediação está 100% pautado no relato oral das pessoas que dele participam, salvo raras exceções. É um instrumento que não se assenta em provas ou em relatos escritos e solicita que não haja representação dos interessados, preferindo receber à mesa aqueles que têm poder decisório sobre o(s) tema(s) que o motivam.

Esse cenário é absolutamente novo em nossa cultura e demanda de todos a administração do inesperado. Nada está previamente estabelecido em termos de conteúdo a ser trazido à mesa. Cada reunião é singular e mediadores necessitam lidar com as questões aportadas – objetivas e subjetivas – em tempo real.

Vários são os norteadores de escuta dos mediadores durante o relato das histórias – etapa em que cada participante narra sua percepção do contexto fático, sua demanda e suas motivações. A solicitação de não interrupção pelo outro (papel e caneta são disponibilizados como recurso) visa não somente permitir que uma ideia ganhe sentido e entendimento, a partir de seu fluxo narrativo, como também possibilitar que a equação argumentação/contra-argumentação não domine a cena, reforçando a adversidade entre os oradores.

É natural que a escuta de um discurso em relação ao qual se guarda inúmeras e substantivas discordâncias provoque a necessidade de interromper para agregar correções. Mediandos tomam conhecimento do porquê da não interrupção na etapa do discurso/declaração de abertura, quando essa solicitação é caracterizada como procedimento, evitando que seja percebida como eventual reação do mediador a uma determinada fala. A justificativa deve ajudá-los a identificar, também, benefício próprio ao fazê-lo: um ato que traduz não somente consideração com o outro, pois que todas as falas serão cuidadas para não serem interrompidas durante os relatos, mas, especialmente, a possibilidade de cada um apresentar uma ideia em sua inteireza e com clareza.

A etapa do relato das histórias demanda do mediador muita atenção e participação. Está no mediador a possibilidade de uma escuta adicional e qualificada, capaz de fazer registros significativos, despercebidos pelos mediandos, e de identificar intervenções que podem ampliar o entendimento.

Um guia de escuta pode ser o padrão/natureza dos discursos dos participantes, no que diz respeito ao outro ou à própria cultura de cada um – combativo, conciliador, identificador de problemas ou de soluções, voltado ao passado ou ao futuro, acusador, vitimizado, dentre outros.

Outro guia pode ser o da identificação de interesses, necessidades e valores contidos nas falas dos mediandos, temas que, em realidade, comporão a pauta de negociação.

Outro ainda, a natureza e o processo de construção do conflito, com vistas a ajudar os mediandos a identificarem o que manter e o que evitar na continuidade de sua interação; que recursos foram utilizados na construção do conflito e quais podem ser acionados para não provocarem novo cenário de desentendimento.

Um quarto e um quinto norteadores – a forma como os mediandos processam os dados oferecidos pelo outro e sua qualidade de escuta (inclusiva ou excludente) – podem motivar importantes intervenções do mediador, por ocasião das entrevistas privadas.

Um norteador adicional e indispensável para a escuta do mediador é a sua manifestação de acolhimento, sem provocar a percepção de parcialidade – rapport. Muita atenção com suas manifestações verbais e não verbais – um misto de compreensão imparcial, atenção, sensibilidade, interesse manifestado via perguntas é indispensável na construção de uma ambiência que favoreça o diálogo e contribua para a geração de confiança.

Uma mescla de todas essas possibilidades, tomando o acolhimento como ingrediente indispensável, é o que se entende como ideal. Ou seja, a escuta do mediador deve ter um caráter flutuante: ora atenta a dados que digam respeito aos relatos, ora privilegiando a matéria colocada em tela e a subjetividade com que os mediandos a administram; ora cuidando para complementar e redefinir aquilo que a escuta dos mediandos não inclui ou distorce; e ora voltando-se para o conflito que deverá ser desconstruído durante essa oitiva.

Em síntese, são foco de atenção:

- natureza dos relatos – em relação ao outro interlocutor e à cultura;
- interesses, necessidades e valores – o discurso objetivo (matéria/substância) e o subjetivo (comunicação/interação);

- natureza de escuta – inclusiva ou excludente; a ocorrência de interpretações distanciadas de intenções, a supressão e a distorção de dados;
- construção e desconstrução do conflito – o estilo pessoal de manejo do conflito dos envolvidos.

Como os três primeiros guias mencionados para a escuta do mediador durante a fase do relato das histórias, e ao longo de todo o processo de diálogo, serão tratados em seções subsequentes, elegemos a construção e a desconstrução do conflito como o tema deste momento.

Alguns autores destacam que, para atingir a etapa de criação de alternativas e eleição de opções pautadas no benefício mútuo, é necessário que o(s) conflito(s) subjacente(s) ao desentendimento seja(m) desconstruído(s). Rubén Calcaterra é um desses autores e nos oferece uma sequência extremamente útil a ser observada no trabalho de Mediação: (i) desconstrução do conflito; (ii) reconstrução da relação social (iii) e coconstrução da solução.

Inspirada em Derrida,[23] a ideia de desconstrução do conflito trabalhada por mediadores está orientada para o entendimento de como o conflito se construiu – o conjunto de percepções, ações e reações que edificaram o desentendimento –, com vistas a identificar os elementos que o compõem, para que sejam objeto de conversa entre os mediandos no curso da Mediação e objeto de cuidado no futuro.

Objeto de conversa, visando manejar construtivamente o desentendimento presente e as discordâncias vindouras; objeto de cuidado com relação a ações futuras, visando evitá-lo. São esses os dois grandes objetivos da desconstrução do conflito – entender como foi construído e evitar sua reconstrução. Acredita-se que somente com essa etapa vencida seria possível convidar pessoas em desacordo para a proposição de soluções de benefício mútuo, uma vez que consiste em tarefa que demanda um olhar empático para as necessidades do outro.

Para tanto, é mister colocar-se no lugar do outro – compreender seu desconforto a partir de seu ponto de vista e de seus referenciais. Somente com base na leitura da situação pela ótica do outro é que se pode remontar à construção do conflito, entendendo o que motivou, em todos os envolvidos, as ações e reações ocorridas e existentes.

---

23 A expressão desconstrução é inspirada no conceito do filólogo (como preferia se apresentar) francês Jacques Derrida. O termo foi originalmente empregado na análise literária e significa desconstruir um texto escrito no sentido de desmontá-lo (tijolo por tijolo) com o objetivo de entender o processo da sua construção. Ver JOHNSON, Christopher. *Derrida-a cena da escritura*. São Paulo: Unesp, 2001.

Essa possibilidade se concretiza com o auxílio do mediador durante a oitiva das histórias, uma vez que sua participação tecnicamente qualificada poderá tornar a fala de cada um e seu ponto de vista passíveis de escuta e entendimento, considerando, especialmente, que a oitiva dos mediandos estará prejudicada por interpretações, exclusões e distorções.

Pessoas em conflito tendem a não ter uma escuta isenta. Além de nortearem sua percepção e interpretação por suas histórias de vida e por sua construção social – perante o mesmo fato pessoas constroem interpretações diferentes –, tanto a percepção quanto a interpretação ficam bastante comprometidas pelo desentendimento; há uma propensão a codificar e decodificar com supressões e distorções os dados aportados pelo outro, sem transformá-los em informação ou em conhecimento.

Sempre que quisermos apreender mais informações do contexto que estamos participando, precisamos ampliar nossas habilidades perceptivas – as percepções são individuais e sujeitas ao momento de cada um. Assim, a etapa do relato das histórias, destinada à expressão e à escuta das pessoas em desentendimento, fica enormemente prejudicada pelo ânimo de seus participantes. Fragmentações e distorções de dados são esperadas.

Por meio da escuta ativa do mediador – uma escuta interveniente –, permeada por perguntas, resumos, parafraseios, redefinições e recontextualizações de falas e de percepções, dados podem ser transformados em informação e esta em conhecimento; o problema pode ser reformulado e pontos de vista podem ser revistos. Esse segmento do processo de Mediação caracteriza-se, também, pela análise e reformulação de percepções e sentimentos dos envolvidos.

Dentre as reformulações de percepção, a normalização dos conflitos pode ser incluída. Pelo viés verbal e pelo não verbal, mediadores podem redefinir o conflito como ocorrência natural em nossas vidas, como oportunidades para mudança, ajudando os mediandos a se transportarem do cenário do problema para o cenário da construção de soluções.

A reformulação do problema/conflito implica também percebê-lo como comum aos implicados – todos seriam copartícipes de sua construção e, consequentemente, de sua desconstrução. Pressupõe portanto uma nova forma de lidar com a questão. Ao identificarem sua interdependência na construção e na possível desconstrução do problema, conflitantes podem atuar em busca do mútuo atendimento e entendimento.

Com essa proposta, as diferentes versões trazidas pelos distintos participantes da controvérsia são validadas. Não há uma versão vencedora ou correta, na medida em que são negociados, em busca do entendimento, os dessemelhantes pontos de vista. Atingir esse patamar modifica muito positivamente a geração de alternativas de solução e a eleição de soluções de benefício mútuo, etapa posterior a essa no processo de Mediação. Isso porque, à medida que as participações se tornam mais pareadas, aos olhos de cada um, tanto no que diz respeito à construção do conflito quanto no tocante à construção de sua solução, a relação social e o diálogo vão sendo restabelecidos. Muitos mediadores entendem que, somente ao atingir esse estágio interativo, a questão substantiva – matéria, pauta objetiva – pode ser trabalhada.

Primeiro, porque encontrará sujeitos menos mergulhados em emoções e sentimentos de oposição; segundo, porque a escuta poderá ganhar mais qualidade, transformando dados em informação; terceiro, porque reduz-se o risco de travestir questões materiais em emocionais, supradimensionando as primeiras; quarto, porque tenderemos a ter os envolvidos olhando para a questão substantiva mais do que para esse outro opositor, o que favorece as ações colaborativas para resolvê-la.

Sara Cobb é nome expressivo na Mediação e igualmente inclui na estrutura de seu trabalho a reformulação/redefinição do problema, ampliando narrativas fechadas por percepções conflitivas, de forma que possam agregar dados positivos não percebidos. Essa ampliação das narrativas possibilita reformular interpretações, e consequentemente construir novas alternativas de solução. Cobb pauta sua escuta nas narrativas, de forma a ajudar os mediandos a identificarem as histórias alternativas – aquelas que também dizem respeito à sua convivência e não integram a história oficial do desentendimento; passagens históricas que demonstram que ambos têm habilidades para negociar diferenças e solucionar questões. A percepção de dados positivos da sua interação, não mencionados pelos mediandos anteriormente, lhes confere uma percepção de competência e poder de resolução pela via da autocomposição.[24]

---

24 Ver em SUARES, Marinés. ***Mediación conducción de disputas, comunicación y técnicas***. Buenos Aires: Paidós, 1996. Nesse livro, a autora demonstra que Sara Cobb trabalha com intervenções que instabilizam as versões oficiais trazidas pelos mediandos –com perguntas circulares que implicam todos os envolvidos em uma relação de mútua influência; e com histórias alternativas, aquelas que não foram incluídas no relato e que apontam para habilidades na resolução de desavenças e para possibilidades interativas pautadas no entendimento e na colaboração.

Referências bibliográficas:

CALCATERRA, Rubén A. *Mediacion Estratégica*. Barcelona: Editorial Gedisa, 2002.

Rubén Calcaterra é um advogado argentino que propõe um modelo estruturado de intervenção em Mediação, com finalidade estratégica. O modelo é segmentado em etapas e estas em 10 estágios. No modelo de Calcaterra, a desconstrução do conflito e a reconstrução da relação são estágios que precedem o da tomada de decisão. O livro explana com clareza teórica e técnica esses momentos do processo de Mediação.

JOHNSON, Christopher. *Derrida – a cena da escritura*. São Paulo: Unesp, 2001.

A modalidade de pesquisa filológica (estudo social através da linguagem) chamada "desconstrução" transforma-se em marca indelével na obra de Derrida. A ideia da desconstrução está intimamente ligada à de autocrítica – responsabilidade crítica, nas palavras de Derrida, que pode ser transposta para qualquer campo de interação. A expressão desconstrução ganha, a partir de Derrida, um lugar de destaque no cenário da interação social.

Reflexões

_____
_____
_____
_____

4 - Definição da pauta de trabalho

Construção e operacionalização da pauta; benefícios de expor visualmente a pauta já organizada; sensibilidade do mediador

Redefinir a pauta de trabalho à medida que as pessoas expõem seu ponto de vista (relato das histórias), expressando interesses, necessidades e valores é um diferencial extremamente positivo viabilizado pela Mediação. Classicamente, a pauta de trabalho é mais ampla do que o tema inicialmente trazido para a mesa de diálogos.

A pauta de trabalho corresponderá à parte submersa do iceberg[25] – interesses, necessidades e valores ocultos na posição antagônica inicial –, e as preocupações travestidas de sentimentos e emoções expressas durante os relatos. Todos esses temas emergem à medida que, durante o relato das histórias, em especial são identificados pelo mediador, por meio de perguntas, resumos e redefinições, dentre outras técnicas narrativas e de comunicação.

Os resumos e as redefinições dão nova expressão ao conflito – que passa a ser manifestado em termos de interesses, necessidades, valores e sentimentos – e identificam os temas de pauta à medida que são validados pelos participantes, ao serem apresentados pelo mediador.

Antes de os mediandos iniciarem a etapa de ampliação de alternativas e negociação da pauta visando à eleição de opções de solução de benefício mútuo, os mediadores devem reorganizar a pauta, agrupando temas afins e conferindo a eles uma ordem lógica e/ou complementar.

Faz parte da regência do mediador organizar ideias e, particularmente, no caso da pauta, listá-las segundo sua complexidade – será mais produtivo iniciar a negociação pelos temas de interesse mútuo menos geradores de tensão.

São objetivos dessa ordenação: (i) assegurar que alguns acordos sejam feitos logo de início, ampliando a confiança em si mesmo, no outro e no processo de diálogo; (ii) constatar a possibilidade de concordância com o outro; (iii) possibilitar entendimento em temas de menor complexidade antes que eventuais impasses surjam; (iv) postergar questões que necessitem de maior reflexão e/ou conversas com os pares ou especialistas.

---

25 A imagem do iceberg – a – montanha de gelo que tem mais de 80% de seu volume submerso vem sendo usada como metáfora referente a situações que, ao serem externalizadas, mantêm oculta a sua maior parte, demandando uma investigação para identificá-la. Interesses, necessidades e valores diriam respeito à parte submersa do iceberg e serão tema de explanação teórica na seção dedicada às ferramentas de negociação.

Preferencialmente, depois de organizada, a pauta pode ser visualizada pelos mediandos em *flipchart* ou quadro. Sua construção se dá, especialmente, durante o relato das histórias e admite novos temas ao longo do processo de diálogo, sempre que pareçam relevantes na percepção dos envolvidos.

A organização e a visualização da pauta em muito contribuem para o encadeamento da criação de alternativas, pois os temas estão agrupados por afinidade e sequenciados logicamente. Esse recurso contribui para a tranquilização dos mediandos, que podem visualizar os interesses que consideram mais relevantes dentre os listados, significando que serão objeto de apreciação.

A visualização dos próprios temas de especial apreço na pauta disposta em tela possibilita que as pessoas, vendo garantido o espaço destinado à negociação do que lhes interessa, possam dedicar-se a assuntos outros que os precedem. Favorece o foco e viabiliza manifestar interesse também pelo que não é caro.

Vale ressaltar que essa organização sequenciada – relato das histórias, construção da pauta, ampliação de alternativas e eleição de opções – é didática. É como aprender a dirigir um automóvel – o instrutor ensina um passo de cada vez, como se, na prática, eles fossem respeitar, objetivamente, a sequência. Ao irmos para o trânsito, nem sempre conseguimos manter o ordenamento ensinado. O mesmo ocorre na coordenação do processo de Mediação.

O passo a passo aqui apresentado é o ideal, até porque cada segmento do processo tem sua razão de ser e prepara os mediandos para a etapa seguinte. No entanto, com frequência, os temas são negociados à medida que são redefinidos. Vale ressaltar que há linhas teóricas – como a da Mediação Transformativa – que não outorgam ao mediador a condução do processo, no sentido de etapas preestabelecidas. Nesse caso, os temas são tratados na ordem em que são trazidos pelas pessoas, independentemente de sua complexidade.

Alguns mediadores organizam – também por afinidade, complementaridade e complexidade – a agenda inicialmente trazida à Mediação, contribuindo, igualmente, para a ordenação das exposições e a correspondente geração de alternativas e opções de solução.

A tarefa de coordenar esse processo de diálogo, ainda que de forma menos estruturada, tem assentamento na sensibilidade do mediador. Luiz Alberto Warat foi um teórico da Mediação que fortemente insistiu no tema da sensibilidade do mediador e na atenção que formadores devem conferir ao assunto. Temia que o instrumental técnico da Mediação sobressaísse nos cursos de capacitação e que o foco na qualidade da abordagem desse terceiro imparcial – sensibilidade como parte da competência – ficasse negligenciado.

Warat acreditava que a Mediação reinstalaria no social uma ética cidadã que incluiria a ternura (no sentido de tocar sem ferir, na medida em que o outro possibilite) e a sensibilidade. Segundo Warat, a ética da cidadania reconhece no afetivo sua dimensão fundamental. Receava que lidássemos com o sofrimento do outro, utilizando quaisquer outros norteadores sem incluir o afeto – elemento essencial da comunicação – ; falava do risco de profissionais desse campo praticarem um "analfabetismo afetivo", ao lidar com os conflitos. Dizia da comunicação perversa contida no ataque e na desqualificação do outro opositor – posturas muito utilizadas por pessoas em conflito.

Warat advertia para a necessidade da humanização da ciência, do conhecimento e das relações e acreditava que a Mediação como cultura não adversarial tem muito que fazer para evitar a disseminação incontrolada dos atos perversos da comunicação.[26]

Em realidade, a Mediação possui uma vasta caixa de ferramentas com instrumentos advindos da comunicação e das narrativas, todos dedicados a convidar os mediandos para uma comunicação produtiva e para assumir atitudes cidadãs – distanciadas da posição adversarial e próximas da colaboração e da empatia.

Referências bibliográficas

MOORE, Christopher W. *O Processo de Mediação – estratégias práticas para a resolução de conflitos*. Porto Alegre: ArtMed, 1998.
Moore é um reconhecido mediador e nos brinda com essa obra que tem especial detalhamento didático. Parte desse detalhamento é destinado à organização de agendas – Moore oferece, inclusive, norteadores de agrupamento de temas. O livro contempla o passo a passo da Mediação, acompanhado de articulação teórica e técnica.

---

26 WARAT, Luis Alberto. *O ofício do mediador*. Florianópolis: Habitus, p. 150.

WARAT, Luis Alberto. *O ofício do mediador*. Florianópolis: Habitus, 2001.

O livro de Warat está dedicado à ética, no sentido do cuidado na relação com o outro. O autor fala dessa atitude ética por meio da Mediação, articulando-a com temas como cidadania e outridade – o espaço entre um e outro. Ao final, com sua forma peculiar de escrever e mostrar seu pensamento, Warat nos oferece um capítulo dedicado ao pensamento complexo, articulando esse tema com a qualidade de vida.

Reflexões

_____
_____
_____
_____

5 - Ampliação de alternativas e negociação da pauta

Interferência da emoção; participação do mediador; importância do *brainstorm*; **análise de custos e benefícios; processo de tomada de decisão; teoria dos jogos**

Chegamos à etapa de ampliação de alternativas e de eleição de opções de solução. Durante o relato das histórias – exposição do ponto de vista de cada um sobre o(s) tema(s) trazido(s) à Mediação, dois vieses temáticos foram deliberadamente trabalhados:

- os conflitos foram desconstruídos, ou houve empenho em fazê-lo, contribuindo para o restauro da relação social e do diálogo, e possibilitando que o ânimo dos mediandos esteja mais distanciado da posição adversarial, neste momento;
- resumos e redefinições foram oferecidos pelo mediador, identificando os valores a serem respeitados, assim como os interesses e necessidades a serem negociados, tanto de natureza objetiva (matéria/substância) quanto de natureza subjetiva (interação/comunicação).

Interesses, necessidades, valores e sentimentos traduzidos em preocupações[27] compõem a pauta de negociação e são objeto de identificação de alternativas.

Conforme menção anterior, por vezes os temas vão sendo negociados à medida que surgem, não ficando reservados para comporem uma pauta estruturada a ser trabalhada formalmente, como etapa do processo de diálogo. Em uma ou em outra situação – negociação simultânea ao surgimento das questões ou negociação estruturada a partir de uma pauta formal –, os norteadores para geração de alternativas e para a eleição de opções são mantidos.

É inconteste a interferência da emoção na escuta e, consequentemente, no processo decisório. Vale a pena relembrar que as lides nublam o processo de transformação de dados em informação, impossibilitando registros, alterando a decodificação de dados e promovendo distorções. A informação, por vezes, não é transferida com fidelidade a essa etapa do diálogo, dependendo do mediador a reunião de dados dispersos e fragmentados, assim como a redefinição e recontextualização dos distorcidos.

Processos coletivos de decisão caracterizam-se pela interferência das individualidades na coleta e na interpretação dos dados gerados no processo de diálogo.[28]

O estabelecimento de um pensamento comum dependerá de considerar o ponto de vista de cada um como possível, para que a tomada de decisão passe do nível individual para o coletivo. É preciso renunciar à solução individualizada, com vistas a obter o ganho possibilitado por soluções mais qualificadas e satisfatórias para todos. Dados transformados em informação e, subsequentemente, em conhecimento compõem uma cadeia de transformação que agrega valor a qualquer processo decisório, ampliado em qualidade e sustentabilidade quando coletivo.

Sempre que coletivos, os processos de decisão demandam uma postura colaborativa. No âmbito da Matemática, a teoria dos jogos foi fértil em demonstrar: (i) a interdependência nos processos coletivos de tomada de decisão coletivos – cada um depende da estratégia/postura adotada pelo outro para galgar o que almeja; (ii) o quanto a cooperação, e não a competição que

---

[27] Roger Fisher e Daniel Shapiro, participantes do Harvard Negociation Project, publicaram em 2005, pela Penguin Books (New York), a obra *Beyond Reason Using Emotion as You Negotiate*, em que trazem a ideia de o mediador trabalhar com um norteador de escuta que identifique sob as emoções e os sentimentos expressos, preocupações de seu autor. Voltamos assim à imagem do iceberg, que esconde sob as posições os interesses; sob as acusações os valores feridos; e sob os sentimentos as preocupações.

[28] Ver em ANGELONI, Maria Terezinha. Elementos intervenientes na tomada de decisão. *Ciência da Informação*, 32: 17-22, 2003.

estabelece um vencedor e um perdedor (jogo de soma zero), é responsável pela construção de soluções de benefício mútuo.[29]

Quando o jogo tem uma única rodada, a competição parece ser a melhor estratégia para maximizar ganhos. Quando o jogo tem várias rodadas, e o comportamento do outro passa a ser objeto de consideração e reação, a colaboração parece ser a melhor estratégia na obtenção de ganhos mútuos.[30] Assim, Mediações que envolvem relações continuadas precisam construir alternativas pautadas no benefício mútuo, para que todos sejam contemplados e possam, em função disso, preservar a relação social e a disponibilidade para as negociações futuras.

O manejo da pauta, a encargo do mediador, deve estimular os mediandos a produzirem alternativas múltiplas, preferencialmente de natureza inclusiva (benefício mútuo), mesmo que possibilidades de solução já se mostrem delineadas. A gestação e exposição de ideias que caracterizam o **brainstorm** têm a intenção de colocar os mediandos em contato com soluções plurais (afastando-os de sua concepção original de solução única) e de distanciá-los da geração de novo cenário competitivo em que a proposta de um e de outro passam a ser o objeto de escolha, ou melhor, de disputa, para solucionar a questão.

Um norteador universal em processos negociais é afastar o processo de julgamento (bom, ruim; adequado, inadequado; viável, inviável) do processo criativo de geração de ideias e alternativas – "separar as invenções das decisões".[31] As sugestões de solução devem ser livres, e o afastamento do juízo crítico permite que ideias singelas, alternativas ideais, as de aparência tola e as extravagantes, sejam conhecidas, possibilitando a análise qualitativa das alternativas e a criação de soluções híbridas.

As soluções híbridas são consequência natural da permissão de criar sem julgar. Alguns autores/mediadores trazem maior informalidade para esse momento, alterando inclusive o contexto físico da sala de reuniões, de forma a convidar mediandos para uma maior descontração.

---

[29] Nos contextos em que o melhor resultado para todos os jogadores é meta, o dilema do prisioneiro é um jogo recorrentemente utilizado como exemplo deste raciocínio, demonstrado pela teoria dos jogos. Como é um jogo de rodada única, que pressupõe o desconhecimento da resposta do outro (as respostas oferecidas pelos jogadores são sigilosas), a utilização da competição como linha de raciocínio dos jogadores provocaria um resultado perde-ganha e a utilização da colaboração um resultado ganha-ganha.

[30] John Nash partiu do pressuposto de que, em relações continuadas, a colaboração é a melhor estratégia de negociação e de convivência – equilíbrio de Nash. Nessa natureza de relação, além da otimização dos resultados concretos, outros ganhos são também considerados, visando à otimização da convivência. Na demonstração de Nash, como a resposta de cada jogador deve ser a melhor resposta possível frente à resposta do outro, a colaboração se mostra aliada dos melhores resultados individuais e coletivos, considerando que a relação é continuada.

[31] Esse tema é amplamente trabalhado por Roger Fisher, William Ury e Bruce Patton, em *Como chegar ao sim*. Rio de Janeiro: Imago, 1994.

É importante que o mediador deixe claro os objetivos desse segmento do processo, para que os participantes possam se dar conta de seus propósitos. É interessante, inclusive, que as ideias sejam registradas de forma a ficarem visíveis – *flipchart* ou quadro negro/branco – e que o registro não mencione o autor, fazendo prevalecer uma lista de possibilidades que podem ser mescladas.

Esse momento concretiza a proposta de "olhar para a questão e não para as pessoas", possibilita uma análise do problema por diferentes ângulos, deixa claro que as ações de benefício mútuo são as que melhor atendem, ratificando que a colaboração é recurso indispensável.

O mediador pode identificar a complementaridade de ideias, fazendo links no papel ou quadro, convidando para o aperfeiçoamento de alternativas, assim como assinalando e estimulando aquelas pautadas em benefício mútuo.

Vale cuidar para não oferecer as próprias ideias como opções de solução. Além de transformá-las em perguntas, o mediador pode concentrar sua atenção nas soluções de benefício mútuo, auxiliando os mediandos com questionamentos circulares – como essa proposta implicará no relacionamento com o outro?, em que medida atende o outro e o ajuda a oferecer ideias que contemplem os seus interesses?

Avaliar custos e benefícios de cada alternativa é tarefa ativa do mediador, uma vez que seres humanos tendem a fazer eleições baseadas nos benefícios – os custos são geralmente identificados durante a operacionalização das soluções. Perguntas de futuro – como se percebem com aquela solução, cinco anos adiante? – auxiliam na antecipação de custos inaparentes no presente.

Esse trabalho poder ser realizado em reuniões privadas ou conjuntas, sendo que essas últimas possibilitam que os mediandos acompanhem melhor a expressão das necessidades e expectativas de todos.

Por vezes, é interessante haver um espaço de tempo, com a determinação de um prazo, para a eleição de opções de solução dentre as alternativas elencadas. Esse intervalo possibilita que as pessoas conversem consigo mesmas e com seus pares e interlocutores, viabilizando, inclusive, a consulta a especialistas,[32] e oportuniza que mudanças de postura sejam feitas. O momento subsequente a uma pergunta, especialmente se feita na frente do outro, assim como a presença desse outro, devem ser considerados como pouco favorecedores para a demonstração de mudanças de visão e para a oferta de soluções que levem em consideração as necessidades desse outro.

---

[32] A consulta a técnicos/especialistas é tema que será tratado no segmento dedicado às ferramentas procedimentais.

Além de um ambiente de acolhimento das ideias aportadas, mediadores devem cuidar para considerar a informação – gerada durante o relato das histórias e a construção da lista de alternativas – como o melhor ingrediente para a escolha de soluções qualificadas. A variedade e a análise das alternativas irão conferir, aos mediandos, a sensação de terem sido cuidadosos na tomada de decisões.

Assim, as alternativas precisam ser inicialmente ampliadas (para viabilizar opções de escolha) e posteriormente enxugadas (para viabilizar a tomada de decisão). Esse é o movimento que fazemos nos processos decisórios importantes – para escolher um imóvel, comprar um carro ou contratar alguém que nos ajude em determinada tarefa, dentre outros.

Alguns elementos são cruciais para tornar produtivos os processos de tomada de decisão:

- ter bem definida a questão-foco e reconhecer seus fatores objetivos e subjetivos, com vistas a incluí-los como objeto de cuidado;
- buscar informações suficientes – dados relevantes e olhar técnico, se for o caso, com o objetivo de bem qualificar a decisão;
- determinar o(s) objetivo(s)-fim, visando identificar coerência com a decisão tomada e a delinear um passo a passo para alcançar a finalidade esperada;
- criar alternativas de benefício mútuo e avaliar suas consequências e riscos, a curto, médio e longo prazos, considerando a possibilidade de flexibilizar posições, de corrigir o percurso e de atuar preventivamente;
- reconhecer as decisões como interligadas e sua interferência no sistema interativo – sobre outras pessoas e sobre o ambiente de convivência.

Esses norteadores constituem-se cenário para uma tomada de decisão qualificada e devem ser orientadores no processo de Mediação. Sua observação depende substancialmente da presença de um mediador atento e bem preparado. Dificilmente as pessoas envolvidas em uma negociação assistida se ocuparão em observá-los por si só. É o terceiro imparcial, distanciado emocional e objetivamente da questão, que poderá se encarregar de trazer à mesa esses aportes.

Cada um dos elementos citados na tomada de decisão tem importância em si e pode comprometer o resultado final – uma definição inadequada da situação-problema ou a carência de informações não alimenta apropriadamente o processo, o que compromete seu resultado.

Incertezas e riscos podem ser contornados com soluções temporárias, passíveis de avaliação adiante, e não devem se constituir impasse para a tomada de decisão.

Decidir empodera os sujeitos e os coloca proativos no processo de Mediação. A proatividade é elemento essencial, instrumento voltado a manter com os envolvidos no desentendimento a autoria das decisões sobre suas vidas e sobre a vida daqueles que deles dependem por diversos motivos.

Ter uma situação-problema para decidir deve ser encarado como oportunidade de mudança. Mudanças alteram o curso de vida das pessoas e da sociedade.

Tomadas de decisão são processos importantes para lidar com as oportunidades, os desafios e as incertezas. As decisões nos direcionam e estimulam um conjunto de ações.

Referências bibliográficas

FIORELLI, José Osmir; MALHADAS JUNIOR, Marcos Julio Olivé; MOORAES, Daniel Lopes. *Psicologia na Mediação – inovando a gestão de conflitos interpessoais e organizacionais*. São Paulo: LTr, 2004.

Um professor de Psicologia e engenheiro, um advogado e consultor de empresas e um engenheiro civil com especialização em Psicologia reúnem e compartilham seus conhecimentos nessa obra que mergulha no estudo da comunicação humana na vigência do conflito e articula as reflexões produzidas ao processo de Mediação de Conflitos.

HAMMOND, John S.; KEENET, Ralf L.; RAIFFA, Howard. *Decisões inteligentes – como avaliar alternativas e tomar a melhor decisão*. Rio de Janeiro: Campus, 1999.

Esse livro foi originalmente editado pela Harvard Business School Press e reúne três especialistas no campo da tomada de decisões, especialmente as do mundo corporativo. A obra destrincha os elementos necessários ao processo de tomada de decisão e dedica um de seus capítulos às armadilhas psicológicas que a perturbam.

Reflexões

_____
_____
_____
_____

6 – Elaboração do Termo de Acordo e assunção de compromisso

Tipos de acordo; linguagem, conteúdo e redação; autoria e cumprimento do acordado

O Termo de Mediação sela o término do processo de Mediação ou de parte dele. Classicamente, contempla o consenso construído ao longo do diálogo, demarcando sua finalização. Pode, também, ritualizar o fechamento de um segmento temático do processo, quando assim desejarem seus participantes.

A Mediação pode encerrar com acordos escritos ou orais; formais ou informais; parciais ou totais; definitivos ou transitórios; sem acordo de qualquer natureza, mas com a melhora da interação e da comunicação entre os envolvidos; com acordos percebidos pelas pessoas implicadas como justos e satisfatórios, mas sem o restauro da relação social e da comunicação.

Acordos podem ser provisórios, sempre que os mediadores considerarem adequado à situação, os mediandos assim solicitarem e, em ambos os casos, acordarem. Em situações nas quais a confiança precisa ser restabelecida, essa possibilidade é muito bem-vinda. Alguns consensos deixam de ser experimentados ou firmados porque o tempo do processo de diálogo não foi suficiente para resgatar a confiança entre seus participantes. Um intervalo de tempo pode ser consentido para que o acordo provisório possa ser praticado, avaliado e revisto, com vistas a ser retificado, ampliado ou ratificado.

Todo esse mosaico de possibilidades, ou parte dele, denota que a avaliação dos resultados da Mediação pode ser quantitativa e/ou qualitativa, sempre imensurável em seus desdobramentos e consequências futuras, para os direta e os indiretamente implicados.

Termos de Mediação devem traduzir a reformulação do conflito, contemplar os interesses de todos os direta e indiretamente envolvidos e dizer de suas posturas no futuro. São redigidos na linguagem dos envolvidos – com ausência de expressões técnicas. Têm como redator os mediadores e como autores os mediandos, que precisam assim se reconhecer por ocasião da leitura do texto, quando estará aberto a ajustes e troca de palavras e expressões, para que cumpram a finalidade de retratar a autoria dos mediandos.

Quando houver consulta a técnicos de qualquer natureza, com contribuições que influenciem nas decisões tomadas, é importante que a linguagem leiga do acordo não deixe de contemplar esses pareceres – que podem estar transcritos ou anexados.

A revisão legal do acordado, quando a matéria assim demandar, é imprescindível. Nessas situações, a presença dos advogados/defensores públicos na assinatura do acordo faz-se mister. Alguns programas de Mediação vinculados ao Judiciário incluem a assinatura sistemática dos advogados/defensores públicos no Termo de Mediação.

Quando a matéria exige homologação judicial e a Mediação é extrajudicial, os advogados/defensores públicos conferem linguagem jurídica ao texto e providenciam seu encaminhamento. Alguns contextos de atuação podem trabalhar com especial proximidade dos advogados que patrocinam os mediandos e contar com a colaboração destes para a redação. Nas Mediações vinculadas ao Judiciário, os textos são encaminhados aos juízes para homologação, na linguagem dos mediandos.

Esse procedimento – redação ou não do Termo de Acordo e sua linguagem –, como todos os outros procedimentos na Mediação, tem seu formato negociado com e entre as partes.

A linguagem utilizada na redação é sempre positiva e contempla, de forma balanceada, as responsabilidades assumidas por todos. O mais possível, utilizam-se verbos colaborativos conjugados na terceira pessoa do plural: acordam, consensam, determinam, propõem, decidem, deliberam, resolvem, definem, entre outros.

Quando responsabilidades ou ações cabem a um dos envolvidos, procura-se equilibrar o texto, identificando, em seguida, responsabilidades e ações, também individuais, de outros integrantes do processo de diálogo. Todo esse cuidado visa manter a coerência entre os propósitos do instituto e a expressão escrita de seus resultados.

O documento escrito tem muita força em nossa cultura. Na Mediação, pode vir a ser, para os mediandos, referência para ações futuras e tomadas de decisão, ou ainda objeto de consulta. Sua redação, e a posterior releitura, deve (re)convidá-los para ações positivas e em parceria.

Como a Mediação é instrumento estreitamente comprometido com o futuro, a redação de seu termo tem essa marca — registra as soluções que dizem respeito a situações vindouras ou até mesmo à repetição de situações pretéritas, que serão tratadas de forma a não gerar novos desentendimentos.

Os acordos em Mediação não se voltam à culpa ou punição e têm, no trio mnemônico dos três ês, o tripé de sua adequação: exequíveis (realistas e executáveis), efetivos (que se ocupem das necessidades das pessoas, seu objetivo) e eficazes (que contemplem soluções para essas necessidades, efeito esperado). Quanto mais adequado o acordo, maior o índice de satisfação e, por consequência, de cumprimento.

A questão do compromisso e do cumprimento do que é gerado na Mediação ganha destaque, e tem vínculo direto com o exercício da autoria. Seres humanos cuidam do que criam e se regozijam quando são autores bem-sucedidos de realizações, projetos ou ideias.

Na Mediação, o exercício da autoria se dá a partir da eleição do instituto e de seus procedimentos. Passa pela ratificação das releituras aportadas pelos resumos e pelas redefinições oferecidas pelo mediador e chega ao consenso relativo às opções de solução. Ser autor e gerar consenso integram a postura dos mediandos construída durante todo o processo de diálogo, não se inaugurando nesse momento, mas se solidificando.

Sergio Abrevaya e Victoria Basz,[33] ao analisarem os benefícios oriundos da Lei de Mediação de 1995, da Capital Federal da Argentina, identificam que a prática do instituto possibilitou uma mudança da cultura do paternalismo para a cultura do protagonismo. Na cultura paternalista, sujeitos aguardam que o Estado dê solução para seus conflitos; na cultura protagônica, sujeitos assumem a autoria da solução de seus conflitos.

Phyllis Bernard e Melvin Rubin,[34] atentos às questões éticas que podem comprometer um trabalho de Mediação e também a atuação do mediador, orientam os mediadores a, preferencialmente em reuniões conjuntas, fazerem

---

33 Ver em ABREVAYA, Sergio Fernando. *Facilitación en Políticas Públicas, una experiencia interhospitalaria*. Buenos Aires: Librería Editorial Histórica, 2005, p. 63.

34 Phyllis Bernard e Melvin Rubin são mediadores americanos voltados ao tema da ética na Mediação. Eles apresentaram um *workshop* – Unsettling the Settlement – em 15 de abril de 2011, na 13ª Conferência Anual da Seção de Resolução de Disputas da American Bar Association, dedicado a cuidados com o Termo de Acordo.

algumas perguntas aos mediandos, para se certificarem de que as pessoas signatárias do acordo se reconhecem como autoras do texto e estão cientes do compromisso que estão assumindo: "você leu o acordo?", "você entendeu o texto do acordo?", "você perguntou a seu advogado sobre questões advindas do texto e teve respostas satisfatórias?", "você está assinando esse acordo voluntariamente?", "você entende que assinando esse acordo ele terá valor de contrato?", "há alguma questão física, psicológica ou emocional que interfira no seu entendimento hoje sobre o que estamos fazendo aqui?", "você entendeu que eu atuei exclusivamente como mediador e não ofereci sugestões a vocês?".

Phyllis Bernard transformou essas questões em uma cláusula que integra o Termo de Acordo, para assegurar-se, e assegurar os mediandos, sobre o seu entendimento e comprometimento com o acordado.

Autores chamam a atenção para as repercussões relativas ao nível de envolvimento dos atores no processo de solução – quanto mais envolvidos, maior a probabilidade de as decisões sustentarem-se no tempo. A possibilidade de aprendizado para resolver questões pelo diálogo e pela autoria sai fortalecida da Mediação. Esse aprendizado atuará preventivamente com relação a discordâncias futuras e viabilizará prescindir do terceiro facilitador em desacordos por vir.

A literatura relativa ao tema demarca a positividade no cumprimento de acordos advindos da Mediação. Na experiência da província de Buenos Aires – cultura latina como a nossa, que atua com Mediação obrigatória e guarda algumas semelhanças com o contexto brasileiro –, o registro de descumprimentos é decrescente, à medida que a cultura incorpora essa prática e que, consequentemente, a procura passa a ser espontânea.[35]

---

[35] Ver em *Mediación Prejudicial*, escrito por Sergio Fernando Abrevaya e publicado em Buenos Aires pela Librería Editorial Histórica, em 2008 (p. 31).

Referências bibliográficas

Código de Ética do FONAME. Elaborado por uma equipe de mediadores, ganhou publicidade em 18 de agosto de 2011. Disponível em: <www.foname.org.br>

O código de ética elaborado pelo Fórum Nacional de Mediação teve seu texto construído a muitas mãos, o que o faz representativo de distintas maneiras de pensar, e se ocupa da elaboração do Termo de Acordo, oferecendo um modelo e destacando o que deve ser e o que pode ser contemplado no texto.

Regulamento Modelo de Mediação do CONIMA. Disponível em: <www.conima.org.br>.

O Regulamento Modelo da Mediação do Conselho Nacional das Instituições de Mediação e de Arbitragem contempla o tema Termo de Acordo em seu Art. 20., referindo-se a sua maior ou menor formalidade, recomendando a assinatura dos advogados e orientando os mediadores a manterem-se disponíveis para auxiliar advogados no ato de conferir-lhe linguagem jurídica para homologação, com vistas a contribuir para a manutenção da fidelidade ao texto original.

Reflexões

_____
_____
_____

7 - Derivação

Na interrupção pelo mediador ou pelos mediandos; no acordo parcial; para dar sustentabilidade ao diálogo alcançado ou ao acordo

É tarefa do mediador identificar a destinação adequada dos casos, quando o atendimento precisa ser interrompido no curso da Mediação, ou quando, a seu término, com acordo parcial ou total, os mediandos necessitem de atendimento suplementar.

A interrupção durante a Mediação pode se dar por desejo de uma ou de todas as pessoas que dela participam, por qualquer motivo; ou ainda por deliberação do mediador quando este não identifica que o instrumento poderá ser, ou se manterá sendo, útil ao caso ou às pessoas, pelos mais diferentes motivos.

Cabe ao mediador cuidar da margem ética do processo de diálogo e é seu dever interrompê-lo sempre que entra em contato com comportamentos ou atitudes que contrariem a ética da Mediação, interferindo na vida das pessoas envolvidas ou no resultado da negociação.

Podem, igualmente, ser motivadores de interrupção da Mediação comportamentos ou atitudes de ocorrência recursiva que não atendam à demanda postural solicitada pelo instituto, como comportamentos agressivos abusivos, ou ainda limitações emocionais e/ou cognitivas que interfiram no processo decisório, dentre outros.

No caso de condutas antiéticas, o mediador finaliza a Mediação sem denunciar seus motivos, uma vez que esse não é um propósito do instituto. Sendo esse o caso, o mediador pode, por exemplo, alegar que o instrumento não está se mostrando útil para a questão trazida à mesa. Essa justificativa pode ser usada também quando as motivações da interrupção são de natureza emocional ou cognitiva.

A revelação do motivo pode se dar, com muito cuidado, exclusivamente para aquele que transgrediu a ética ou apresentou destemperos emocionais ou lacuna cognitiva, caso pareça oportuno.

Como os motivos da interrupção dos trabalhos por parte do mediador estão previstos nos códigos de ética, e como estes foram distribuídos ou mencionados aos mediandos na etapa de pré-mediação, fica validada a interrupção do processo pelo mediador, alegando ineficiência do instrumento com relação a algum tema ou à situação trazida.

A derivação após interrupção no curso do processo, ou após a sua finalização, pode ser negociada com os mediandos ou objetivamente sugerida pelo mediador, a exemplo do que sucede quando este indica a procura por especialistas para ampliar as informações que as pessoas precisam ter, visando a bem qualificar a tomada de decisões. Quando a derivação pode ser negociada com as pessoas envolvidas, ganha a sua coautoria, ampliando a eficácia da proposta.

As situações de acordo parcial são exemplos clássicos em que a derivação deve se dar. Afinal, será necessário identificar um recurso que possa dar conta de criar soluções para o que ficou pendente na pauta. É importante que os mediandos sejam coautores da eleição desse recurso, uma vez que precisarão conferir andamento ao processo resolutório e se conduzir em consonância com a escolha feita.

Nas ocasiões em que as pessoas interrompem o processo, é interessante que o mediador se ofereça para ajudá-las a identificar como darão andamento à questão. Isso porque fará diferença se essa escolha se der por um acordo entre elas, em um espaço protegido de negociação; uma vez que já estarão administrando a frustração da interrupção. Um mediador pode ser extremamente útil em situações dessa natureza, ao se dispor a ajudar os envolvidos a elencar alternativas outras de resolução e a elegê-las.

Tanto no acordo parcial, quanto na interrupção do processo de diálogo, quando a Mediação é judicial, a continuidade do processo judicial é consequência natural. No entanto, mesmo nesse contexto, o que fica pendente de consenso pode não ser tema do processo judicial; nessas situações, o auxílio para identificar como contemplar essas questões é de enorme valia.

Quando é o mediador quem interrompe o processo de diálogo, de igual maneira pode se dispor a auxiliar as pessoas em conflito a elegerem instrumentos de resolução que pareçam guardar maior eficácia com o tema ou a situação, caso tenha sido essa a motivação alegada para a interrupção.

Nos casos em que o mediador interrompe porque não identifica possibilidade de manter-se imparcial no caso, ou porque necessita, por questões pessoais, fazê-lo, pode ainda ajudar os mediandos a elegerem outro mediador. Nas mediações institucionais, o acesso a uma listagem de profissionais será de auxílio nessa tarefa.

Mesmo ao término das mediações, percebe-se, algumas vezes, que a mudança relacional alcançada ou mesmo o acordo construído não ganharão sustentabilidade, caso as pessoas não tenham algum tipo de suporte em termos de atendimento estruturado. O mediador pode falar claramente a respeito e ajudar os mediandos a identificarem atendimentos de outra natureza que poderão auxiliá-los nisso. Como mencionado anteriormente, o mediador pode inclusive indicar a natureza de serviço que possibilitará focar na preservação do patamar de diálogo alcançado ou na sustentabilidade do acordado.

Por vezes, reuniões de monitoramento posteriores ao término da Mediação, realizadas pela própria equipe de mediadores (ou por profissionais outros da instituição), podem cumprir esse papel.

Referências bibliográficas

Código de Ética do CONIMA. Disponível em: <www.conima.org.br>.
O texto foi redigido por uma equipe multidisciplinar entre 1996 e 1997 e submetido a revisões posteriores. O dever ético de interrupção da Mediação está nele descrito no segmento que trata do mediador diante do processo e coincide com o que preconizam tábuas éticas de outros países. Há no Regulamento Modelo um texto complementar.

SUARES, Marinés. *Mediando en Sistemas Familiares*. Buenos Aires: Paidós, 2002.
Essa obra de Marinés oferece a possibilidade de trânsito por distintos temas concernentes à Mediação Familiar, inclusive a controvertida possibilidade de entrevistas com as crianças, suas motivações e técnicas. Há um segmento que trata do trabalho *en red e con la red*, que identifica a possibilidade de derivações para outros serviços durante a Mediação ou em sua substituição (casos de violência doméstica). O trabalho com a rede de suporte tem a especial intenção de ampliar possibilidades de leitura e de atuação no caso – esses profissionais são identificados por Marinés como copensadores.

Reflexões

_____
_____
_____
_____

8 - Monitoramento

Nos diálogos sobre questões coletivas; nos diálogos complexos; na restauração da confiança; nos acordos transitórios e nos provisórios

O monitoramento – acompanhamento contínuo e sistemático por tempo determinado – é etapa imprescindível nas mediações com múltiplas partes, especialmente quando versam sobre questões coletivas. Nessas situações, o mediador (equipe de mediação) deve manter-se disponível para acompanhar a execução do acordado, para facilitar os diálogos entre representantes e representados e para coordenar as micronegociações que são naturalmente necessárias depois da construção do consenso.[36]

Após processos de negociação coletiva, com frequência organizam-se comissões temáticas, formadas por representantes dos segmentos envolvidos no diálogo, que atuam, igualmente, com uma outra natureza de monitoramento, de caráter mais fiscalizador.[37] Manter a equipe de imparciais disponível pode ajudar a garantir a continuidade de um diálogo colaborativo em negociações mais complexas – seja por abrigar múltiplas partes, seja por reunir uma diversidade de interesses.

Por vezes, mesmo em Mediações com dois ou poucos mediandos (situações de vizinhança podem ser exemplo), é importante oferecer a possibilidade de monitoramento como uma garantia de eficácia da manutenção do processo de diálogo – no sentido de ajudar a conferir confiança nas mudanças ocorridas e na execução das propostas construídas.

O grau anterior de animosidade e a quebra da confiança ocorrida durante a litigância são os principais motivadores dessa natureza de monitoramento. O tempo transcorrido durante a Mediação pode não ser suficiente na reconstrução da confiança necessária para acreditar que o outro honrará com o proposto. Alguns consensos podem deixar de ser alcançados em função dessa

---

[36] O Brasil possui um caso emblemático de sucesso negocial que visou à construção de consenso em questão ambiental e mantém seu monitoramento desde a construção do acordo em 1996. ALMEIDA, Tania. *Métodos de resolución alternativa de disputas, aportes de investigación. Caso Minas Gerais, Brasil. Mediadores en Red.* Buenos Aires, Año II, Edición Especial, nov. 2004. Disponível em: <www.mediadoresenred.org.ar>. Informe de Investigación BID.

[37] Ver em SOARES, Samira Iasbeck de Oliveira. *Mediação de conflitos ambientais, um novo caminho para a governança da água no Brasil.* Curitiba: Juruá, 2010. Essa é a primeira obra em português sobre o tema e oferece um olhar extremamente positivo para a possibilidade de se atuar com processos de diálogo em questões ambientais. O livro compila o pensamento de vários autores renomados no assunto e discorre sobre possíveis dúvidas para essa prática como o desbalance de poder e a previsão de problemas na implementação de acordos. O resultado da Mediação seria reduzido a termo como no Termo de Ajustamento de Conduta. A ausência de monitoramento nessas situações é apontada como favorecedora de insucesso.

alegação, e a oferta de monitoramento possibilita arriscar um grau maior de confiança no outro.

Os acordos provisórios/transitórios são demandantes clássicos dos monitoramentos, uma vez que possibilitarão que sejam revisitados e revistos, ampliados, ratificados ou retificados.

O tempo de monitoramento, o número de reuniões por ocorrer e sua periodicidade dependerão da avaliação que mediador e mediandos fizerem ao término da Mediação e a cada encontro dedicado ao monitoramento. Mesmo que haja previsão quanto a isso, o preestabelecido pode ser revisto.

Monitoramentos são, então, bem-vindos quando o diálogo não foi resgatado com o processo de Mediação, assim como quando a relação é continuada no tempo e demandará novas negociações. Com relação ao comportamento humano, em função de seu dinamismo e de sua articulação com o entorno – situações e pessoas –, previsibilidade é norteador ineficaz.

A bemetologia – neologismo cunhado pela articulação das palavras *behavioral* e *meteorology* – uma espécie de meteorologia comportamental em que se tenta aproveitar a coleta de dados sobre comportamentos para hipotetizar previsões, como o faz a meteorologia, não dá conta desse objetivo. Seres humanos não são bons objetos de pesquisa no sentido de gerar leis empíricas – aquelas que estabelecem que algo é válido para todos os objetos de determinada classe (generalização).

Por esse motivo, de maneira geral, mediadores finalizam a Mediação declarando que se manterão disponíveis para serem acionados, a qualquer momento em que mediandos perceberem que sua interlocução pode ser útil em negociações e ajustes futuros.

Referências bibliográficas

BAUER, Martin W.; GASKELL George. ***Pesquisa qualitativa com texto, imagem e som – um manual prático***. Petrópolis: Vozes, 2010.

Os autores tratam a questão do monitoramento de comportamentos humanos como um processo contínuo e incessante, em função do dinamismo e da impossibilidade de previsão desses comportamentos. Dedicam um capítulo à bemetologia – tentativa de prever comportamentos a partir da coleta de dados – e demonstram como o comportamento humano não pode ser generalizado.

BRANDONI, Florencia (comp.). *Hacia una Mediación de Calidad.* Buenos Aires: Librería Paidós, 2011.

Essa obra reúne artigos de renomados autores sobre temas que podem e devem ser articulados com uma eterna preocupação – a qualidade de atuação e de prática. No capítulo IX – Evaluación y monitoreo de programas RAD y Mediación en el área de Justicia – experiencias en la Argentina y en otros países de América Latina – Silvia Vecchi e Silvana Greco compartilham informações e reflexões sobre a questão do monitoramento.

Reflexões

_____
_____
_____
_____

9 – Avaliação de resultado

Pesquisas quantitativas e qualitativas; a imprevisibilidade e a incerteza; alguns dados estatísticos

As avaliações de resultado são demanda sempre que processos de intervenção social acontecem. Elas possibilitam retratar o antes, o durante e o depois, oferecendo uma leitura comparativa e evolutiva. Possibilitam aferir o impacto das interferências de maneira ampla, e por vezes específica, viabilizando correções e adequações.

Em Mediação, podemos trabalhar com pesquisas quantitativas – número de acordos alcançados: quantos parciais e quantos totais; quantas não adesões/interrupções; quantos retornos e não retornos, quantos cumprimentos e descumprimentos, dentre outros dados que pareçam úteis a determinados contextos e propósitos.

As pesquisas qualitativas são muito bem-vindas e para alguns são indispensáveis. A pesquisa qualitativa se ocupa de um patamar de realidade que não pode ser quantificado; trabalha com percepções, valores, crenças, significados, atitudes, dentre outros aspectos relacionais, não passíveis de serem reduzidos a números. A complementaridade entre o quantitativo e o qualitativo é essencial nas práticas sociais.

Dados quantitativos não dão conta de avaliar resultados em se tratando de Mediação. Há acordos finalizados e não executados; há acordos não finalizados formalmente e praticados; há interrupções por percepção de suficiência do processo para o resultado pretendido; há acordos construídos após interrupções. Ou seja, uma gama de combinações pode advir, consequente a essa natureza de interferência social, que nem mesmo as pesquisas qualitativas em complemento às quantitativas dão conta.

No entanto, a despeito da imprevisibilidade do alcance das intervenções no social, os benefícios que trazem as pesquisas quantitativas e as qualitativas nos mantêm atentos aos resultados que sinalizam. Eles são o parâmetro apreensível do impacto provocado por nossas ações. São esses dados que nos possibilitam manter ou alterar nossas intervenções.

Os dados quantitativos medem objetivamente, usando uma perspectiva de fora, e estão orientados para a confirmação de hipóteses e para resultados, assumindo a realidade como estável. Os qualitativos observam subjetivamente, usando uma perspectiva interna, e estão orientados para o descobrimento de hipóteses e para os processos, assumindo a realidade como dinâmica. O primeiro é particularista e o segundo holístico. Ambos se complementam.

Dados estatísticos ajudam a criar cultura e a construir paradigmas. Nesse sentido, é imensa a responsabilidade daqueles que os compilam e divulgam. Esse é um especial cuidado que devemos ter com relação às informações obtidas em pesquisas relativas à Mediação.

Além da possível avaliação de desempenho de mediadores, para fins didáticos ou de aferição de desempenho, é imprescindível que as equipes de Mediação avaliem a eficácia ou não de suas intervenções a cada término de reunião, com vistas a estruturar os passos seguintes e a estabelecer correções de desvio. Lévy-Strauss sabiamente nos chamou a atenção: numa ciência, onde o observador é da mesma natureza do objeto, o observador, ele mesmo, é uma parte de sua observação.[38]

---

[38] Ver em LÉVY-STRAUSS, Claude. Aula inaugural. In: ZALUAR, Alba (Org.). *Desvendando máscaras sociais*. Rio de Janeiro: Francisco Alves, 1975, p. 215.

O bom timoneiro não é aquele que coloca o leme rigidamente voltado para a direção a ser atingida, mas aquele que, atento aos desvios passíveis de ocorrerem no curso da navegação, às intempéries e ao imprevisível, corrige o seu leme a cada momento. A intervenção em tempo real não pode prescindir de avaliação permanente; a auto avaliação, especialmente se feita com interlocutor (supervisor ou equipe de trabalho), é o maior veículo de aprendizagem do mediador.

Pode-se também avaliar o nível de satisfação dos mediandos com o serviço oferecido – estrutura, atendimento – e com os resultados alcançados, assim como saber sobre a melhora do diálogo e a preservação da relação social e dos vínculos. Um questionário de *folow up* seis meses após o término da Mediação pode conhecer a manutenção dos itens avaliados em um primeiro momento. A volta ao Judiciário ou não, caso esse recurso tenha sido utilizado anteriormente, pode ser identificada por pesquisa na Internet e oferecer dado adicional.

Em *Acerca de la Clínica de Mediación*,[39] as autoras compartilham o resultado de uma investigação que checa a percepção dos mediandos sobre alguns temas: o vínculo entre a Mediação e a justiça, a percepção de utilidade da Mediação e em que âmbito esta produziu efeitos. Oitenta por cento dos entrevistados identificou vínculo entre a Mediação e a justiça, valorizando nessa percepção o acordo produzido; 86,4% consideraram o processo de autocomposição útil – por estabelecer diálogo, por produzir acordos e por favorecer o seu cumprimento; dos 61,4% que ressaltaram efeitos positivos da Mediação, metade identificou esses efeitos nos vínculos (melhora na relação e organização do funcionamento familiar) e a outra metade os identificou em si mesmos (mudança de atitude e na maneira de pensar o conflito, além de empoderamento/*empowerment*).

Em *Manual de Mediação Judicial* (1ª edição),[40] no capítulo dedicado à qualidade em processos autocompositivos, encontramos não só um exemplo de formulário de avaliação como um *check list* de observação do trabalho do mediador e reflexões relativas ao papel do supervisor e do instrutor – um trio de interação que em muito interfere na efetividade e na eficácia desse processo.

---

[39] A pesquisa ocupa o capítulo V (p. 205), e o conteúdo da obra está comentado nas referências bibliográficas do início desse segmento que trata sobre pré-mediação.
[40] Ver no capítulo IX (p. 203) dessa obra que está comentada nas referências bibliográficas do tema declaração/discurso de abertura, nesse mesmo segmento dedicado a etapas do processo.

Em publicação interna do Banco Mundial, um índice de acordo em torno de 80 a 84% é acompanhado por um percentual de 95% de satisfação com o processo de Mediação, ou seja, mesmo não alcançando o acordo há uma parcela de sujeitos satisfeitos com a melhora da comunicação e da convivência no ambiente de trabalho, conquistas advindas da Mediação.[41]

Em Mediação, as pesquisas, tanto quantitativas como qualitativas, têm assinalado resultados muito promissores.

Referências bibliográficas

MINAYO, Maria Cecília (Org.). *Pesquisa social – teoria, método e criatividade.* Petrópolis: Vozes, 2001.

Maria Cecília é socióloga, antropóloga e sanitarista e lidera grupos de pesquisa na Escola Nacional de Saúde Pública Sergio Arouca, da Fundação Oswaldo Cruz (Ensp/Fiocruz). A autora nos brinda com um pequeno grande livro que apresenta o mundo da investigação social e da pesquisa qualitativa em linguagem simples, didática e objetiva.

CANO, Ignacio. *Introdução à Avaliação de Programas Sociais.* Rio de Janeiro: FGV Editora, 2006.

Ignacio Cano é doutor em sociologia com especialização em Psicologia Social e pós-doutorado na área de análise de dados e avaliação de programas sociais. Em sua obra, passeia por diferentes metodologias de avaliação, articulando a visão técnica com a sensibilidade para as questões sociais e filosóficas pertinentes ao tema. Apresenta um quadro comparativo entre o paradigma quantitativo e o qualitativo, mostrando sua complementaridade e ajudando o leitor a se distanciar da ideia de oposição entre as duas naturezas de avaliação.

---

41 O Banco Mundial possui um Internal Justice System em função da imunidade que seus funcionários têm com relação às leis locais (são funcionários globais). Em brochura, para distribuição interna (2010) sobre o setor de Mediação, esses dados podem ser encontrados.

Reflexões

_____

_____

_____

Grupo II – Ferramentas procedimentais

1 – Acordo/Termo de Participação no processo de Mediação

Rituais; elementos do Termo de Participação no processo de Mediação

A Antropologia e a Sociologia se ocuparam de nos mostrar a importância que os rituais possuem na interação humana. Categorizados e teorizados de diferentes maneiras por distintos autores, os rituais nos acompanham durante nossa existência e, de modo geral, marcam e validam momentos de passagem – despedida do antigo e ingresso no novo.

De cunho religioso ou laico, demarcam os momentos do ciclo vital – nascimento, adolescência, casamento, separação, aposentadoria, envelhecimento e morte, dentre outros, incluindo as entradas e saídas do mundo acadêmico, do mercado de trabalho, e de contextos significativos.

Nossa vida social está permeada por rituais que têm pertinência e especial relevância para a cultura local – marcador etnográfico dos rituais. Em realidade, os rituais destacam o que tem importância nos grupos sociais, atribuindo simbolismos a passagens do cotidiano. Eles nos falam do que é caro em uma sociedade.

A Mediação de Conflitos é em si um momento ritualístico que demarca a passagem do desentendimento para o entendimento, por meio do diálogo. Há duas ocasiões em seu curso que podem ser acompanhadas de documentos ritualísticos de transição: o Acordo de Participação, retratando o seu início, e o Termo de Mediação, definindo o seu término.

A marca ritualística do Acordo de Participação é, então, a passagem de uma situação adversarial para uma situação colaborativa. A demarcação oferecida por rituais de passagem facilita a transformação de atitudes e posturas, mas não as determina. De sorte que os rituais falam especialmente de uma intenção e de um novo cenário que deve, a partir de então, vigorar.

O ingresso na Mediação pode também se dar na ausência de desentendimento, por precaução, quando as pessoas interessadas identificam que a complexidade de seus temas – sejam estes de natureza emocional ou substantiva – demandam atenção. Nessas situações, o que fica celebrado no Acordo de Participação é o ato cuidadoso de atuar preventivamente com relação às próprias vidas e as de outrem.

Mesmo verbal, o Acordo de Participação é um texto que marca a transição entre a Pré-Mediação e o início do processo de Mediação e tem o propósito de atestar que todas as pessoas envolvidas estão de acordo em participar da negociação assistida pelo mediador, entenderam os propósitos do instituto e seus princípios éticos e aceitam tê-los como norteadores de sua conduta, da conduta do mediador e de outros que venham a participar do processo.

É usual a referência a princípios éticos dessa prática, especialmente quando considerarmos relevantes sua menção por escrito. A assinatura de todos que participam do processo – mediadores e mediandos, assim como, eventualmente, advogados – traduzirá compromisso com o que retrata o texto.

Seguem elencados os temas que podem ser contemplados em um Acordo de Participação em Mediação; eles serão incluídos ou não, segundo o contexto de negociação e seu grau de formalidade:

- um cabeçalho que identifique o nome completo dos mediandos, dos advogados/defensores públicos e do(s) mediador(es), assim como o endereço completo, e-mail e telefones de contato dos mediandos e dos advogados/defensores públicos;
- a pauta inicial de demanda do instituto, transcrita após a escuta da motivação dos participantes, por ocasião da pré-Mediação;
- a menção ao conhecimento e à intenção de observância dos propósitos e princípios éticos que dizem respeito ao mediador – imparcialidade, confidencialidade e diligência – e aos mediandos – boa-fé, o firme propósito de atuar não adversarialmente durante a Mediação e de não levar seu conteúdo para possíveis processos adversariais futuros – ;
- a extensão do sigilo no que diz respeito à instituição, ao(s) mediador(es), aos advogados/defensores públicos, aos mediandos e demais pessoas que venham a participar do processo de diálogo;
- os norteadores relativos às reuniões privadas e conjuntas;
- o impedimento de o mediador ser testemunha em matéria relativa à Mediação;

- o veto de o mediador atuar posteriormente em função distinta, com as mesmas pessoas e em matéria correlata à Mediação – alguns regulamentos estabelecem um período de tempo para a vigência do veto;
- o local (físico ou virtual) e o idioma da Mediação;
- o valor dos honorários, forma de pagamento e seu(s) responsável(eis);
- os critérios relativos ao estabelecimento de valores financeiros devem ser claramente acordados com os mediandos (tabela institucional, hora trabalhada, dentre outros); em Mediação, não se pratica o critério de sucesso ou de correlação com o(s) valor(es) negociado(s);
- os procedimentos relativos aos documentos aportados à Mediação e aos apontamentos produzidos pelos mediadores;
- a necessidade ou não de representação e das devidas procurações com poderes específicos para deliberação e decisão;
- a possibilidade de consulta técnica pelos mediandos, visando à tomada de decisões qualificadas;
- a necessidade de revisão legal do acordo por advogado(s)/defensor(es) público(s);
- a estimativa de tempo de duração do processo ou o número previsto de reuniões, se as pessoas envolvidas assim o desejarem;
- a data de celebração do Acordo de Participação;
- a assinatura dos mediandos, dos advogados ou defensores públicos (se for o caso) e da equipe de Mediação, com seus nomes claramente identificados.

Referências bibliográficas

PEIRANO, Mariza. *Rituais – ontem e hoje*. Rio de Janeiro: Jorge Zahar Editor, 2003.

A autora, doutora em antropologia pela Universidade de Harvard e professora titular da matéria na Universidade de Brasília, é estudiosa do tema e nos presenteia, nessa publicação de poucas páginas, com muita informação. Reúne as ideias de diferentes pensadores sobre o assunto, destacando suas linhas de pensamento e de análise sobre os rituais.

PEIRANO, Mariza. Rituais como estratégia analítica e abordagem etnográfica. Prefácio do livro *Dito e Feito – ensaio de antropologia dos rituais*. Rio de Janeiro: Relume Dumará, 2001.

O texto nos auxilia a focar no aspecto etnográfico dos rituais, dizendo que é preciso buscar seu significado com seus praticantes, em lugar de estabelecê-lo a partir de análises classificatórias. Chama a atenção para a ação social dos rituais e amplia a visão socioantropológica, a partir de articulações com o pensamento de filósofos e linguistas.

Reflexões

_____
_____
_____
_____

2 - Compartilhar os objetivos de cada etapa do processo

Uma moldura estruturante para o trabalho: benefício para os mediandos e para o(s) mediador(es); *Transparent Mediation*; **atuação pedagógica em Mediação**

Sistemas participativos pautados na horizontalidade (ausência de hierarquia) em termos de tomada de decisão administram invariavelmente a heterogeneidade de seus integrantes e os desbalances a ela consequentes. Nem todos possuem o mesmo patamar de conhecimento sobre os temas tratados, ou habilidades interativas, condições emocionais, sociais, culturais e econômicas, dentre outras distinções.

A Mediação é um contexto de tomada de decisão entre sujeitos que, além de dessemelhantes em uma multiplicidade de aspectos, estão em contraposição a respeito de alguma questão singular, ou plural. Ou seja:

o cenário é aparentemente muito desfavorável para os propósitos da Mediação – construção de consenso, restauro da relação social e do diálogo.

Uma forma de alinhar essa diversidade é reunir os integrantes do processo de diálogo em torno dos mesmos objetivos. Por isso é fundamental a busca, nas narrativas trazidas, por interesses ou valores comuns e complementares, com vistas a estampá-los para as pessoas em desentendimento, atraindo sua atenção para a existência de propósitos iguais ou semelhantes e para a necessidade de adoção de uma postura colaborativa para que a negociação seja bem-sucedida.

Seguindo a mesma linha de raciocínio – ação sinérgica para o atendimento de interesses, necessidades e valores –, mediadores podem compartilhar com os mediandos os propósitos de cada segmento do processo de Mediação, assim como de cada reunião, sempre que estes possam ser previstos. Essa moldura organizadora – saber o porquê de estarem reunidos naquele momento e conhecerem que temas serão tratados e com qual objetivo – é uma intervenção estruturante que ajuda a criar um cenário compartilhado em termos de objetivos para a conversa, estimulando a manifestação de uma postura produtiva por parte dos mediandos e beneficiando a condução do processo pelo mediador.

Quando as pessoas estão desorganizadas internamente, ou distanciadas de seu ponto de equilíbrio – emocional ou racional –, ter delineados os propósitos de uma conversa ajuda a convergir ideias que guardem coerência com tais objetivos e a oferecer uma postura e uma participação condizentes. O distanciamento do equilíbrio fragmenta o discurso, favorece uma postura combativa e voltada à contra-argumentação, deslocando a atenção dos mediandos para o saldo negativo daquela interação e para o ataque ao outro opositor. Defender-se por meio da acusação toma a cena nesses momentos.

Para o mediador, especialmente em situações de maior tensão – que por si só contribuem para desorganizar ideias e posturas –, a prática de compartilhar com os mediandos os propósitos de uma reunião, de uma etapa do processo, ou até mesmo do segmento de uma conversa auxilia na condução diligente do diálogo – princípio ético de sua função –, na contenção da tensão existente e da exaltação de ânimos, e, especialmente, no propósito de evitar fragmentação das informações geradas, dentre outros benefícios.

Um ganho adicional dessa natureza de intervenção é a possibilidade de os mediadores poderem recorrer ao (re)enquadre: recurso técnico que lembra os mediandos sobre procedimentos ou posturas acordados ao início do processo de diálogo – não interrupção, boa-fé, linguagem positiva, postura colaborativa e consoante com os propósitos da Mediação, dentre outras –, com vistas a retomar um cenário que favoreça um diálogo produtivo.

Quando os propósitos compartilhados são efetivamente cuidados, passa-se a ter uma equipe composta por mediador(es) e mediandos atuando com foco nos mesmos objetivos. Essa natureza de impacto, advinda do (re)enquadre, auxilia os mediandos a resgatarem o protagonismo – distanciam-se de um cenário em que são sujeitos passivos que precisam ser estimulados pelo mediador e passam a integrar um cenário em que são sujeitos ativos na manutenção dos objetivos do diálogo. Quando a similitude de intenções é obtida, a ação cooperativa se concretiza e a Mediação ganha em efetividade e eficácia.

Quando a coesão de propósitos não é alcançada, a árdua tarefa de focar, quer na pauta objetiva, quer na subjetiva, e de cuidar do maior interesse dos mediandos, que é a comunicação produtiva, fica sendo exclusivamente do mediador.

Existe um grupo de mediadores que atua fortemente regido pelo conceito de *Transparent Mediation*.[42] Trabalhar com transparência em Mediação significa não somente compartilhar com os mediandos as metas de cada segmento do processo como também suas técnicas e respectivos objetivos.

Michael Moffitt, um supervisor de Mediação do programa da Harvard Law School,[43] chama a atenção para a possibilidade de se ampliar a eficácia do processo de diálogo, compartilhando objetivamente as intenções de determinadas etapas – *process-transparency* – e as expectativas do mediador em face de algumas intervenções – *impact-transparency*. Para Moffitt, nem todas as intervenções devem ser tratadas pelo viés da transparência, mas algumas podem ganhar eficácia se os mediandos conhecerem o para quê estão sendo empregadas.

Algumas técnicas e seus objetivos podem ser compartilhados, de forma sintética, no discurso/declaração de abertura ou antes do seu emprego – "Eu vou resumir o que for reportado por vocês para checar se houve correto entendimento...", "Vou ficar atento(a) aos interesses e valores que identificar durante as falas...", "Vou tratar a agenda dessa/daquela maneira...".

Mesmo durante o processo de diálogo, o mediador pode explicitar técnicas utilizadas, sempre que perceber que uma atuação pedagógica pode

---
42 Ver MOFFITT, Michael L. Transparent Mediation, um artigo publicado em *Alternatives*, 16(6): 81-91, jun. 1998. Trata-se de uma publicação do Institute for Dispute Resolution. Disponível em: <www.crpadr.org>.
43 Ver em MOFFITT, Michael. Casting Light on the Black Box of Mediation: Should Mediators Make their Conduct More Transparent? Um artigo publicado no *Ohio State Journal on Dispute Resolution*, 13(1): 1-49, 1997.

ajudar os mediandos: "Não sei se repararam que eu procuro testar o meu entendimento e validar o que dizem repetindo suas falas em poucas palavras e identificando uma intenção positiva no que trazem... gostariam de tentar entre vocês? Penso que pode ser útil nesse momento, ou até mesmo fora do processo de Mediação...".

Vai depender do estilo de cada mediador a forma que utilizará para expor os motivos de suas intervenções e os objetivos de cada momento do trabalho. O relevante é pensar no benefício que essa abordagem possa trazer para cada caso e para cada pessoa em particular.

O pensamento que norteia a prática com transparência tem não somente intenção estruturante como pedagógica. Atuar também pedagogicamente[44] no curso de um processo de Mediação com múltiplas partes é etapa intrínseca que pode ser transposta para diálogos menos complexos, com semelhante finalidade.

Afinal, a capacitação de mediadores cuida de convidá-los a refletir sobre a responsabilidade inerente a essa função, destacando, inclusive, o impacto que suas intervenções podem provocar na vida das pessoas atendidas. A utilização responsável dos recursos que compõem a caixa de ferramentas em Mediação visa a produzir consenso, mas também o restauro da relação social e do diálogo, caracterizando-se recurso valioso para uma prática de longo alcance social.

Por que não ampliar ainda mais esse espectro social e contribuir também para instrumentalizar mediandos, com algumas dessas ferramentas, para diálogos futuros?

Acredita-se que a Mediação é uma oportunidade ímpar para ampliar as habilidades dos mediandos para o diálogo. Muitas publicações destacam o aprendizado que o processo de negociação assistida provoca nos mediandos, afirmando que estes aprendem com a passagem pela Mediação a usar a comunicação produtiva como recurso primeiro em situações futuras. Por que não aprender a usar também o seu instrumental técnico?

Além do mais, acredita-se que o fato de os mediandos conhecerem o objetivo da ferramenta que está sendo utilizada amplia sua efetividade porque: (i) os auxilia a focarem naquele objetivo específico, trabalhando juntos de

---

44 Ver em MENDONÇA, Rafael. *(Trans)modernidade e Mediação de Conflitos*. *Joinville*: Letra D' água, 2008. Neste livro, na p.116, Rafael Mendonça nos fala de uma função eco-psico-pedagógica da Mediação de Conflitos – leva o ser humano a aprender a ser parte da humanidade, a aprender a lidar diretamente consigo e com o outro.

forma a alcançá-lo; (ii) estimula a curiosidade para a sua prática, no momento da Mediação e também fora dela.

Essa natureza de aprendizagem foi chamada por Donald Schön de reflexão-na-ação – quando os processos teórico e prático se fundem no exercício de uma tarefa que é pensada e corrigida enquanto se dá. Nessas situações, o potencial de aprendizagem aumenta enormemente.

O ensino/aprendizagem é um ato social que multiplica conhecimento, integrando-o à memória. Os conteúdos da aprendizagem podem dizer respeito a: (i) fatos, (ii) conceitos, (iii) procedimentos e (iv) atitudes. A utilização da ferramenta aqui tratada – compartilhar os objetivos de cada etapa do processo e também de suas técnicas – abraça esses quatro conteúdos da aprendizagem e amplia, em muito, o alcance social da Mediação.

Cada vez mais o mundo extrai de um mesmo produto ou serviço suas múltiplas utilidades – vide a prática da reciclagem, com vistas a utilizar todo o potencial de um produto e a expandir o seu impacto positivo.

Referências bibliográficas

MOFFITT, Michael. Casting Light on the Black Box of Mediation: Should Mediators Make their Conduct more Transparent? *Ohio State Journal on Dispute Resolution*, 13(1): 1-49, 1997.

Nesse artigo, Moffitt estimula os mediadores a não tratarem o seu conhecimento funcional – procedimentos, atitudes e técnicas – como uma caixa preta ou um artefato mágico que produz transformações quase inexplicáveis. O autor propõe, e junto com ele um grupo de outros praticantes do instituto, que mediadores possam explicar para os mediandos o porquê das etapas do processo de diálogo e de algumas intervenções, com vistas a potencializá-las e a provocar o seu aprendizado.

SCHÖN, Donald A. *Educando o profissional reflexivo – um novo design para o ensino e a aprendizagem.* Porto Alegre: Artmed, 2000.

Schön se distancia do modelo cartesiano de ensino – teoria dissociada da prática – e propõe um aprendizado que coloque ambos os elementos em interação, permeados pelo processo reflexivo: conhecimento em ação. Para Schön, as habilidades geradas por essa natureza de aprendizagem também devem ser objeto de reflexões contínuas.

Reflexões

_____

_____

_____

_____

3 – Conferir o tempo necessário a cada etapa do processo de diálogo

O porquê de um processo de diálogo com etapas; o quadrante de Harvard como base inicial do método; o manejo particular do tempo – o tempo adequado ao processo de Mediação e aos mediandos; consciência social

Quando nos referimos à Mediação como um processo de diálogo assistido, estamos criando um sinônimo descritivo que articula as ideias de processo, diálogo e assistência. Por que a Mediação foi recriada como um processo de diálogo estruturado em etapas e assistido por um terceiro?

Os processos são caracterizados por ações continuadas e sequenciais, regidas por objetivos determinados e destinadas a construir resultados, previsíveis ou não. É expressão que traduz um dinamismo consubstanciado por um passo a passo, utilizada por distintas disciplinas e campos de atuação e inclui as propostas de evolução e transformação, de meta e tempo.

O diálogo, um dos pilares do processo de Mediação, pressupõe, em um primeiro momento, expressão e escuta. No entanto, cada um desses elementos precisa ter uma qualidade determinada para que a interação se caracterize como diálogo. A expressão precisa ser clara e cuidadosa, de forma a oferecer dados e a favorecer a escuta. A escuta precisa ser empática e inclusiva, de forma a considerar o ponto de vista do outro como possibilidade e a articular os dados oferecidos, transformando-os em informação.

O diálogo pressupõe ainda, como bem alertou William Isaacs, integrante do Dialogue Project do MIT,[45] curiosidade, mesmo quando seus temas são conhecidos. Para Isaacs, finalizar uma conversa sem ter sido modificado pela interlocução significa que não se esteve em diálogo. Assim que, para nos

_____
45 Ver em ISAACS, William. *Dialogue and the Art of Thinking Together.* New York: Currency, 1999. Texto comentado em Diálogos, na introdução deste segundo capítulo.

considerarmos participantes de um diálogo, não podemos entrar e sair da conversa que o caracteriza com as ideias intactas.

A Mediação é então um processo de diálogo assistido porque pressupõe a participação de um terceiro imparcial com conhecimento específico para atuar em sua coordenação. Necessita de coordenação porque é utilizada, primordialmente, quando a negociação direta não se mostrou produtiva. É um processo estruturado porque está destinado a finalidades específicas. A assistência do terceiro tem a fundamental finalidade de cuidar de sua efetividade.

Voltada à negociação de distintos pontos de vista e à comunicação entre pessoas, essa natureza de diálogo tem como metas a construção de consenso e a tomada de decisões, ambos os temas abordados em outros segmentos desta obra (o primeiro em ferramentas de negociação e o segundo em ferramentas procedimentais).

Como processo comunicacional, a Mediação recebeu contribuições de diferentes teóricos de distintas disciplinas e incorporou um conjunto de intervenções inspiradas nessas fontes. A preservação do diálogo e da relação social subjacente são objetivos habilmente trabalhados por intervenções advindas de teorias da comunicação, das narrativas e da negociação.

Como processo negocial, a Mediação se construiu a partir do quadrante de princípios do Projeto de Negociação da Harvard Law School, eternizado na obra *Como chegar ao sim*.[46]

A introdução do livro revela em sua frase inicial: "Queira ou não, você é um negociador". O texto segue demonstrando que todos nós negociamos muitos temas ao longo do dia, a partir da escolha do que vestir e aonde ir, e nos prepara para entrarmos em contato com uma mudança paradigmática que revolucionou o ato diuturno de negociar – nos transfere do cenário até então vigente da negociação baseada em barganha para o da negociação baseada em princípios/interesses.

O método de negociação baseada em princípios pauta-se na construção de soluções e na tomada de decisões assentadas no mérito das questões e não no regateio. Ao contrário do regateio, é rigoroso quanto ao mérito e brando com as pessoas, pressupondo que a negociação baseada em princípios é uma estratégia útil para as questões interativas do cotidiano. Nessas negociações, o mérito é também conferido pelos interesses, necessidades e valores que cada um aporta ao processo.

---

[46] Ver em FISHER, Roger; URY, William; PATTON, Bruce. *Como chegar ao sim, a negociação de acordos sem concessões*. Rio de Janeiro: Imago, 1994.

O passo a passo proposto pelo método compõe um quadrante, que observado no sentido horário, nos conduz a uma sequência – (i) separe as pessoas do problema, (ii) concentre-se nos interesses e não nas posições, (iii) invente opções de benefício mútuo e (iv) insista em critérios objetivos – que serve de cenário para qualquer conversa de natureza negocial que vise ao entendimento: com filhos, funcionários, parceiros de trabalho ou mediandos.

Observar e conferir o tempo adequado a cada uma das etapas da Mediação amplia em muito a eficácia do diálogo. Se bem observarmos a figura ilustrativa que integra este texto, os dois primeiros norteadores propostos (ou o lado esquerdo do quadrante) dizem respeito ao binômio expressão/escuta e sua natureza, assim como à qualidade que lhe devemos conferir; e os dois últimos norteadores (ou o lado direito do quadrante) dizem respeito a uma ação colaborativa entre os dialogantes, em direção a uma tomada de decisão que tem como base a escuta inclusiva, gerada pelos dois primeiros norteadores, e as soluções de benefício mútuo, de caráter justo, propostas pelos dois últimos norteadores. Brilhante ideia! Magníficos efeitos!

O Quadrante de Negociações da Escola de Harvard e a Inserção do Processo de Mediação

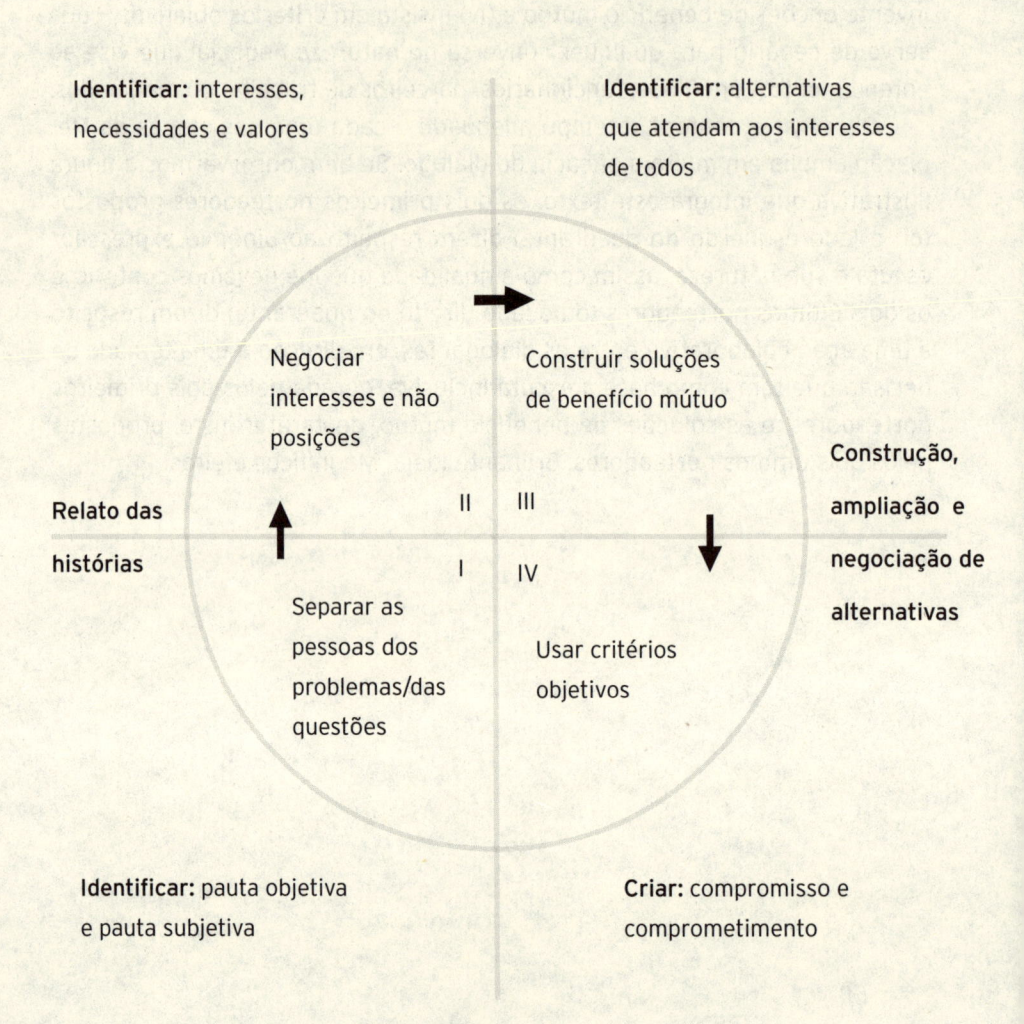

Identificar: interesses, necessidades e valores

Identificar: alternativas que atendam aos interesses de todos

Relato das histórias

II — Negociar interesses e não posições

III — Construir soluções de benefício mútuo

I — Separar as pessoas dos problemas/das questões

IV — Usar critérios objetivos

Construção, ampliação e negociação de alternativas

Identificar: pauta objetiva e pauta subjetiva

Criar: compromisso e comprometimento

Pré-mediação / Discurso de abertura

A passagem apressada pelas distintas etapas do quadrante – de uma escuta inicial para a tomada de decisões e a elaboração de acordos – pode significar a perda da possibilidade e da oportunidade de construirmos, progressivamente, um cenário de mútuo entendimento do ponto de vista de todos (transformação almejada), base das soluções de benefício mútuo (meta do instituto).

Para identificar a necessidade de conferir o tempo necessário e adequado às etapas da Mediação, podemos também recorrer à Neuropsicologia, que com o auxílio da Neurociência, nos permite articular o comportamento humano com funções cerebrais, em busca de entender os processos mentais. As perguntas que justificam essa reflexão são: Qual o tempo ideal de transcurso da Mediação? Conferimos à Mediação o tempo determinado pelos contextos onde elas ocorrem ou o tempo das pessoas que dela participam? E se o tempo dos contextos for entendido como demasiadamente curto e o das pessoas excessivamente longo? O tempo que o mediador considera adequado, conta?

A expressão comportamental dos processos mentais não advém de uma linha direta entre cérebro e comportamento, uma vez que inclui a interação entre o sujeito e seu entorno – particularidades do contexto e singularidades de outros sujeitos da interação –, numa equação de interferência mútua, temperada ainda pela subjetividade oriunda da construção social dos dialogantes, traduzida pelos sentimentos e pelas emoções, dentre outras contribuições.

O sujeito cartesiano – penso logo existo –, com corpo e mente desarticulados e funcionamento pautado no modelo mecanicista proposto por Descartes, administraria a imposição do tempo externo sem dificuldade, norteado pela razão.[47]

Na medida em que a subjetividade interfere na razão e que os sistemas cerebrais necessários a ambas – subjetividade e razão – encontram-se enredados e interligados com os que regulam o corpo, num todo sistêmico e indivisível, nenhum dado oferecido ao ser humano deixa de participar dessa rede interativa nem de sofrer suas influências.

Ao lado de toda essa complexidade está a convicção de que somos sujeitos únicos na administração do tempo. Além da Cronobiologia – que marca sua presença nos impondo ciclos neuroquímicos que se traduzem em vigília,

---

47 DAMÁSIO, António. *O erro de Descartes, emoção, razão e cérebro humano*. São Paulo: Companhia das Letras, 2009. Em linguagem clara e de agradável leitura, esta obra de Damásio demarca a ideia de que sentimentos e emoções são uma percepção direta de nossos estados corporais e constituem um elo essencial entre o corpo e a consciência. Teria sido esse o grande erro de Descartes, ao cindir corpo e mente e atribuir à razão o status de expressão de nossa existência.

sono, fome, sede, maior ou menor capacidade de concentração, menstruação, andropausa dentre outros –, há o tempo de cada um (*kayros*), articulando-se com o tempo do relógio (*kronos*).

O tempo individual (*kayros*) interage com a complexidade do emaranhado de interconexões descritas anteriormente, resultando como produto final alguma natureza de comportamento e de manejo do tempo – acelerado, lento, compassado, adjetivos empregados segundo o referencial de quem os utiliza.

Neurocientistas e estudiosos do comportamento humano já demonstraram que a inteligência emocional[48] contribui com expressiva participação para a adequação das nossas respostas às situações. Daniel Goleman, em *Inteligência social*, chama a atenção para essa capacidade humana de perceber o outro e as situações (consciência social) e de agir com sincronia e adequação em face das diferentes informações recebidas (facilidade social). Teóricos entusiasmam-se com essa possibilidade e tentam, pelo treinamento, ampliar nossas potencialidades para boas respostas diante de questões várias – é o caso da Programação Neurolinguística (PNL).[49]

Em síntese, os chamados processos mentais ocorrem regidos por múltiplos fatores e em velocidade particular a cada sujeito. Perante essa informação, qual seria o tempo adequado para a ocorrência de um processo de Mediação? Quanto tempo dedicar a cada uma de suas etapas, sabedores que somos da importância de sua ocorrência e sequência na transformação que precisa acontecer em seus participantes para que atinjam suas metas?

Como a própria exposição desse tema nos leva à impossibilidade de responder objetivamente a essas perguntas, cabe à sensibilidade do mediador, convicto de que a diligência é um dos princípios éticos de sua prática, ajudar a ajustar os tempos de cada mediando entre si; estes tempos com o tempo que os contextos de prática consideram razoáveis (ex. práticas institucionais); e todos eles com o tempo necessário para que cada etapa do processo de diálogo mostre sua eficácia.

A medida dessa eficácia está no comportamento externalizado pelos mediandos, dado sujeito à aferição subjetiva do mediador. É certo, no entanto, que a média de tempo proveniente de todas essas articulações deixará algum(ns) dos norteadores de tempo propostos – processo mental dos mediandos, *kayro*, *kronos*, tempo institucional, compromisso ético da diligência

---

[48] O conceito inteligência emocional foi trabalhado por Daniel Goleman em livro do mesmo nome.
[49] Em SELVA, Chantal. La PNL *Aplicada a la Negociación*. Barcelona: Granica, 1997. Nessa obra, Chantal Selva trata desse tema, demonstrando como podemos potencializar a eficácia de negociações, utilizando os recursos da PNL.

– desatendido(s). Uma vez mais, caberá à sensibilidade do mediador lidar habilmente com qualquer desbalance nesse sentido.

Referências bibliográficas

FISHER, Roger; URY, William; PATTON, Bruce. *Como chegar ao sim – a negociação de acordos sem concessões*. Rio de Janeiro: Imago, 1994.

Esta é uma publicação bíblica no campo da negociação, advinda de um grupo de pesquisas no tema – o Projeto de Negociação da Harvard Law School. No segundo capítulo – "O método" –, os autores apresentam os quatro princípios da negociação baseada em interesses, alma dos processos negociais ganha-ganha (*win win*), que compõem o quadrante de negociação de Harvard referido no texto.

GOLEMAN, Daniel. *Inteligência social – o poder das relações humanas*. Rio de Janeiro: Elsevier, 2006.

Goleman nos fala sobre como habilidades emocionais e habilidades sociais interagem e se confundem nas suas expressões, uma vez que interações sociais impulsionam nossas emoções. Como parte da inteligência social, o autor discrimina a consciência social – sentir instantaneamente o estado interno do outro e compreender seus sentimentos e pensamentos, compreender situações sociais complicadas, habilidades essenciais em um processo negocial.

Reflexões

_____
_____
_____
_____

4 – Observar os limites da ética e do Direito

Diferentes norteadores éticos e a aferição subjetiva do mediador sobre sua observância; Direito e acesso à justiça; quando considerar justo o consenso construído pelos mediandos?

A ética foi tratada como um dos pilares da prática da Mediação na introdução do segundo capítulo, em função de seu caráter relacional. No processo de Mediação, a ética e o Direito são limites que margeiam os consensos construídos pelos mediandos.

A ética é uma margem que deverá ser cuidada, primordialmente, pela subjetividade do mediador, que estará encarregado de identificar sua quebra ou não. Os limites oferecidos pela ética serão então demarcados pelo mediador na dependência do(s) norteador(es) éticos que eleger, de sua percepção e de sua análise subjetiva. Uma vez mais, teremos na sensibilidade do mediador o parâmetro maior de aferição.

Voltando à ideia da dimensão reflexiva (ou filosófica) da ética (metaética), mencionada na introdução a este capítulo, mediadores necessitam ter claros os fundamentos éticos e valores que sustentam a prática da Mediação, de forma a promoverem uma análise crítica da atuação de seus participantes – os mediandos, eles próprios mediadores e, eventualmente, os advogados dos mediandos. Em síntese, devem dedicar atenção aos fundamentos éticos e aos valores que norteiam tanto a participação dos mediandos e de seus advogados, quanto a sua própria.

Com relação aos mediandos e a seus advogados, há perguntas de natureza ética e há perguntas relativas aos propósitos da Mediação que precisam ser respondidas pelo mediador.

Perguntas de natureza ética:

- identificamos nos mediandos (e nos advogados) conduta pautada na boa-fé?
- estão os mediandos exercendo a autonomia da vontade?
- há, por parte de mediandos e advogados, a observância do sigilo nos moldes acordados?

- o conteúdo trazido à Mediação está sendo preservado, por mediandos e advogados, com relação a processos adversariais porventura existentes?

Perguntas relativas aos propósitos da Mediação:

- estão os mediandos (e seus advogados) envidando esforços para autocompor?
- mediandos (e advogados) estão buscando soluções de benefício mútuo – o que implica considerar o ponto de vista e as necessidades do outro como legítimos?
- uma postura colaborativa está sendo instaurada no diálogo e na convivência?

Eventuais respostas negativas em relação às questões de natureza ética anteriormente elencadas devem provocar a interrupção do processo de Mediação. Caberá, no entanto, à subjetividade de cada mediador significar as condutas dos mediandos (e eventualmente dos advogados) como transgressoras ou não da ética proposta pela Mediação.

Mediadores podem tomar conhecimento de posturas não éticas entre os mediandos em outros momentos de sua convivência, mas constatar observância ética entre eles, e com relação ao(s) tema(s) que está(ão) sendo mediado(s), no curso da Mediação. A recíproca é verdadeira: pessoas que se comportaram com lisura entre si até então se valem de uma reunião de Mediação para informar o oficial de justiça que o outro estará presente tal dia, tal hora e em tal lugar onde as reuniões estão previstas.

É delicado o papel do mediador como guardião da ética no processo de Mediação, em função de o sigilo ser também premissa ética de sua atuação. Ou seja, violações à ética da Mediação não devem ser denunciadas por mediadores. Mais delicado ainda se torna o tema, quando tem por norteador de conduta e de julgamento a subjetividade do mediador. Estaria correta a sua avaliação?

Consideramos que o trabalho em dupla, a supervisão e as discussões em equipe são extremamente úteis para ajudar na definição de interrupção, ou não, de uma Mediação por transgressão à ética. Consideramos ainda que, em função do necessário respeito ao sigilo, somente o transgressor, se for o caso, deva saber do motivo ético que determinou a interrupção. Não cabe ao(s) mediador(es) informar ao(s) outro(s) mediando(s) sobre a conduta antiética de seu/sua parceiro(a) de negociação.

Nessas situações, mediadores podem suspender o processo de Mediação baseando-se na premissa ética que possibilita a interrupção de seu curso sempre que o mediador considerar que o instituto não está sendo útil, ou tenha esgotado suas possibilidades.[50] Nessas ocasiões, é a análise subjetiva do mediador, ao assim afirmar, que ficará responsável pelo não prosseguimento.

Desse modo, as ações pautadas na ética aristotélica das virtudes tratadas na introdução a este capítulo – bem deliberar acerca do que é bom e conveniente para si e para o outro, a partir de uma análise crítica interna permanente –, norteiam a interação com o outro na Mediação (e fora dela). A boa-fé, resultante natural desse exercício, deve estar encarnada nos mediandos, e em seus advogados, durante esse processo de diálogo (e que bom seria se, inclusive, fora dele).

Também as ações pautadas no imperativo categórico kantiano, visto na introdução deste capítulo – age somente de acordo com aquela máxima pela qual possas ao mesmo tempo querer que ela se torne uma lei universal, ou seja, nada fazer ou propor que difira do que se aceitaria também para si – são consideradas eticamente consoantes com o processo de Mediação.

E quanto aos norteadores éticos propostos por Max Weber na introdução deste capítulo – ética da convicção (dogmática) e ética da responsabilidade (prática e voltada à adequação): como manejá-los?

A Mediação pede aos mediandos que avaliem seus atos e decisões pautados na ética da responsabilidade, ou seja, solicita que examinem as consequências de seus atos para todos os direta e indiretamente envolvidos, assim como os meios que utilizam para obter o que desejam e suas finalidades.

Eventualmente, mediadores encontram-se diante do dilema da escolha entre os norteadores da ética da convicção e os da ética da responsabilidade, pontuados por Max Weber. Existem convicções dentre as premissas da Mediação – imparcialidade, autoria dos mediandos – que precisam ser revistas quando a análise das consequências concernentes à sua observância dogmática (ética da convicção) demonstra comprometimento da função de mediar com adequação (ética da responsabilidade). Isto é, algum eventual distanciamento da imparcialidade e certas sugestões que relativizem o princípio da autoria dos mediandos podem ser atitudes equilibradoras do

---

50 *O Código de Ética* do CONIMA no segmento que trata do mediador perante o processo discorre sobre os deveres de sua interrupção frente a qualquer impedimento ético ou legal, ou ainda, quando o mediador concluir que sua continuação possa prejudicar qualquer dos mediandos. O Regulamento Modelo agrega, no capítulo X, dedicado ao encerramento, que este poderá advir sempre que o mediador identificar que não justifica aplicar mais esforços para buscar a composição.

processo de diálogo. Caberá a cada mediador avaliar as consequências de sua condução para os mediandos.

Também o mediador está sujeito a princípios éticos e deve declinar da Mediação se não conseguir cumpri-los. A não observância dos princípios da competência, da imparcialidade, da diligência, da independência e da confidencialidade deve provocar a descontinuidade da Mediação ou a substituição do(s) mediador(es).

E a margem estabelecida pelo Direito? Como será administrada na Mediação? A legislação vigente em uma determinada cultura não precisa, necessariamente, determinar as escolhas dos mediandos. A legislação é margem de segurança e só não pode ter sua aplicabilidade afastada pela vontade dos mediandos nos casos de normas imperativas, como o direito à liberdade e à integridade física. Da margem legal cuidarão os advogados/defensores públicos que assessoram os mediandos, seja ao longo do processo, seja por ocasião da revisão legal do acordo.

Quando Mauro Cappelletti e Bryant Garth estudaram os esforços que as sociedades vêm fazendo para garantir o acesso à justiça aos seus cidadãos – conceito em que articulam a possibilidade de os cidadãos reivindicarem seus direitos ou resolverem seus litígios com as ideias de acessibilidade universal à justiça e de resultados individual e socialmente justos –, nos presentearam com a metáfora das três ondas renovatórias.

A primeira onda identificava a assistência judiciária voltada aos hipossuficientes de recursos econômicos; a segunda apontava para a representação dos interesses coletivos e difusos (tutela dos direitos supraindividuais); e a terceira enfatizava a reforma interna do processo judicial em busca de maior efetividade. O surgimento dos meios alternativos de resolução de controvérsias – hoje tratados como meios adequados de resolução de controvérsias – está intimamente atrelado à terceira onda.

Kim Economides[51] complementa a metáfora de Cappelletti e Garth com uma quarta onda renovatória – voltada para a educação e a formação humanista do profissional do Direito, tanto no que diz respeito ao acesso quanto à qualidade dessa capacitação.

A boa formação no campo do Direito pressupõe hoje, inclusive, um conhecimento apropriado dos meios alternativos/adequados de resolução de

---

51 ECONOMIDES, Kim. Lendo as ondas do Movimento de Acesso à Justiça, epistemologia versus metodologia? Versão revista de trabalho apresentado no Seminário Internacional Justiça e Cidadania, realizado nos dias 10 e 11 de setembro de 1997, no Rio de Janeiro. Tradução de Paulo Martins Grachet. Dulce Chaves Pandolfi et al. (Orgs.). *Cidadania, Justiça e Violência*. Rio de Janeiro: FGV Editora.

controvérsias. Regidos pelo princípio da adequação, é responsabilidade dos advogados/defensores públicos, como consultores do cidadão comum sobre como conduzirem uma situação de conflito, ajudá-lo a identificar o método de resolução que melhor atenda a situação e as necessidades do cliente.

O conhecimento dos distintos meios de solução de conflitos que uma cultura oferece deve estar acompanhado da correta análise de sua aplicabilidade. A partir da Resolução nº 125 do Conselho Nacional de Justiça, de 29 de novembro de 2010, instaura-se no Brasil uma política pública relativa ao tratamento adequado dos conflitos no âmbito do Poder Judiciário, conferindo destaque à Mediação e à Conciliação, como mecanismos consensuais de resolução de conflitos.

A proposta de acesso à justiça para todos é, hoje, mais abrangente, ampliando a ideia de acesso ao Judiciário e nela incutindo a proposta de acesso à "ordem jurídica justa", conceito trabalhado com brilhantismo pelo professor Kazuo Watanabe[52]. Para o desembargador Kazuo, o acesso à justiça deve também ser analisado sob a ótica dos usuários e oferecer meios adequados, tempestivos e efetivos de solução de controvérsias.

A Mediação cumpre essas três premissas da "ordem jurídica justa": (i) deve ser eleita sempre que adequada ao caso e tratar com adequação as questões trazidas, auxiliando mediandos a nortearem suas soluções pelos interesses/necessidades de todos os envolvidos; (ii) se dá no tempo dos mediandos – respeitando o ritmo necessário para autocompor – e não no tempo institucional; e (iii) ganha efetividade e sustentabilidade, na medida em que as soluções eleitas são de autoria das pessoas envolvidas – melhores conhecedores de suas necessidades.

Assim, a quarta onda renovatória confere aos advogados/defensores públicos a responsabilidade de ajudar seus clientes na eleição de meio adequado, tempestivo e efetivo para a solução de seus conflitos. Método eleito, é preciso assessorá-los na sua administração.

Advogados/defensores públicos precisam coadunar sua postura e atuação com o método de resolução de controvérsias eleito. Necessitam rever sua função de representantes do interesse exclusivo do cliente para assessores de um cliente-mediando que necessita propor soluções voltadas para o benefício mútuo. A letra fria da lei como dogma (ética da convicção) não necessariamente atende às necessidades e possibilidades trazidas à mesa pelos mediandos

---

[52] Ver em FERRAZ, Léslie Shérida. *Acesso à Justiça, uma análise dos juizados especiais cíveis no Brasil*. Rio de Janeiro: FGV Editora, 2010.

(ética da responsabilidade). Os ganhos relacionais podem ser mais valiosos do que os relativos à substância.

Quando podem ser considerados justos os consensos construídos pelos mediandos? Seu conteúdo atende aos seus interesses, às suas necessidades, possibilidades e valores? Há exequibilidade, efetividade e eficácia nas soluções eleitas? Elas são sustentáveis? O tempo de resolução foi considerado adequado? O método foi apropriado? As margens ética e legal foram observadas? Terceiros indiretamente envolvidos foram contemplados? Quem deve responder a cada uma dessas questões para que as respostas possam ser consideradas pertinentes e os consensos construídos possam ser tidos como justos?

Referências bibliográficas

CAPPELLETTI, Mauro; GARTH, Bryant. *Acesso à Justiça*. Trad. de Ellen Gracie Northfleet. Porto Alegre: Sergio Antonio Fabris Editor, 2002.
Um clássico no tema, o livro de Cappelletti e Garth discorre sobre o assunto apresentando a evolução do conceito que lhe dá título; os obstáculos e as soluções práticas para administrá-los; as tendências, as limitações e os riscos do enfoque de acesso à justiça e finaliza advertindo-nos sobre o necessário cuidado ao implementarmos reformas nos sistemas judiciários.

MACFARLANE, Julie. *The New Lawyer – How Settlement is Transforming the Practice of Law*. Toronto: UBC Press, 2008.
A obra dessa advogada canadense é resultado de 10 anos de pesquisa e nos agracia com a ideia de que está em curso um processo de transformação, estimulado de baixo para cima, que impinge mudanças tanto na formação acadêmica dos profissionais do Direito como na sua prática profissional, a partir da adoção crescente (e do privilégio para alguns temas e em alguns contextos) da construção de consenso e de acordos, na resolução de controvérsias. Chama a atenção para a responsabilidade desses profissionais quanto ao necessário conhecimento e a adequada indicação do método pertinente para a resolução de uma controvérsia.

Reflexões

_____
_____
_____

5 – Criar sinais particulares nas anotações

As anotações do mediador – por que e o que anotar; intervenções como norteadores primordiais das anotações

O ato simples de tomar nota e fazer registros escritos é de importância fundamental no trabalho dos mediadores. Como a Mediação baseia-se na oralidade, e somente redige o acordo dela resultante – Termo de Mediação[53] –, as anotações do mediador são o único registro escrito advindo do processo de diálogo, que compila dados úteis para a eleição de intervenções e a redação do termo.

Mediadores, de maneira geral, fazem pouquíssimas anotações porque têm uma escuta treinada para identificar, nas narrativas emocionadas dos mediandos, os temas que contribuirão para futuras intervenções e aqueles que se constituem em informação importante para a autocomposição. Além da escuta e da anotação seletivas, mediadores precisam manter o contato visual com os mediandos, elemento indispensável de acolhimento e demonstração de atenção, o que restringe ainda mais o ato de escrever.

Com frequência, e por diferentes motivos, as falas dos mediandos estão pautadas em acusações ou defesas,[54] são emocionais e longas, e retomam o mesmo tema repetidas vezes. Como a possibilidade de estar dialogando frente a frente em situações de discordância é remota, os mediandos usam essa oportunidade oferecida pela Mediação para dizer o que o outro precisa/deve ouvir.

---

[53] Vale ressaltar também o Acordo de Participação, documento escrito opcional que sela o início da Mediação, redigido pelo mediador, que trata de seus princípios e dos procedimentos acordados previamente. Tema abordado no início deste segmento em ferramentas procedimentais.
[54] Ver em FISHER, Roger; SHAPIRO, Daniel. *Beyond Reason, Using Emotion as You Negotiate*. New York: Penguin Books, 2005.

O fato de a escuta dos mediandos ficar comprometida por sua emoção impõe ao mediador uma oitiva extremamente apurada e seletiva, com vistas a compensar essa disfunção temporária dos mediandos e a trazer de volta ao diálogo elementos que não ganharam o status de informação para eles.

Com uma escuta que tudo registra e pouco escreve, mediadores atêm-se a colocar no papel dados que possibilitarão resgatar a fala (verbal e não verbal) dos mediandos e aqueles que servirão como norteadores de intervenção. São esses os guias primordiais das anotações do mediador.

Vale ressaltar, no entanto, que a anotação não retrata fielmente o momento que a originou. Para ganharem significado, as palavras precisam ser contextualizadas e acompanhadas de linguagem não verbal. Junto com o registro escrito é necessária uma memória cênica que o contextualize para que possa ser utilizado adequadamente pelo mediador em momento futuro. Assim, é importante que mediadores desenvolvam uma especial habilidade para o registro escrito e cênico das informações trazidas às entrevistas.

O contexto da disputa, as questões relevantes do ponto de vista de cada um e o momento emocional dos mediandos; a rede de pessoas participantes do conflito e as soluções já tentadas; a convergência, a divergência e a complementaridade de interesses; os valores comuns e os dissonantes; os sentimentos e as preocupações explícitos e aqueles traduzidos em acusações; os episódios funcionais e os disfuncionais de negociações anteriores à desavença são, também, temas-guia para anotações e futuras intervenções.

Intervenções como perguntas, resumos, convites à reflexão, parafraseios, redefinições, inclusão, ou não, da rede de pertinência no trabalho, ampliação de alternativas, identificação de soluções de benefício mútuo, dentre outras, podem estar calçadas pelas anotações do mediador.

São relevantes os fatores que convidam mediadores a não ocuparem tempo e atenção em demasia com suas anotações. Mediandos necessitam do olhar atento dos mediadores para dirigirem suas falas e se sentirem acolhidos. Mediadores precisam de seu olhar atento voltado aos mediandos para registrar a comunicação verbal e não verbal de suas narrativas.

É praxe dedicar o lado da folha que corresponde à posição física de alguém à mesa para fazer os registros de sua fala. Isso facilita enormemente a leitura e as intervenções futuras do mediador. Além dos registros por escrito ocuparem o lado do narrador, o ideal é que não ultrapassem uma lauda por reunião, para que possam estar ao alcance da vista e de uma rápida leitura por ocasião das intervenções mencionadas.

É interessante criar sinais que facilitem reunir em uma única intervenção temas ditos em distintos momentos da entrevista. Identificar interesses comuns e complementares, agrupar preocupações e valores, destacar negociações exitosas e soluções infrutíferas anteriores e registrar os terceiros direta e indiretamente envolvidos na negociação são dados que podem favorecer a construção de intervenções que façam diferença.

Vale dedicar especial cuidado ao registro das informações trazidas nas entrevistas privadas. Reservá-las em uma janela à parte na folha de papel e aditar sinais para o que pode ser compartilhado (ou para o que não pode) auxilia mediadores em intervenções futuras, até porque entre uma entrevista privada e outra pode haver um lapso de tempo considerável.

Referências bibliográficas

BEER, Jennifer E.; STIEF, Eileen. *The Mediator's Handbook*. Canada: New Society Publishers, 1997.

Esse é um manual prático levado a termo por Friends Conflict Resolution Programs, um trabalho desenvolvido na Philadelphia pela sociedade dos Quakers, um dos primeiros programas de Mediação dos EUA. Permanentemente revisado, é um manual útil para iniciantes, que fala sobre o processo de Mediação do ponto de vista prático e dedica parte de uma seção (solving the problem) a quê tomar nota – taking notes: what to listen for –, a partir da escuta do mediador, e às perguntas geradoras de informação, afeitas a cada etapa.

MADONIK, Barbara. *I Hear What You Say, but What Are You Telling me? The Strategic use of Nonverbal Communication in Mediation*. San Francisco: Jossey Bass, 2001.

Este livro está voltado a oferecer ao mediador um aprimoramento da leitura não verbal dos relatos em Mediação, com vistas a ampliar a eficácia de sua participação como terceiro facilitador. Para demonstrar a importância da escuta perceptiva do mediador, Barbara cita uma recomendação de Gregory Bateson, antropólogo dedicado à comunicação – antes de começar a pensar sobre alguma coisa é necessário primeiro pensar sobre como você vai pensar sobre ela.

Reflexões

---

6 – Promover reuniões privadas – caucus

Público e privado; motivação para a realização dos caucus; confidencialidade

Há uma tensão natural entre o espaço público e o espaço privado, que motiva a análise de teóricos na tentativa de discriminá-los em suas características e de denunciar a invasão do privado pelo público ou o excesso de cuidado com o que é privado em detrimento do que é público.

Mesmo com relação ao que ocorre no âmbito privado, o manejo da informação precisa respeitar a individualidade/privacidade das pessoas. Questiona-se a invasão da propaganda, que se impõe aos sentidos oferecendo consumo, mesmo quando nossa imagem de busca é um documentário, um filme ou um telejornal.

A *Weakleaks* chegou provocando inúmeros desconfortos por ter transformado o que era privado em público. A questão que se põe diz menos respeito ao acesso à informação e mais ao direito ou não de tornar público o que ocorreu, sob o acordo de todos os dialogantes (mesmo que atores públicos falando sobre temas coletivos) em âmbito privado.

Em Mediação existe o espaço público das entrevistas conjuntas e também o espaço privado dos caucus.[55]

---

[55] A origem da palavra caucus é controversa. Entretanto, geralmente aceita-se que tenha sido introduzida no jargão político pela Tammany Hall, uma associação de políticos do Partido Democrata de Nova York conhecida pelo uso de termos de origem indígena. Fontes afirmam que o termo deriva do latim medieval *caucus* (tigela de beber), ligando-o ao Caucus Club, que existia em Boston à época colonial. Nos Estados Unidos da América designa-se por caucus o sistema de eleger delegados em alguns estados, na etapa das eleições primárias ou preliminares, na qual cada partido decide quem irá representá-lo para a presidência. Definido pelo Merriam-Webster Dictionary (da Enciclopaedia Britannica Company) como: um encontro fechado de um grupo de pessoas que pertençam a um mesmo partido político ou facção, destinado a selecionar candidatos ou a estabelecer diretrizes políticas; também, um grupo de pessoas voltadas a construir entendimento sobre um tema (tradução livre).

As entrevistas privadas podem ser solicitadas por mediandos ou indicadas por mediadores. Dois cuidados são necessários no seu manejo: (i) oferecê-las a todos os envolvidos no processo de diálogo, de forma equilibrada em ocorrência e em duração; (ii) preservar a confidencialidade com relação ao seu conteúdo, na medida demandada pelos mediandos.

O espaço privado de conversa possibilita aos mediadores uma abordagem mais direta e aos mediandos uma expressão mais desprovida de estratégias de defesa e de ataque ao outro. No espaço privado, mediandos não necessitam se ocupar do que o outro em dissenso está ouvindo ou que julgamentos está fazendo sobre o que está presenciando.

Essas reuniões são especialmente úteis na desconstrução de impasses de qualquer natureza e no acolhimento de diferenças, e constituem espaço ideal para as perguntas mais diretas e para aquelas que exporiam os participantes se fossem feitas em reuniões conjuntas – especialmente as perguntas autoimplicativas, que convidam o entrevistado a identificar sua participação no que há de positivo e no que há de negativo na interação com o outro mediando e no desacordo.

Há respostas e revelações que somente são externadas no espaço de conversa privado – o reconhecimento do erro é exemplo clássico. Os caucus são um fórum seguro de expressão para os mediandos, validado para acolher e legitimar seus medos, preocupações, sentimentos e emoções; para conhecer o melhor e o pior deles, sem julgamento.

É recurso de enorme valia quando as emoções impedem ou exacerbam a expressão na frente do outro mediando. Na entrevista privada, mediandos podem revelar o porquê de seu destempero, e mediadores podem francamente mostrar o desbalance que suas instabilidades provocam na interação com o outro, quando levadas às entrevistas conjuntas.

A confidencialidade é a base da segurança para as entrevistas privadas. Por vezes, as revelações surgidas no *caucus* se mostram muito favorecedoras do processo negocial – porque há reconhecimento de algum erro; porque o outro é valorizado em algum aspecto; porque interesses comuns não puderam ser demonstrados nas entrevistas conjuntas; porque aquilo que alguém pleiteia está dentro das possibilidades de outrem; porque há interesse não revelado em resolver de maneira colaborativa a questão. Nessas circunstâncias, é favorecedor à autocomposição perguntar ao entrevistado sobre a possibilidade de informações dessa natureza serem levadas para a entrevista conjunta.

É indispensável saber com o entrevistado se ele faz alguma restrição a compartilhar o conteúdo da entrevista privada na reunião conjunta. Por vezes, as restrições são parciais e, por vezes, alcançam a totalidade do conversado.

Certas revelações surgidas nas entrevistas privadas podem comprometer a margem ética da Mediação – por exemplo, algo que implique em prejuízo material para o outro – e serem motivadoras da interrupção do processo pelo mediador. Nesse caso, mediadores assumem a responsabilidade pela interrupção da Mediação, alegando, por exemplo, que o instrumento não vem demonstrando eficácia no caso. Não é tarefa do mediador denunciar condutas que não lhe pareçam éticas – esse tema é tratado no segmento que fala da margem ética da Mediação.

Para alguns mediadores, a entrevista privada é uma intervenção a ser usada quando necessário – sempre que puder favorecer a qualidade do diálogo. Para outros, é uma das etapas do processo e tem uso sistemático. Há quem nunca utilize as entrevistas privadas e também há os que trabalham exclusivamente com o *caucus*.

Os mediadores que utilizam as entrevistas privadas como parte do processo consideram-nas como fórum ideal para trabalhar a pauta subjetiva – as questões de comunicação – inerentes ao desentendimento.

Alguns mediadores preferem que a entrevista inicial, após a pré-mediação, se dê no espaço privado. Nesse modelo de trabalho, privilegia-se conhecer, no âmbito reservado, as genuínas narrativas que cada mediando traz para a Mediação, suas motivações e expectativas.

Quando o início da Mediação se dá por entrevistas conjuntas, não há como fugir de falas reativas e contra-argumentativas provocadas pela primeira narrativa trazida ao processo e pela presença desse outro em desavença. É inevitável que as falas subsequentes fiquem colonizadas pelo discurso do outro.

Referências bibliográficas

DOMINICI, Kathy; LITTLEJOHN, Stephen W. ***Mediation – Empowerment in Conflict Management***. Illinois: Waveland Press, 2001.

Esse livro contempla inúmeros princípios teóricos utilizados na Mediação, abordando, inclusive, o tema dos caucus. Enfatiza a questão do empoderamento, trabalha o conflito como oportunidade e confere especial ênfase a uma comunicação efetiva. Oferece exercícios e algumas chamadas destacadas em janelas gráficas, focadas no aprendizado de alunos.

DUMAS, Gilberto. **Tensões contemporâneas entre o público e o privado.** São Paulo: Paz e Terra, 2003.

Essa obra, já esgotada, fala da tensão entre o público e o privado nas sociedades tecnológicas – um modelo imperial de estar no mundo com pouco sentido de obrigação civil. Denuncia como o homem tornou-se um cuidadoso zelador do espaço privado, sem se dar conta que também participa do espaço público e do coletivo. Uma excelente reflexão para todos nós, em especial, para aqueles que coordenam ações que dizem respeito a outros nesses dois espaços.

Reflexões

_____
_____
_____
_____

7 - Mapeamento do conflito

Por que e como mapear; os três pês: pessoa, problema e processo; manejos construtivos e destrutivos do conflito; mapas objetivos e subjetivos.

Mapas são, tradicionalmente, instrumentos que transcrevem, em escala menor, um espaço físico amplo e suas nuances. Atuam como um quadro sinóptico em que constam os elementos mais importantes a uma determinada finalidade.

Mapear um conflito significa trazer para o papel (e/ou para a memória) os elementos-chave que possam auxiliar no seu manejo e no trânsito entre seus integrantes e eventos, e permitam desenhar estratégias que viabilizem algum objetivo especial.

Em Mediação, o mapeamento visa identificar, a cada momento, a configuração do conflito, estratégias e intervenções que contribuam para a construção de consenso entre as pessoas em controvérsia.

Tomamos emprestados da Sociologia e da Antropologia elementos de mapeamento que oferecem um sem-número de informações. O processo mnemônico do três pês – pessoa, problema e processo – é de especial valia nesta tarefa.

Com o p de pessoas, nos dedicamos a conhecer os atores que integram a desavença. Com frequência, eles surgem aos poucos, à medida que as entrevistas ocorrem. De maneira geral, há os que estão diretamente envolvidos na controvérsia (atores primários) e os que são afetados por suas consequências – positivas ou negativas, os indiretamente envolvidos (atores secundários).

Quando o mapeamento se destina a orientar um processo de Mediação, serão preferencialmente convocados à mesa os atores que têm poder decisório. Quando o mapeamento orienta processos de diálogo com múltiplas partes, dedicados a construir consenso de forma participativa, os atores direta e indiretamente envolvidos são bem-vindos ao fórum de conversas. Nessas situações, costuma-se trabalhar com representantes dos diferentes segmentos, de forma a dar voz e vez a todos, reduzindo o número de pessoas à mesa.

Com o p de problema, costuma-se identificar a questão sob o ponto de vista de cada envolvido. Voltamos aqui à ideia de versão, distanciados da proposta de eleger uma verdade ou versão mais aproximada desta. O registro das distintas maneiras de ver o conflito é fundamental e possibilita mapeá-lo a partir de dessemelhantes perspectivas. A diversidade de narrativas ajuda a encontrar interesses e valores comuns, principais elementos de negociação em situações de divergência.

O veículo mais profícuo para conhecer vários pontos de vista é a entrevista privada. Quando o trabalho é com múltiplas partes, necessita-se de uma equipe de terceiros para coletar e compilar os dados obtidos nas entrevistas privadas com cada grupo de atores. Conhecer as diferentes perspectivas sobre uma mesma questão possibilita agrupar as pessoas por convergência de interesses, em determinados momentos da negociação e para algumas intervenções.

Com o p de processo, pode-se ter acesso aos recursos que já foram tentados para resolver a questão. De maneira geral, uma desavença assim se constitui a partir de tentativas de diálogo – colaborativo ou adversarial. Conhecer essa trajetória permite mapear o que foi funcional (e pode ser retomado) e o que não foi (e deve ser evitado).

Narrar a trajetória de resolução de uma controvérsia coloca seus atores perante atitudes e procedimentos passados que arrefeceram ou fomentaram o desentendimento. Essa informação é de grande valia para que os próprios atores se constituam gestores dos próximos passos em direção à autocomposição.

É de vital importância conhecer os meios que já foram tentados para resolver as desavenças, assim como atentar para os recursos que estão sendo utilizados no momento. Morton Deutsch chama a atenção para os resultados destrutivos e construtivos dos conflitos. Deutsch afirma que os conflitos não são destrutivos ou construtivos em si, mas produzem esses resultados a partir dos meios eleitos para administrá-los. Essa conclusão reveste de inestimável responsabilidade aqueles que indicam ou conduzem processos de resolução de controvérsias.[56] São considerados construtivos os meios que favorecem a permanência ou o restauro da relação social, que buscam soluções prospectivas e de benefício mútuo, que se ocupam do atendimento de interesses e necessidades. São considerados destrutivos os meios que esgarçam a relação social, fomentam a escalada do conflito pela competição, distanciam-se dos interesses e necessidades e estabelecem um vencedor e um perdedor.

Se dados objetivos como os oferecidos pelos três pês podem integrar um mapeamento, dados subjetivos também. Foyer Acland[57] oferece-nos o mapa a seguir para que possamos integrar aos dados objetivos do mapeamento, observações sobre a natureza de relação que os envolvidos estão estabelecendo em um dado momento. Pela leitura frontal desse mapa, conhecemos as opiniões objetivas dos participantes de um diálogo com relação a cada tema específico (Temas 1, 2, 3, 4). Por sua leitura lateral, conhecemos a qualidade relacional entre eles (entre A e B, A e C, A e D, A e E, e assim por diante).

---

56 Ver em Deutsch, Morton. *The Resolution of Conflict Constructive and Destructive Processes*. New Heaven CT: Yale University Press, 1993.
57 Foyer Acland, expondo em congresso sobre Mediação ocorrido no Brasil em 1998, ofereceu à plateia essa possibilidade de mapear as interações.

	Nomes / Temas	Tema 1	Tema 2	Tema 3	Tema 4
	A				
AB	B				
AC / BC					
AD / BD	C				
AE / BE / CD					
CE	D				
DE	E				

Ainda como características subjetivas, podemos agregar aos mapeamentos, especialmente àqueles relativos a situações que envolvem múltiplas partes, as alianças – pactos provocados por convergência de ideias; as coalizões – aliança de uns contra outros; e as oposições existentes.

Machteld Pel e Edna Bekenstein[58] são mediadores australianos que propõem um diagnóstico estruturado da situação mediada, com vistas a ampliar a eficácia do mediador em termos de intervenções. Incluem no mapeamento o manejo de poder entre os disputantes e as implicações – custos e benefícios – de estarem ou não em conflito, objetivando identificar o real interesse em resolver a questão.

Os mapas são dinâmicos, ou seja, precisam ser atualizados a cada momento e variam segundo o tema de pauta. Seguindo a metáfora do russo Korzybski (1879-1950), quando nos assinala que mapas não são territórios, é preciso estar atento ao fato de que eles são somente representações, e não o fato. Precisam ser revistos permanentemente e tomados como recurso, não como guias determinantes.

---

58 *Is there a Doctor in the Court? The Use of a Structural Conflict-Diagnosis* é o título da apresentação desses autores na 13ª Conferência Anual da Seção de Resolução de Conflitos da American Bar Association, realizada em 14 de abril de 2011, em Denver, EUA.

Referências bibliográficas

ENTELMAN, Remo F. *Teoría de Conflictos – Hacia un Nuevo Paradigma*. Barcelona: Gedisa Editorial, 2002.

Entelman era doutor em jurisprudência e professor da Faculdade de Direito da Universidade de Buenos Aires, especialmente dedicado ao tema dos conflitos. Essa obra volta-se à análise, mapeamento e dinâmica do conflito, em toda a sua extensão, atendo-se a seus atores, aos jogos relacionais e a possibilidades de manejo.

LEDERACH, John Paul. *Enredos, Pleitos y Problemas: Una Guía Práctica para Ayudar a Resolver Conflictos*. Guatemala: Ediciones Clara-Semilla, 1992.

Essa é uma das fontes mais remotas sobre a metodologia dos três pês no mapeamento de conflitos. O tema é muito explorado em questões coletivas, especialmente as ambientais, e vem sendo trabalhado pelos docentes do Institute of Conflict Analysis and Resolution (ICAR), da George Mason University (Virginia) no curso sobre enfoques comunitarios en el análisis y resolución de conflictos medioambientales.

Reflexões

_____
_____
_____
_____

8 – Enquadre

O manejo pelo mediador; poder e eficácia das regras de convivência (*ground rules*)

"Combinado não sai caro" é um dito popular que reafirma o quanto a retomada e a relembrança de parâmetros previamente estabelecidos por consenso auxiliam no cumprimento de acordos.

Como a oralidade é cenário de expressão e de construção de consenso na Mediação, uma série de ajustes verbais marca o seu início, com vistas a criar uma moldura estruturada de conversa que venha a contribuir para sua eficiência e eficácia. Dependendo do nível de formalidade do processo de diálogo, esses tratos iniciais são escritos e assinados pelos mediandos e mediadores – Acordo de Participação.

Uma postura colaborativa voltada firmemente à resolução da controvérsia e à busca de soluções de benefício mútuo; a determinação de não interromper a fala do outro, possibilitada pelas anotações em papel oferecido pelos mediadores para tal fim; o cuidado com uma comunicação respeitosa no conteúdo e na forma; a confidencialidade, a autoria, a escuta inclusiva e a consideração com o ponto de vista do outro são alguns dos temas abordados pelo mediador no início do procedimento, com vistas a nortear a participação dos mediandos.

Como a emoção é elemento contingencial desses diálogos, muitas das vezes é necessário relembrar os mediandos sobre esses norteadores de participação. (Re)enquadre – enquadrar novamente –, para alguns, ou enquadre, para outros, é como essa técnica da relembrança é nomeada. O fato de ser um retorno ao combinado possibilita que mediadores possam fazer menção mais rápida a um ou outro procedimento (ou postura) que não esteja sendo observado e viabiliza que mediandos tragam para si boa parte da responsabilidade em observá-lo. Reenquadres podem ser oferecidos de forma verbal ou não verbal – por vezes, um olhar ou gesto acolhedor (não de reprovação) por parte do mediador pode ser suficiente para relembrar o combinado.

O manejo do (re)enquadre pelo mediador é extremamente delicado. Lembrar o combinado, ao mesmo tempo que reaviva parâmetros pelos quais a Mediação deve ser conduzida, expõe seu infrator. É preciso atuar com delicadeza e discrição nesses momentos para não provocar constrangimento no transgressor e regozijo em seu oponente.

Um dos momentos emblemáticos de demonstração da importância de *ground rules* – regras de convivência/participação – em conversas que reúnem múltiplas partes com múltiplos interesses foi transcrito em *Robert's Rules of Order*, obra de autoria de um engenheiro e general das forças armadas americanas, Henry Martyn Robert, publicada em 1876. O sucesso foi tamanho que a cultura americana adotou o livro como diretriz na condução de suas reuniões e assembleias – de encontros políticos aos corporativos e comunitários. Reedições foram feitas até a morte do general em 1923, e sua filha e genro fizeram uma revisão derradeira em 1970, provocando a venda de dois milhões e meio de cópias.

Diante da missão de coordenar, em San Francisco (EUA), as reuniões entre múltiplas partes por ocasião da *Gold Rush* americana que provocou a construção da rodovia transcontinental, e inspirado na US House of Representatives, o general Robert criou um enquadramento que deveria emoldurar as reuniões entre os diferentes interessados no crescimento exponencial que a rodovia promoveria.

Assim surgiram as *ground rules* do general Robert: somente uma questão deveria ser considerada por vez; ninguém falaria sobre o mesmo tema duas vezes, antes que todos tivessem se expressado, e sem a permissão de toda a assembleia; não se poderia atacar ou questionar outros participantes; todas as intervenções deveriam ser dirigidas ao presidente da assembleia; os votos viriam acompanhados de justificativa. Esses eram alguns dos componentes daquele enquadramento, destinado a estruturar as reuniões com múltiplas partes/múltiplos interesses, e conferir-lhes produtividade.

Inspirado no general Robert, Larry Susskind escreveu *Breaking the Robert's Rules* [Quebrando as regras de Robert]. Nessa obra dedicada à construção de consenso, a regra quebrada é a da votação. As outras regras, relativas ao enquadramento para reuniões em que se almeja produtividade e eficácia, foram mantidas. Ou seja, na vigência da expressão oral como forma de participação e como cenário da construção de consenso em tempo real, alguns norteadores de participação ajudam nos propósitos e na eficácia dos processos de diálogo com essa natureza.

Referências bibliográficas

SUSSKIND, Lawrence E.; CRUIKSHANK, Jeffrey L. *Breaking Robert's Rules – The New Way to run your Meeting, Build Consensus, and Get Results*. New York: Oxford University Press, 2006.

Susskind é personalidade no campo da construção de consenso – MIT e Harvard – e possui algumas obras no tema. Essa, em especial, de fácil leitura e cunho prático, ensina sobre a importância de *ground rules* em reuniões tensas, que envolvem múltiplos atores e distintos interesses. As regras de convivência/participação adotadas ao início dos processos de diálogo, em comum acordo, podem então ser evocadas e lembradas quando do seu descumprimento.

DIEZ, Francisco; TAPIA, Gachi. *Herramientas para Trabajar en Mediación*. Buenos Aires: Paidós, 2000.

Dois importantes mediadores argentinos, ele dedicado especialmente a questões internacionais e coletivas e ela a questões ambientais, uniram sua experiência nessa obra voltada a ferramentas úteis para trabalho em Mediação. O tema do (re)enquadre ganha um capítulo, o sétimo, e as ferramentas para legitimar o (re)enquadre ganham o capítulo seguinte.

Reflexões

_____
_____
_____
_____

9 - Sugerir a procura de técnicos e/ou especialistas

Limites do conhecimento; aquisição e/ou ampliação de informações; decisão bem informada e repercussões; mediação avaliativa

A informação que juízes e árbitros vão buscar em consultorias técnicas/perícias faz jus à função que desempenham e deve ser almejada sempre que decisões importantes precisem estar apoiadas em conhecimento específico. Mediandos são seus próprios decisores e como tal devem buscar e acessar informações que embasem as soluções geradas na Mediação sempre que seu conhecimento a respeito de algo não for suficiente.

O fato de a autoria das soluções advir das pessoas envolvidas na Mediação coloca o mediador na posição de atento avaliador da capacidade decisória dos mediandos, em termos emocionais, cognitivos e de conhecimento. No que diz respeito ao conhecimento, é parte do dever ético do mediador observar se as decisões formatadas estão baseadas em informação adequada. Cabe, no entanto, aos mediandos a procura espontânea da informação, na medida em que são sabedores da autoria como princípio desse instituto.

Tem crescimento exponencial a produção de conhecimento no planeta e, por consequência, o limite a seu acesso. Gera-se, por dia, um volume de informações que demandaria de um ser humano décadas para entrar em contato. O pensamento linear – causa e efeito, que vigorou até a primeira metade do século XX, estimulou o surgimento das especialidades e dos especialistas. Essa natureza de aprendizado dedicou-se às minúcias dos mais diferentes temas e criou um contingente de subespecialidades e a microfragmentação do conhecimento.

Assim, entrar em contato com dados de determinada especificidade não significa, necessariamente, transformá-los em informação. É preciso articular os dados novos com o conhecimento prévio e com embasamento temático particular para que o processo de construção de conhecimento se efetive.

Observada essa premissa, a consulta a especialistas pressupõe não somente a obtenção de dados, mas uma assessoria para processá-los. Por vezes, esses especialistas se mantêm como interlocutores daqueles que têm o poder decisório na Mediação; por vezes, oferecem aos mediandos pareceres que funcionam como manuais de consulta.

Com alguma frequência, a tomada de decisões na Mediação demanda conhecimento técnico específico. Como é tarefa do mediador fazer esse diagnóstico, cabe a ele tornar claro aos mediandos a necessidade de aditar essa natureza de informação para que haja uma decisão qualificada. Não cabe ao mediador, no entanto, recomendar um profissional específico.

É prática usual nos EUA a Mediação Avaliativa – quando mediandos contratam mediadores que são também especialistas em determinados temas e solicitam, de antemão, que estes ofereçam parecer técnico caso a negociação gere impasse. O parecer técnico na Mediação Avaliativa não é vinculante e é manejado como um dado a mais a ser administrado pelos mediandos.

O parecer técnico mais frequente na Mediação é o dos advogados, uma vez que a margem legal não pode ser transposta nessa natureza de diálogo.

Decisões bem informadas conduzirão à satisfação dos direta e indiretamente envolvidos na questão, fortalecerão a credibilidade do instituto na cultura e conferirão sustentabilidade ao acordado. Esse é um tema que não deve ser negligenciado.

Informações financeiras, legais, ou de qualquer natureza técnica específica, podem ser imprescindíveis na construção de soluções qualificadas.

Referências bibliográficas

COOLEY, John W. *A advocacia na mediação*. Brasília: UnB, 2001.

Cooley dedica-se a focar na participação do advogado em processos de Mediação, chamando a atenção para uma mudança paradigmática em sua postura e na do cliente. Ambos administrarão uma outra natureza de prestação de serviços. Portanto, é necessário ao advogado saber sobre o amplo espectro de sua participação em uma Mediação, especialmente por oferecer um parecer técnico muitas vezes indispensável.

MOFFITT, Michael L.; BORDONE, Robert C. *The Handbook of a Dispute Resolution*. New York: Jossey Bass, 2005.

Os autores discorrem sobre as diferentes alternativas disponíveis para a resolução de conflitos e acrescem uma reflexão sobre a Mediação. Chamam a atenção para o fato de, ao indicarmos Mediação, analisarmos que tipo de metodologia de trabalho recomendar dentre as modalidades facilitativa/avaliativa. Caracterizam, assim, uma outra natureza de consulta a especialistas – indicação do método mais adequado e da metodologia mais apropriada.

Reflexões

_____

_____

_____

10 - Criar tarefas ou oferecer perguntas reflexivas nos intervalos

Potencial das tarefas e das reflexões que se voltam ao futuro, à satisfação mútua e à auto-avaliação

Os intervalos – dentro de uma mesma reunião ou entre reuniões – são muito prestigiados na Mediação. Os estudos sobre a construção do conflito e sua condução em direção à litigância demonstram que é preciso algum tempo cronológico para que as pessoas possam se distanciar da posição adversarial que erigiram.

As propostas autocompositivas que tentam em minutos construir soluções têm demonstrado que o estabelecimento de acordos não dirime conflitos. Se temos como meta a desconstrução de conflitos, os intervalos de tempo são parte constitutiva do processo.

Se temos ainda como meta uma atuação preventiva, visando à recuperação do diálogo, ao restauro da relação social preexistente e à diminuição da incidência de novas lides, é necessário conceder ao processo de diálogo um tempo cronológico que viabilize a movimentação dos mediandos nesse sentido.

Ademais, pudemos constatar no segmento desta publicação que se dedica ao relato das histórias que a desconstrução do conflito precisa preceder a etapa de construção de soluções de benefício mútuo. Alguém em desacordo não consegue pensar no outro e em suas necessidades com vistas a atendê-lo, se, minimamente, não teve tempo (e disponibilidade emocional) de passar da posição adversarial para a colaborativa. Isso demanda, também, tempo de relógio.

Desconstruir um conflito é processo do âmbito afetivo, que se dá durante e entre as reuniões de Mediação; demanda uma negociação consigo mesmo e, em especial, com as redes de pertencimento. É por essa razão que as tarefas e as perguntas reflexivas fazem sentido nesses momentos – constata-se, com frequência, a cada intervalo (dentro de uma reunião ou entre elas), o retorno a uma postura beligerante ou o afastamento da postura colaborativa alcançada na(s) reunião(ões) ou em momentos anteriores.

Esperar que a reunião privada com o outro mediando termine parece ocupar um tempo muito maior do que o demonstrado pelo relógio e possibilita que o pensamento se ocupe de coisas outras, distintas do que vinha sendo vivenciado durante a reunião de Mediação. Voltar à casa e ao cotidiano por uma semana ou 15 dias entre as reuniões recoloca mediandos em contato com suas redes de pertinência e com seus rancores relativos à desavença. Nem um, nem outro resultado, inerentes também aos intervalos, é desejado.

As tarefas e as perguntas reflexivas têm o condão de manter os mediandos vinculados positivamente ao processo. Nos intervalos dentro de uma mesma reunião, eles podem conversar consigo mesmos; nos intervalos entre reuniões, eles podem conversar com suas redes de pertinência e com seus interlocutores, especialmente com seus advogados, sobre as tarefas e/ou as reflexões propostas.

Para manter os mediandos ligados colaborativamente à Mediação, tanto as tarefas quanto as reflexões oferecidas devem dizer respeito a temas que provoquem uma conexão positiva do mediando com o processo, com seu opositor ou com terceiros envolvidos. Pensar alternativas além das trazidas, idealizar alternativas de benefício mútuo, identificar como os terceiros envolvidos podem ficar bem atendidos pelas soluções, e prospectar a situação no futuro são exemplos de tarefas e reflexões nessa linha.

Em paralelo, os intervalos também são boas oportunidades para perguntas autoimplicativas, que examinem condutas pouco favorecedoras ao processo de diálogo e de entendimento. Essas são intervenções mais delicadas e devem, sempre que possível, se fazer acompanhar das reflexões positivas sugeridas anteriormente. Assim procedendo, contrabalançamos o autoexame, que naturalmente gera desconforto, com a prospecção de soluções que gerem satisfação para todos.

Os processos reflexivos possibilitam a revisão de narrativas anteriormente construídas, tanto no que diz respeito ao comportamento do outro quanto a atitudes próprias. Eles são a base do processo de Mediação e podem ser mantidos fora das reuniões, por meio de tarefas e de perguntas.

Da mesma maneira que os intervalos podem fomentar o distanciamento da postura colaborativa, podem também fomentar sua aproximação, se bem instrumentalizados. Tarefa delicada, caberá à sensibilidade do mediador identificar o conteúdo, a forma e o momento adequados para se valer de intervenções dessa natureza.

Referências bibliográficas

VILARRASA, Genoveva Sastre; MARION, Monserrat Moreno. ***Resolución de Conflictos y Aprendizaje Emocional***. Barcelona: Gedisa, 2002.

As autoras são professoras do Departamento de Psicologia da Universidade de Barcelona e têm muita experiência prática sobre o aprendizado emocional advindo da resolução de conflitos. O livro está dedicado a oferecer reflexões e exercícios sobre o tema para alunos de escolas primárias e secundárias e foi incluído nesta bibliografia para demonstrar o potencial das tarefas reflexivas relativas à resolução de conflitos: promovem aprendizagem emocional, cognitiva e ética.

WINSLADE, John; MONK, Gerald. ***Narrative Mediation***. San Francisco: Jossey Bass, 2000.

O grupo de profissionais que tem como norteador de trabalho as narrativas prestigia expressões orais e escritas, tanto por parte dos clientes como dos profissionais. No capítulo dez desse livro – "Documenting Process" –, os autores falam do potencial empoderador que um registro escrito do mediador pode ter, quando oferecido aos mediandos no intervalo de reuniões, demarcando progressos, atitudes positivas e conquistas. Essa prática pode ser trazida para os mediandos, como uma tarefa, com vistas ao mesmo objetivo: empoderamento.

Reflexões

_____
_____
_____
_____

11 – Identificar as redes de pertinência dos mediandos e a qualidade de sua participação no contexto fático

Papel das redes de pertinência em nossas vidas; sua participação no fomento e na dissolução dos conflitos; suporte e sustentabilidade do consenso construído

Por natural interesse, redes de pertinência são muito estudadas pela sociologia e pela antropologia. O ser humano é um ser social e gregário e os contextos de pertencimento são essenciais para a sua sobrevivência.

Seu primeiro nicho cultural é a família. Muitos outros grupos sociais vão integrando sua vida – escola, religião, esporte, amigos, profissão, trabalho – e compondo uma teia de intercessões, em que cada sujeito é elemento comum a todos os grupos.

Com cada um desses nichos o ser humano estabelece identidade e, consequentemente, fidelidade com suas diretrizes. Cada um desses grupos impõe condições de participação e está regido por normas de convivência – por vezes com intenção norteadora, por vezes com pretensão dogmática.

Há elementos entre os componentes de uma rede social qualquer – ideias, valores – que conferem o sentimento de identificação e de pertinência; há, também, nas redes de pertencimento, alguma flexibilidade para admitir diferenças, ou seja, algum grau de permissão de diferenciação com relação a determinadas ideias e valores. No cenário das redes sociais, parte das normas de convivência é clara e parte, subliminar.

Esses nichos funcionam como acolhedores sempre que assim demandados por seus membros. As redes de pertinência estão disponíveis para ajudar e para criticar. Tacitamente, pedem alguma (ou total) lealdade aos seus princípios e a algumas de suas ideias e valores.

Quando as redes de pertinência são procuradas em situação de conflito, geralmente acolhem essa demanda e emitem sua opinião sobre como o demandante de ajuda ou interlocução deve se conduzir na situação, com relação ao outro de quem discorda. Formam-se subgrupos de suporte que aderem ao ponto de vista/à narrativa do demandante de ajuda e se contrapõem ao que o outro opositor quer ou pensa. Surgem pactos tácitos sobre como as coisas devem ser e ocorrer.

Assim, quando iniciamos uma negociação com o nosso oponente, via Mediação ou outros meios, as redes de pertinência se manifestam. Algumas, com perfil mais conciliador, nos direcionam para a autocomposição; outras, com perfil mais combativo, nos direcionam para o confronto.

Para que possamos dar ao episódio um curso distinto do que orientam nossos grupos de pertencimento é preciso com eles estabelecer diálogo paralelo de cunho negocial. Ou seja, os intervalos entre as reuniões são também uma oportunidade de diálogo com as diferentes redes sociais. Eventualmente, não obtemos delas permissão para autocompor, e ir nessa direção implica em traição e perda de seu suporte.

Mediandos precisam, por vezes, de ajuda nessa tarefa – o diálogo paralelo com integrantes das redes sociais –, motivo pelo qual a Mediação os inclui no processo de trabalho. A Mediação é o único instrumento de resolução de controvérsias, até a atualidade, que legitima a inclusão de pessoas dos grupos de pertinência no diálogo, como intervenção.

Deixar de incluí-las pode significar impasse para a progressão do processo autocompositivo. Incluí-las pode significar potencialização da autocomposição. Redes de pertinência devem se constituir aliadas em procedimentos dessa natureza.

Incluídas, de maneira geral, nas entrevistas privadas – cada mediando com pessoas do seu grupo social –, a presença de seus membros, a escuta atenta de seus pareceres e a consideração legítima de seus pontos de vista podem auxiliar a provocar mudanças positivas no curso de uma desavença.

Mesmo quando as redes de pertinência não estão fisicamente presentes, elas são percebidas pela fala dos mediandos. A narrativa dos mediandos nunca representa exclusivamente o seu pensamento, mas também as ideias daqueles que são seus interlocutores. Quando uma negociação não pode ser feita em paralelo com os grupos de pertencimento, com vistas a mobilizar ou a flexibilizar seu ponto de vista, a fala do mediando precisa manter-se fiel a seus integrantes, para que não haja ruptura em seu compromisso de fidelidade.

Por vezes, são as redes de pertinência que podem dar suporte e sustentabilidade a algumas mudanças propostas pelos mediandos e a algumas ações advindas do processo negocial, o que faz com que sua presença no diálogo seja indispensável. Por vezes, elas são parte fundamental da solução; por vezes, elas são parte fundamental da ausência de solução.

Potencializadoras da autocomposição ou da manutenção das desavenças, as redes de pertinência devem ser consideradas no mapeamento do conflito e, algumas vezes, na tomada de decisões.

Vale ressaltar que os advogados que assessoram os mediandos na Mediação devem ser considerados como integrantes de uma rede de pertencimento e receber os mesmos cuidados. Sua palavra e postura são revestidas de enorme credibilidade por parte de seus clientes e não poderão ser por eles contestadas, especialmente frente às inseguranças que uma desavença provoca. Também a voz dos advogados pode ir em direção ao consenso ou em direção ao fomento do desacordo.

Referências bibliográficas

AUN, Juliana Gontijo; VASCONCELLOS, Maria José Esteves; COELHO, Sônia Vieira. *Atendimento sistêmico de famílias e redes sociais – fundamentos teóricos e epistemológicos*. Minas Gerais: Ophicina de Arte & Prosa, 2005.

Essa obra fala da experiência no trabalho com redes de pertinência e chama a atenção para o quanto essa intervenção se torna frequente em abordagens de cunho social que preveem impacto mais amplo. O livro organiza uma sequência coerente e integrada de textos básicos, úteis na preparação de profissionais que pretendem atuar com redes sociais e/ou integrar, sob a ótica sistêmica, equipes transdisciplinares de atendimento.

SLUZKI, Carlos. *A rede social na prática sistêmica*. São Paulo: Casa do Psicólogo, 1997.

Sluzki é um terapeuta de família argentino, radicado nos EUA (casado com Sara Cobb), que trabalha com as perspectivas sistêmica e narrativa. Nesse livro, discorre sobre os vínculos interpessoais que os sujeitos estabelecem e suas repercussões sobre o cotidiano e os relacionamentos. O autor chama a atenção, inclusive, para o fato de as redes sociais afetarem a saúde do indivíduo e vice-versa.

Reflexões

Grupo III − Ferramentas de comunicação

1 − Escuta ativa

Legitimação do interlocutor; perguntas de esclarecimento e balanceamento da participação de todos

Ouvir é ato fisiológico, portanto, natural de todo aquele que possui um aparato auditivo em funcionamento. A escuta, no entanto, é ação voluntária, aprendida ao longo da existência e distinta do ato de ouvir − ouvir, do latim *audire*, implica perceber ou entender pelo sentido da audição; escutar, do latim *auscultare*, implica dirigir a atenção para o ato de ouvir.

Uma escuta ativa pressupõe não somente a atenção, como também uma atitude participativa no diálogo − escuta dinâmica.

A postura participativa diz respeito ao nível de proatividade (no sentido de protagonismo) que um ouvinte consiga oferecer durante o ato de escutar. O praticante da escuta ativa deve demonstrar interesse pelo que diz seu interlocutor, de forma a lhe possibilitar um sentimento de legitimidade como autor de uma fala e de um conteúdo expresso oralmente. O interlocutor precisa perceber que há interesse por sua narrativa e pelo tema que esta aborda.

Como os mediandos têm comprometida a sua escuta com relação ao outro, é a escuta do mediador que poderá conferir a ambos a percepção de interesse pelo que cada um aporta à conversa.

Além da postura atenta (física e emocional), uma maneira de demonstrar participação e ativo interesse é por meio das perguntas de esclarecimento, que estimulam o autor da fala a ampliar sua narrativa, conferindo-lhe ainda mais legitimidade. "Você pode me falar um pouco mais a respeito...?" e "O que você quis dizer com...?" podem ser percebidas como perguntas interessadas e suscitarem uma explanação mais clara ou mais detalhada de partes da narrativa.

Conhecer a cultura e o momento de vida daquele que fala e entender a natureza de seu discurso − qual o contexto socioeconômico-cultural em que se insere, quantas vozes sua narrativa representa, que intenções regem sua fala em um determinado momento – são alguns dos elementos que a escuta atenta e ativa do mediador deve levar em consideração. Todos esses elementos podem ser motivadores de perguntas de esclarecimento.

Um outro quesito tratado ativamente pelo mediador durante a escuta diz respeito ao balanceamento de expressão e de escuta dos mediandos durante as narrativas. Cabe ao mediador possibilitar tempos equânimes de fala para todos os participantes, assim como cabe cuidar da qualidade de escuta que cada mediando confere à fala do outro.

Mediandos estão sempre atentos à conduta dos mediadores e prestam atenção não somente ao tempo de fala que está sendo conferido a cada um, como também à quantidade e à qualidade das intervenções que o mediador lhes oferece. Mediadores precisam cuidar para que seu tratamento equânime se exteriorize também de forma balanceada, com relação à distribuição de suas intervenções.

A escuta ativa vem sendo foco de atenção de todos os que têm tomado o diálogo como objeto de investigação. O lugar de facilitador de diálogos ou daqueles cujas ações profissionais ou funcionais são regidas ou alimentadas pela escuta demanda seu aprimoramento permanente, considerando-a ferramenta primordial para uma interlocução produtiva. Uma escuta de qualidade por parte do terceiro imparcial pode ser determinante para a continuidade e a efetividade de um processo de diálogo.

Referências bibliográficas

KIMSEY, William D. et al. *Mediator Communication Compentencies – Problem Solving and Transformative Practices*. Boston: Pearson Custom Publishing, 2005.

Os autores chamam a atenção para o fato de cada modelo em Mediação demandar distintas competências (comunicacionais inclusive) dos mediadores. As competências trabalhadas no livro dizem respeito à prática transformativa. A obra dedica três seções seguidas a aspectos da escuta ativa – linguagem, escuta e comunicação não verbal.

LITTLEJOHN, Stephen W.; DOMINICI, Kathy. *Engaging Communication in Conflict – Systemic Practice*. California: Sage Publications, 2001.

Esse livro de cinco partes dedica todo o segundo segmento da primeira parte ao tema diálogo – "As a constructive conversation and outcomes in conflict management". Explora muitos aspectos do diálogo, inclusive aqueles relativos à escuta ativa, estimulando e fornecendo subsídios para a prática criativa.

Reflexões

_____
_____
_____
_____

2 – Acolhimento – legitimar os sujeitos participantes

Sujeitos em crise como veículos de mudança; legitimação como veículo de acolhimento

Com Ilya Prigogine,[59] um russo naturalizado belga, prêmio Nobel de Química em 1977, aprendemos que ordem e desordem estão presentes em um sistema em equilíbrio (teoria do caos). É como olhar para o céu estrelado – parece ordenado e estático, ao mesmo tempo em que milhares de explosões e movimentos estão ocorrendo.

A ausência de equilíbrio constitui-se, por excelência, em possibilidade de mudança frente a uma multiplicidade de possíveis alternativas. No campo da química, aprendemos com Prigogine que, em situações afastadas do equilíbrio, a matéria tem a capacidade de perceber diferenças no mundo exterior e de reagir com grandes mudanças a pequenas flutuações externas.

Essa analogia foi trazida pelo mundo científico para os sistemas sociais. Ou seja, em situações de crise, os sistemas afastados do equilíbrio estão muito sensíveis a interferências externas, podendo reagir com grandes efeitos a

---

[59] Ver em PRIGOGINE, Ilya. *El Nascimiento del Tiempo.* Barcelona: Tusquets Editores, 1991.

pequenas intervenções. Os sistemas em crise têm grandes possibilidades de mudança – no sentido de reorganização – e outras tantas possibilidades de desorganização. É um momento ótimo para intervenção. A crise pode conduzir a transformações impredizíveis, pensamento reforçado pela cultura chinesa que representa a palavra "crise" pelos diagramas relativos à oportunidade e mudança.

Sujeitos em crise têm parte de seu funcionamento afastado do equilíbrio, ou seja, estão permeáveis a intervenções e a mudanças, e expostos a uma multiplicidade de possibilidades/soluções. O afastamento do equilíbrio pode traduzir-se por comportamentos instáveis, por vezes explosivos, que ficam deslegitimados no social porque beiram à inadequação ou a ultrapassam.

Ter esses sujeitos em um contexto estruturado de diálogo como o da Mediação pode ser pedir demais, em vista do que podem oferecer em momentos de instabilidade, mas pode também ser a oportunidade para ajudá-los a administrarem a crise de forma positiva.

Convictos que estamos, a partir de Prigogine, da permeabilidade desses sujeitos a intervenções e a mudanças, podemos oferecer-lhes na Mediação um contexto que: (i) legitime a adequação que conseguem manter e (ii) não deslegitime suas eventuais inadequações.

Parte da legitimação conferida pelo mediador reside em sua qualidade de escuta, como vimos na explanação referente à escuta ativa. Alguns mediadores trabalham com o conceito de acolhimento, que se traduz em um espectro amplo de atitudes e cuidados – desde a atenção com a ambientação do local onde a Mediação ocorre até o tratamento respeitoso dedicado aos mediandos, incluindo a escuta ativa e a legitimação aqui destacada. Alguns mediadores negociam a forma de tratamento preferencial dos mediandos, e por vezes dos advogados – com maior ou menor formalidade –, cuidando para não criar desbalances entre os participantes ou percepção de parcialidade.

Quando as atitudes dos mediandos em crise visitam a inadequação ou até mesmo a superam, uma intervenção específica oferecida pelo mediador chamada de validação (tratada a seguir) pode ter lugar.

Referências bibliográficas

BRIGGS, John; PEAT, David. *Seven Life Lessons of Chaos – Spiritual Wisdom from the Science of Change*. New York: Harper Collins Publishers, 1999.

Os autores, um professor de inglês e jornalista e um doutor em Física, utilizam a metáfora da teoria do caos – refere-se à interconectividade que existe entre eventos aparentemente randômicos –, descrita por cientistas nas décadas de 1960/970 para reafirmar, por um lado, a impossibilidade de controle sobre a vida; e, por outro, a oportunidade de bem utilizar essa premissa. São reflexões úteis para acolher e trabalhar com sujeitos em situações de crise.

LITTLEJOHN, Stephen; DOMENICI, Kathy. *Communcation, Conflict, and the Management of Difference*. Illinois: Waveland Press, 2007.

Nessa obra, os autores pautam o desenvolvimento de suas ideias no manejo das diferenças. Considerando que dessemelhanças são inerentes à vida e às pessoas, a legitimação de diferenças seria o caminho para bem manejá-las. A ferramenta que elegem para dar conta dessa tarefa é a comunicação construtiva e efetiva. Legitimadas, as distinções podem se constituir em desafio para o entendimento e a composição, em vez de se constituírem em barreiras à interação.

Reflexões

3 – Validação

Como tornar legítimas eventuais inadequações dos mediandos; a diferença entre intenção e impacto; o papel da percepção na comunicação; a validação de sentimentos

Alguns mediadores usam a expressão validação, no sentido de ser compreensível, para nomear uma natureza de intervenção. Quando o termo ganha esse significado, é utilizado para denominar intervenções que tentam tornar compreensíveis atitudes dos mediandos percebidas como inadequadas.

O pensamento de Prigogine, mencionado acima, sobre sistemas afastados do equilíbrio, também oferece subsídios para o entendimento de eventuais inadequações como compreensíveis – sujeitos em crise/afastados do equilíbrio mostrariam sua instabilidade por meio de atitudes ou comportamentos percebidos como inadequados.

Utilizando a validação, as recorrentes interrupções da fala do outro, assim como os atos agressivos ou de desrespeito, podem ganhar legitimidade e compreensão por parte do mediador. A validação dirige-se, especificamente, ao sujeito que, em crise e afastado do equilíbrio como descrevemos no segmento anterior, age inadequadamente com o mediador ou com o(s) outro(s) mediando(s).

As interrupções da narrativa do outro podem ser validadas com uma fala compreensiva do mediador que diz: "Em situações de discordância/conflito, é natural que tenhamos a necessidade de aditar correções ao que ouvimos... É natural que queiramos oferecer prontamente o nosso ponto de vista..."

Os momentos de agressividade e de desrespeito – dentro de certos limites – podem ser validados por uma fala firme, mas também compreensiva do mediador, que identifica preocupações ou valores feridos como justificativa para a sua ocorrência: "Entendo que sua necessidade de se fazer ouvir faz com que antecipe com veemência seu ponto de vista"; "Entendo que seu firme desejo de finalizar essa negociação faz com que queira deixar claro o seu ponto de vista"; "Entendo que possa ter se sentido desrespeitado e queira deixar claro que esse é um valor relacional que deve fazer parte da convivência de vocês."

Acolher pela validação uma postura ou uma narrativa negativa dirigida ao oponente (ou ao mediador) auxilia mediadores na condução da Mediação em momentos difíceis, de aparente distanciamento dos propósitos do instituto; possibilita um manejo construtivo da situação e um maior controle do processo de diálogo.

É importante ressaltar que essa natureza de intervenção mantém com o mediador o controle da situação e a coordenação do diálogo, sem que este utilize o mesmo viés agressivo ou desrespeitoso utilizado pelo(s) mediando(s). Se algum controle a mais sobre a situação é necessário, o mediador pode se valer de um intervalo para café, logo após a validação.

Agindo assim, o mediador também mantém uma atitude equidistante com relação a todos os envolvidos e evita chamar a atenção daquele que, em crise, demonstrou inadequação – o que destacaria ainda mais a impropriedade da atitude e poderia suscitar a percepção de parcialidade.

Sentimentos são também validados quando mencionados em resumos ou quando identificados pelo mediador no curso de alguma intervenção. O espaço ideal para a validação de sentimentos é o das entrevistas privadas, pois possibilita uma postura acolhedora por parte do mediador, sem expor a pessoa que demonstra o sentimento, e sem suscitar uma percepção de parcialidade por qualquer dos mediandos.

Em situações de crise é frequente a constatação da distância abissal existente entre a intenção de um ato ou atitude e o impacto que provoca. Seres humanos costumam acreditar que o impacto percebido corresponde à intenção do outro, que estão corretos em sua leitura e que suas reações devem guardar correspondência com o que interpretaram sobre a intenção do outro. Essa equação montada pela dor do impacto e pela convicção da interpretação correta conduz à escalada de reações adversas. Como as perguntas de esclarecimento ficam pouco permitidas nessas situações, o abismo entre intenção e impacto acaba sendo transferido para a interação entre os envolvidos nesse equívoco.

Nós vivenciamos as relações acreditando que o sucesso da comunicação está baseado no que dizemos ou fazemos e não no que foi entendido. Em realidade, nossa comunicação está baseada no que é entendido e não no que é dito ou feito. Uma grande parte dos ruídos na comunicação e dos conflitos deriva dessa falha de entendimento.[60]

---

60 Ver em CLOKE, Kenneth; GOLDSMITH, Joan. *Resolving Conflicts at Work: a Complete Guide for Everyone on the Job*. San Francisco: Jossey Bass, 2001. Ken é um mediador especializado em conflitos complexos com múltiplas partes e oferece em cada capítulo dessa publicação sugestões para reflexão e ação, visando à transformação do conflito mudanças de longo prazo na convivência em lugar de resoluções pontuais.

A modernidade conferiu à interpretação adequada um lugar próximo ao da sabedoria. José, filho de Jacó, é resgatado da prisão pelo faraó para bem interpretar o sonho das sete vacas gordas e das sete vacas magras, ganhando um lugar diferenciado na comunidade e aos olhos daquele faraó.

Desde que a Física Quântica demonstrou que os observadores não são isentos, ou seja, sua subjetividade interfere no observado, o lugar da interpretação ganhou dimensões mais humanas e status de versão e não de verdade. No entanto, como é uma necessidade humana entender o outro para poder (re)agir adequadamente, conferimos, ainda hoje, o status de verdade às nossas interpretações, sem perceber o quanto elas interferem em nossas (re)ações.

A participação do mediador nessa natureza de esclarecimento – traduzindo, por vezes, a partir de sua escuta, a diferença entre intenção e impacto – é primordial e viabiliza, no presente e para o futuro, a prática da redefinição de algumas interpretações, assim como a prática de alguns cuidados na manifestação de determinadas motivações/intenções.

Referências bibliográficas

ROSENBERG, Marshall B. *Comunicação não violenta – técnicas para aprimorar relacionamentos pessoais e profissionais*. São Paulo: Ágora, 2006.

A Comunicação Não Violenta (CNV) preconiza uma expressão clara e uma escuta empática para o cotidiano, independentemente do contexto, com vistas a contribuir para uma convivência mais pacífica. Tarefas aparentemente fáceis, a expressão e a escuta com as qualidades sugeridas pela CNV, devem ser cuidadas a cada momento e em todas as interações. No capítulo VII – "Receber com empatia" –, os norteadores da escuta e da expressão são trabalhados, assim como muitos outros concernentes à Mediação: perguntar, prestar atenção na necessidade do outro, manter a empatia. A validação está firmemente assentada nos princípios da CNV.

STONE, Douglas: PATTON, Bruce; HEEN, Sheila. *Difficult Conversations – How to Discuss What Matter Most*. New York: Penguin Books, 2000.

Considerado um business best-seller pelo The New York Times, esse texto de integrantes do Harvard Negotiation Project oferece subsídios para transitar por diálogos difíceis sem ficar defensivo, manejando-os de forma que sejam construtivos e focando no tema que os objetivam. O terceiro capítulo do livro fala de como assumimos conhecer as intenções do ato ou atitude do outro com base no impacto que nos causam e de como estamos frequentemente enganados.

Reflexões

_____
_____
_____
_____

4 - Balancear a participação de todos

Imparcialidade e equidistância; imparcialidade ativa

Essa intervenção deve estar incorporada à atuação do mediador, pois é elemento integrante da escuta ativa – composta pela articulação de legitimação, de balanceamento e do ato de perguntar.

Preservar equidistância em relação aos mediandos e manter a participação destes equilibrada são manifestações do balanceamento, são cuidados que concretizam a imparcialidade do mediador, exigência ética do seu desempenho.

Em realidade, a imparcialidade do mediador não é passível de realização, visto que sua humanidade forçosamente o conduzirá a identificar maior razoabilidade em alguns discursos e não em outros, em algumas posturas e não em outras. O que chamamos imparcialidade precisa ser ativamente buscado pelo mediador, a cada momento – imparcialidade ativa. Melhor que assim seja, pois, se acreditarmos na realização da imparcialidade, tomá-la-emos como natural e não nos dedicaremos a estar atentos para o seu exercício.[61]

Imparcialidade ativa é então a expressão que melhor traduz essa busca incessante pela equidistância, tanto das narrativas oferecidas pelos mediandos, quanto de seus autores.

De fato, é extremamente dinâmica essa dedicação em atuar com imparcialidade. Necessitamos empatizar com cada discurso para que o tratemos com legitimidade; ao mesmo tempo, necessitamos nos distanciar de todos eles, para que possamos também legitimar cada um de seus autores. É uma dança que pressupõe aproximação empática, sem transparecer aliança, e distanciamento cuidadoso, sem transparecer não aceitação. Alguns teóricos a denominam pluriparcialidade. Criadores e criaturas — mediandos e suas narrativas — precisam ser legitimados, ao mesmo tempo em que a equidistância da imparcialidade ativa é demonstrada e assim percebida.

Preservar equidistância dos mediandos se traduz em cada uma das atitudes e intervenções de um mediador — dedicar igual tempo e qualidade de escuta a todos os envolvidos; oferecer-lhes intervenções semelhantes em número e em qualidade; dedicar-lhes tratamento pareado em termos de acolhimento, são exemplos.

Manter equilibrada a participação dos mediandos transparece igualmente em atitudes e procedimentos coordenados pelo mediador: dar voz e vez a todos com proporcionalidade; disponibilizar entrevistas privadas para os envolvidos, cuidando da equiparação numérica de tempo para a participação de cada um; incluir suas redes de pertinência, se for o caso, dentre outros cuidados.

Referências bibliográficas

BOJER, *Marianne Mille et al. Mapeando diálogos — ferramentas essenciais para a mudança social.* Rio de Janeiro: Instituto NOOS, 2008.
Essa tradução, anteriormente publicada pelo Taos Institute e originária de um trabalho do Centro de Memória e Diálogo da Fundação Nelson Mandela,

---

[61] Na 13ª Conferência Anual da Seção de Resolução de Conflitos da American Bar Association, ocorrida em 15 de abril de 2011, em Denver, Melinda Gehris, Carol Hess e Holen Katz coordenaram um workshop intitulado Mediator Bias: The Mith and the Reality. Na ocasião, com base em pesquisas da Psicologia Social, as palestrantes trataram a imparcialidade do mediador como um mito, uma vez que nossos pré-conceitos operam no nível subconsciente, interferindo em nossas ações.

está dirigida, em especial, àqueles que facilitam diálogos entre pessoas. Curiosamente, o texto não trabalha com a ideia de imparcialidade no tocante ao desempenho adequado do facilitador de diálogos, mas sim com um conjunto de atitudes e objetivos: clareza de propósitos, forte habilidade de escuta, autoconsciência e autenticidade, habilidade para fazer boas perguntas e para fazer uma abordagem holística.

FRIEDMAN, Gary; HIMMELSTEIN, Jack. *Challenging Conflict – Mediation through Understanding*. Chicago: ABA, 2008.

Essa obra propõe para o público americano – mais acostumado a ter os envolvidos representados nas Mediações – uma abordagem mais direta com os mediandos, baseada no entendimento. Os autores trabalham distintos casos sob essa ótica e nos oferecem, no capítulo X, uma leitura diferente para a questão da imparcialidade, que denominam neutralidade positiva. O capítulo inicia dizendo em destaque: "em lugar de almejarmos equidistância com relação a cada parte, nos empenhamos para estar igualmente próximos" (2008, p. 199).

Reflexões

_____
_____
_____
_____

5 - Considerar atentamente as diferenças culturais entre os participantes

Construtivismo e construcionismo social; diálogos transculturais

A singularidade dos seres humanos transcende a diversidade de sua composição genética e se volta, adicionalmente, para a construção social de cada sujeito. Somos singulares também porque nascemos em diferentes tempos, em distintos lugares, em nichos culturais dessemelhantes e estamos subordinados (ao mesmo tempo em que a construímos) a uma mixagem ímpar de todos esses elementos.

A construção social de cada indivíduo foi abordada pelo construtivismo, pensamento que sobressaiu nos espaços sociais da segunda metade do século passado. A pergunta emblemática do construtivismo – como o homem constrói a realidade? – alimenta-se da ideia de que a realidade é uma construção humana. A resposta veio de muitas origens, especialmente da biologia, por intermédio da contribuição de Humberto Maturana[62] e Francisco Varela. Os dois cientistas chilenos demonstraram que o mundo não é o mesmo para dois de nós, com base na própria constituição biológica de cada ser.

Um tubo de papel de cozinha no ouvido demonstra, por exemplo, como a variação do tamanho do canal auditivo modifica os registros sonoros. Ou seja, não somente não registramos o apito canino em nossa audição humana, como nossos mundos sonoros variam de pessoa para pessoa a partir do tamanho de seus canais auditivos. Da mesma forma, variam os tons de azul, verde ou branco que vemos, de acordo com a nossa conformação ocular e experiência de vida. Esquimós, que têm sua sobrevivência garantida também em função de uma adequada avaliação dos tons de branco, distinguem cerca de 30 deles.

Essas constatações colocaram a verdade e a realidade entre parênteses e trouxeram mudanças paradigmáticas importantes para a ciência – (i) passamos a trabalhar com a proposta de versão (em lugar da ideia de verdade ou de realidade) e a demarcar como verdade/realidade o que dita um consenso entre observadores (um conjunto significativo de pessoas); (ii) deixamos de considerar o ser humano um observador isento e passamos a admitir sua interferência no objeto/evento observado, reforçando a proposta de versão. O construtivismo veio bem nomear o atributo humano de construir a realidade, tendo em vista, inclusive, seus cinco sentidos.

Caminhando um pouco mais, uma outra questão se pôs – e como se constrói o homem que constrói a realidade, conforme demonstra o construtivismo? Novo dilema e natural resposta. Esse homem se constrói socialmente, em seu nicho cultural e em seu tempo. Assim, nossa família, nossa cultura, nosso tempo e nosso percurso de vida nos transformam e são por nós transformados. Nasce o construcionismo social. As reflexões tornam-se mais complexas.

---

[62] MATURANA, HUMBERTO. Da biologia à psicologia. Porto Alegre: Artes Médicas, 1998. Essa obra traz uma coletânea de textos do autor sobre o tema, todos em parceria com outros pensadores e teóricos.

Considerar as origens culturais – história de vida, tempo e lugar – daqueles com quem interagimos agrega compreensão a cada conteúdo e a cada forma de expressão em particular, assim como chama atenção para a singularidade das distintas e singulares visões de mundo.

Construímos nossa visão de mundo e a maneira como reagimos aos eventos – de forma mais combativa ou colaborativa, mais assertiva ou concessiva – com base em nosso percurso e repertório socioculturais, edificadores dos paradigmas que vamos incorporando durante a vida.

Um campo que marca nitidamente as diferenças entre pessoas é o que trabalha com diálogos transculturais (*across culture dialogues*). Com a globalização provocada pela tecnologia e pela imigração (de pessoas, produtos e ideias), esse campo de atuação não mais se restringe a diálogos internacionais, mas também àqueles entre vizinhos de porta. Temos hoje uma abastecida literatura sobre o tema que pode auxiliar mediadores nessa tarefa.

Como terceiros imparciais, estarmos atentos aos componentes culturais dos mediandos com quem trabalhamos pode agregar elementos à compreensão de suas posturas e possibilitar estratégias de abordagem e intervenções que mais se encaixem com suas particularidades socioculturais. São também os mediadores aqueles que podem chamar a atenção dos mediandos para essas diferenças, além de ajudá-los a levá-las em consideração para bem administrá-las.

Merece menção a observância e o manejo, em paralelo, das dessemelhanças culturais existentes entre os mediadores e destas com a particular cultura de cada mediando. São negociações invisíveis ocorridas sobre a mesma mesa.

Referências bibliográficas

AUGSBURGER, David W. *Conflict Mediation Across Cultures – Pathways and Patterns*. Louisville, Kentucky: Westminster, John Knox Press, 1992.

Augsburger é reconhecido teórico nesse tema e dedica o livro à análise e transformação de conflitos culturais. O autor demonstra que diferenças podem ser apreciadas se as entendemos do ponto de vista psicológico e social. Aborda também o tema dos conflitos construtivos e destrutivos, afirmando que o resultado de seu manejo é que os caracteriza de uma ou de outra maneira.

LeBARON, Michelle. *Bridging Cultural Conflicts – A New Approach for a Changing World*. San Francisco: Jossey Bass, 2004.

Michele leciona o tema conflito e cultura na George Mason University – Fairfax, Virgínia. Ela demonstra como a articulação entre conflito e cultura pode ser aprendida com atenção e prática, de forma que conflitos dessa natureza possam ser prevenidos, ter sua escalada limitada e ser transformados em experiência. Atenta aos níveis pessoal, interpessoal e intergrupal com relação a essa natureza de conflito, Michelle oferece algumas ferramentas simbólicas que podem facilitar conversas que incluem distintas culturas – as histórias, os rituais, os mitos e as metáforas.

Reflexões

_____
_____
_____
_____

6 - Identificar e desconstruir impasses

Natureza dos impasses; o retorno à desconstrução de Derrida

Impasses, no contexto da Mediação, são situações que parecem obstruir a fluidez e a continuidade do processo de diálogo. As obstruções a algo que se almeja costumam provocar reatividade, desânimo ou desistência. Nenhuma das três saídas contribuirá para a eficácia do processo de Mediação. Pelo contrário.

Os impasses na Mediação – entraves ao diálogo – são das mais diferentes naturezas e são sempre identificados com base na nossa percepção. Ou seja, há situações que podem se constituir como obstáculos aos olhos de alguns, e não aos olhos de outros.

Os desbalances – de possibilidades financeiras, de patamar sociocultural, de condições emocionais, de nível hierárquico, de posição funcional, patamar de conhecimento – são classicamente entendidos como geradores de impasses quando tratamos de processos equilibrados de diálogo, como é o caso da Mediação. De manejo difícil, esses desbalances, no entanto, não constituem impasses em si.

Phyllis Beck Kritek dedicou-se ao tema dos desbalances em processos de diálogo[63] e nos demonstrou que as mesas de negociação nunca estão balanceadas durante todo o tempo de composição. A autora compartilha em suas reflexões que o desbalance entre os participantes de uma negociação oscila durante o processo. Convida-nos para a possibilidade de perceber que posições aparentemente mais frágeis se tornam mais fortes, exatamente por conta da aparente fragilidade. É exemplo clássico dessa possibilidade a negociação entre patrões e empregados.

Cabe ao mediador estar atento e cioso, tanto com relação aos desbalances quanto com relação aos entraves de outras naturezas – como as diferenças étnicas, pois espera-se dele destreza para lidar com esses aparentes freios ao diálogo e à autocomposição.

As intervenções pertinentes para lidar com possíveis obstáculos são particulares para cada caso e situação. Intervenções mais simples, como a equiparação numérica – ter o mesmo número de atores a cada lado da mesa de negociação quando esse parecer ser o desbalance –, não dão conta da complexidade dessas situações. Com os orientais, aprendemos que o equilíbrio pode ser assimétrico e que a tentativa cega de simetria é competitiva, podendo ainda nos conduzir a equiparar uma situação quantitativamente, quando em paralelo aspectos mais complexos podem nos escapar.

A exemplo da proposta inspirada em Derrida relativa à desconstrução do conflito, impasses podem ser igualmente desconstruídos. Ou seja, desfeitos tijolo por tijolo, com a intenção de entender sua construção e nela atuar.

Para que seja efetiva uma abordagem referente a um determinado impasse, este deve ser avaliado junto com os participantes da Mediação para que conheçamos seus pontos de vista e necessidade de intervenção.

Para os mediadores, a obstrução à fluência do diálogo, por qualquer motivo, já justifica perguntas nesse sentido e, se pertinente, entrevistas privadas que visem a essa investigação.

---

[63] Ver em KRITEK, Phyllis Beck. *Negotiating at an Uneven Table – A Practical Approach to Working with Difference and Diversity*. San Francisco: Jossey Bass, 1996.

Referências bibliográficas

KRITEK, Phyllis Beck. *Negotiating at an Uneven Table – A Practical Approach to Working with Difference and Diversity*. San Francisco: Jossey Bass, 1996.

O livro trata da possibilidade de negociar conflitos em mesas desbalanceadas de distintas naturezas, por dessemelhantes origens, com desbalances percebidos ou não. Para Phyllis, as mesas de negociação são sempre desbalanceadas em algum momento do diálogo. A autora nos chama a atenção para o fato de posições de aparência mais frágil poderem, em função disso, desbalancear o processo de diálogo ocupando um lugar de maior poder.

WINSLADE, John; MONK, Gerald. *Practicing Narrative Mediation – Loosening the Grip of Conflict*. San Francisco: Jossey Bass, 2008.

Ambos os autores são professores universitários e lideram o campo da Terapia Narrativa e da Mediação Narrativa. O tema da desconstrução do conflito ocupa um significativo espaço no capítulo IV dessa obra, dedicado ao trabalho com narrativas culturais em Mediação. A visão construcionista e seus princípios são também abordados no mesmo capítulo.

Reflexões

_____
_____
_____
_____

7 – Conferir especial atenção às perguntas feitas

Instrumento primaz do mediador; maiêutica socrática; classificação das perguntas

Perguntas são a principal intervenção dos mediadores. Elas são resposáveis por viabilizarem os impactos mais almejados na Mediação: a reflexão, a geração de ideias/informações/alternativas e a identificação de soluções e de autoria.

O método socrático de diálogo – maiêutica – é exemplo inspirador para mediadores. Sócrates estabelecia diálogos que tinham como finalidade máxima provocar reflexão e consequentemente a construção de ideias que não fossem baseadas na norma vigente ou no senso comum, mas no ato cuidadoso e respeitoso de pensar sobre algo e decidir/definir. Parir ideias era o objetivo maior da maiêutica – mesmo que as ideias fossem coincidentes com o pensamento corrente, aquelas surgidas do diálogo socrático teriam a reflexão como fundamento.

Essa perseguição socrática à autoria é tarefa suprema do mediador. A Mediação não é cenário para soluções que cheguem já construídas ou para resoluções inspiradas no que já se pratica. O espaço da Mediação é o da criatividade. Criatividade que vise atender necessidades e interesses particulares – atender sem ser desatendido –, o que pode resultar em alternativas e opções singulares. A exemplo da maiêutica, mesmo que as soluções geradas na Mediação coincidam com o usual ou o vigente, serão validadas pela reflexão e pelo consenso dos mediandos e catalisadas pelas perguntas do mediador.

Alguns teóricos da comunicação e outros voltados às narrativas dedicaram-se a categorizar as perguntas, especialmente com relação ao impacto que supostamente provocam:

- Perguntas fechadas: restringem as respostas ao SIM e ao NÃO. Ex.: Você quer ou não dissolver a sociedade? Você quer jantar fora?
- Perguntas abertas: possibilitam respostas para além do SIM e do NÃO, gerando narrativas mais amplas. Ex.: O que o(a) motiva a pensar dessa maneira? Como você chegou a essa decisão?
- Perguntas lineares: seguem os pressupostos do paradigma linear de causa e efeito e buscam relação direta entre um e outro. Ex.: Por que você perdeu a confiança no projeto comum? Por que a comida queimou?
- Perguntas sistêmicas: implicam múltiplos fatores interativos na composição dos eventos ou na solução de questões. Ex.: Em que medida as mudanças do mercado ou os fatores externos podem ter contribuído para a instabilidade dos negócios? Você tem ideia de quantos fatores contribuem para o aquecimento global?
- Perguntas circulares: pretendem gerar clareza de percepção acerca da contribuição de cada uma das pessoas – direta ou indiretamente

envolvidas com maior ou menor grau de participação – para a origem e a evolução do desentendimento (retroalimentação interativa). Ex.: De que forma a atitude de cada um dos sócios poderia ter contribuído para a atitude dos demais? Que tipo de atitude você tem cada vez que sua esposa se ocupa de cuidar das crises de birra do filho de vocês?
- Perguntas autoimplicativas: convidam as pessoas a identificarem e a considerarem sua maior ou menor participação nos eventos. Ex.: Como você acha que pode ter contribuído para o desentendimento de vocês? Para essa reação do outro? Depois de ouvi-lo(a), pergunto se tinha ideia de quanta irritação você provoca com essa atitude?
- Perguntas reflexivas: promovem articulações internas entre pensamentos e/ou crenças, gerando novas possibilidades de encadeamento do raciocínio e de percepção do ocorrido; qualquer uma das perguntas formuladas acima pode provocar reflexão.

As classificações de perguntas passeiam por um número maior de atribuições de características ou de impactos supostamente provocados. Impactos supostamente provocados porque nada garante que determinada pergunta alcançará o resultado que pretende.

O princípio da incerteza de Werner Heisenberg,[64] a visão construtivista e construcionista social, assim como a Física Quântica,[65] são exemplos de pensamentos que nos afastaram das ideias de previsibilidade, de certeza e de verdade, cultuadas até a modernidade.

O maior atributo que se espera das perguntas feitas na Mediação é que possam promover reflexão – convidem à expressão e à decisão sobre algo, após pensar a respeito com cuidado e critérios éticos (que considerem o outro).

A reflexão pode advir de perguntas de diferentes naturezas, ou de qualquer atitude ou evento ocorrido na Mediação, ou fora dela. Não necessariamente é alcançada na Mediação. Sua eficácia guarda singular dependência

---

64 Em HAVEN, Kendall. *As 100 maiores descobertas científicas de todos os tempos*. Rio de Janeiro: Ediouro, 2007. Haven inclui o princípio da incerteza de Werner Heisenberg, descoberta datada de 1927, que afirma ser impossível saber a posição e o movimento de um elétron ao mesmo tempo. A partir daí, a ciência não pode mais medir e observar o mundo com precisão, e a equação causa e efeito, que vigorou incontestável no mundo científico por 2 500 anos ficou abalada.

65 Na mesma obra acima citada, e integrando o pódio das 100 maiores descobertas, está a ideia de Max Born, no campo da Física Quântica (1925). Born descreve o comportamento do mundo subatômico, onde nossas leis universais não se aplicam. No mundo subatômico, elétrons podem estar em dois lugares diferentes ao mesmo tempo, são partícula e onda ao mesmo tempo, dependendo do olhar do observador.

com algumas naturezas de processo mental (capacidade de abstração, por exemplo) e com habilidades cognitivas.

Outro importante aprendizado relativo às perguntas é o de que não são intervenções ingênuas, ou seja, trazem temas novos à conversa e convidam para cenários que podem ser bem-vistos e bem recebidos pelos mediandos, ou não. Por serem o instrumento mais utilizado pelos mediadores, precisam ser criteriosamente formuladas – escolha de palavras e do tom – e ofertadas em um *timing* que pareça adequado. As perguntas oferecidas pelo mediador também podem se constituir em impasse na Mediação.

Os programas de capacitação de mediadores têm mostrado como a formulação de perguntas é tarefa difícil. Porque estamos embebidos em uma cultura particular e em nossas atuações profissionais e funcionais com muita frequência trazemos essas influências para o ato de perguntar na Mediação. Ao elaborar perguntas na Mediação, essa discriminação com a cultura e o lugar profissional ou funcional que também ocupamos precisará ser formalmente cuidada. Exercitar a construção de perguntas é aprimoramento necessário para mediadores aprendizes e para mediadores experientes.

Referências bibliográficas

NADLER, Gerald; CHANDON, William J. *Smart Questions – Learn to Ask the Right Questions for Powerful Results.* San Francisco: Jossey Bass, 2004.
Os autores têm amplo conhecimento no campo organizacional como managers e consultores. O valor desse livro está em distanciar aquele que faz perguntas de uma abordagem reducionista (cartesiana), pautada na linearidade da razão, e aproximá-lo de uma ótica holística e criativa, orientada para o futuro. Os autores validam a maiêutica socrática por questionar o que é usual e inconscientemente adotado. Após pesquisa na área, concluem que três norteadores são importantes na fundamentação de perguntas: tratar a questão como única, ter a intenção de gerar informação e ter uma perspectiva holística.

STRACHAN, Dorothy. *Making Questions Work – A Guide to What and How to Ask for Facilitators, Consultants, Managers and Educators.* San Francisco: Jossey Bass, 2007.

Dorothy integra uma consultoria canadense e atua como facilitadora, desenhando processos de diálogo e intervindo em organizações. O livro passeia por diferentes temas – abertura de conversas, ampliação de ações, pensar criativo, manejo de questões, dentre outros –, oferecendo uma visão de processo para cada item, perguntas úteis relativas a cada um deles e um espaço para reflexão do leitor e formulação de novas questões.

Reflexões

_____
_____
_____
_____

8 – Criar um contexto adequado para que as perguntas autoimplicativas possam ganhar eficácia

Estado paternalista; discurso da queixa e da vítima; resgate do protagonismo

O mundo político vem administrando, aqui e ali, ontem e hoje, um cenário histórico em que o Estado se fez responsável pelo cidadão em amplitude quase total – infraestrutura, saúde, educação, emprego, segurança, administração de conflitos etc. Com diferentes combinações de responsabilidades, distintas culturas políticas ajudaram a construir a ideia de um Estado paternalista e responsável pelo bem-estar de seus cidadãos – *Welfare State*.

Um cenário paternalista contribui igualmente:

- para o enxugamento do protagonismo e o favorecimento de uma postura passiva em seus cidadãos – cabe ao outro providenciar, vamos aguardar;
- para o discurso da queixa e para a vitimização – o outro não cuidou bem de nós e/ou nos fez mal;
- para a submissão cega e pouco crítica – aquilo que o grande outro com seu saber e propriedade decidir estará bem decidido.

Vale ressaltar que a cultura judaico-cristã, em função de seu sistema de crenças, contribui também para uma postura mais passiva dos cidadãos.

Na atualidade, no entanto, a cena social vem sendo sacudida por mudanças sociopolíticas que convidam ao protagonismo.

Dentre essas mudanças, estão aquelas relativas à administração de facetas da própria vida, inclusive no que diz respeito à administração de conflitos. Vimos o quanto a terceira onda renovatória mencionada por Cappelletti,[66] favorecedora do movimento das Alternative Dispute Resolutions (ADRs) no mundo, vem mudando o cenário da resolução de conflitos e introduzindo maior participação cidadã.

O cenário paternalista, a cultura judaico-cristã e, em especial, os conflitos e o campo das discordâncias favorecem muito o discurso da queixa e da vítima. Em desacordo, somos bons observadores do outro e nem tão bons observadores de nós mesmos, enquanto atores do mesmo evento. Sabemos exatamente o que o outro fez ou deixou de fazer, e pouco nos damos conta de nossa provocação ou parcial contribuição para tal.

É nessa zona nebulosa da autocrítica que as perguntas autoimplicativas têm aplicabilidade. Na convivência cotidiana em geral e, em especial, nas situações de discordância, é crucial percebermos, ou ajudarmos a perceber, que as interações sociais são circulares, e que muito raramente – nas situações de agressividade gratuita ou em alguns incidentes – não contribuímos para o que nos ocorre.

Ao mesmo tempo em que as perguntas autoimplicativas nos provocam o desconforto da coautoria do nosso infortúnio, possibilitam-nos ter algum campo de ação. Somente a autoimplicação possibilita o lugar potente de protagonistas – aqueles que podem provocar mudança em uma situação. Como vítimas, cabe-nos a queixa e o lugar passivo da expectativa da mudança do outro. Como coautores, cabem-nos ações em direção ao que almejamos.

Para cuidar do desconforto provocado pela ideia de coautoria do nosso infortúnio, mediadores precisam ajudar a construir um cenário em que a pergunta autoimplicativa possa ocorrer de forma cuidadosa. O melhor cenário para as perguntas autoimplicativas é o da entrevista privada, em momento posterior ao da queixa sobre o outro (discurso na terceira pessoa do singular). Não esquecendo da forma de apresentação dessas perguntas, do momento de vida daquele sujeito e da fase do processo de negociação. É preciso

---

66 Ver no segmento de Ferramentas procedimentais observar os limites da ética e do Direito que margeiam o processo de Mediação – quando trata do Direito e acesso à justiça.

estar só para admitir essa natureza de coparticipação. É preciso estar só para pensar ações que modifiquem esse cenário a partir de si próprio.

Autoimplicar-se resgata uma postura protagônica: seja porque identificamos alguma responsabilidade nossa no evento, seja porque queremos resolver o desconforto. O protagonismo nos devolve potência, implicando-nos na ação e na mudança. Implica-nos na construção do conflito, mas também em sua desconstrução; no comprometimento com a resolução coconstruída e com a manutenção da nova dinâmica proposta.

Referências bibliográficas

LUSKIN, Fred. *O poder do perdão – uma receita para a saúde e a felicidade.* São Paulo: Francis, 2007.

Fruto de uma pesquisa feita na Universidade de Stanford, essa obra discorre sobre a nocividade que a crença no binômio vítima-algoz traz para a saúde física e mental da suposta vítima. A pesquisa demonstra que a cultura do lugar de vítima, que implica ressentimentos e a culpabilização magoada do outro, faz adoecer. Perdoar, nessa concepção, não implica abonar o que o outro fez, mas sim deixar de viver em função disso, tirando o poder destrutivo do outro, olhando para o futuro, vivendo como herói e não como vítima e administrando os eventos sem que se transformem em questões pessoais. Um estar no mundo mais protagônico e menos passivo.

SOUZA SANTOS, Boaventura de. Renovar a teoria crítica e reinventar a emancipação social. São Paulo: Boitempo Editorial, 2007.

Boaventura é um inquieto doutor em Sociologia do Direito, que se orgulha de seu inconformismo e rebeldia em busca de transformações sociais. Essa obra, como demonstra o seu título, estimula o protagonismo como elemento transformador e vê na ecologia dos saberes – aprender novos conhecimentos sem esquecer os próprios/prévios – uma possibilidade de enfrentar poderes hegemônicos estabelecidos. Esse ativismo na emancipação social, proposto por Boaventura, pode ser trazido para o cotidiano, para a forma como conduzimos nossas vidas e gerenciamos nossos conflitos.

Reflexões

_____
_____
_____
_____

9 – Dedicar especial atenção à linguagem verbal e não verbal

Linguagem em sentido amplo; linguagem verbal e não verbal dos mediandos e do mediador; contágio emocional

Dentre as mais atuais crenças da contemporaneidade está aquela que entende a linguagem como fenômeno social – o cenário da existência interativa de cada sujeito, a partir de sua chegada ao mundo. Em realidade, anterior a sua chegada ao mundo. O cenário da linguagem está marcado pela cultura, o lugar e o tempo de vida de cada um; afeta todos os sujeitos e é por eles afetado durante a sua existência.

Vivemos, então, em um mundo linguístico. Somos um fenômeno social construído na linguagem e por meio da linguagem e atuamos de acordo com o sistema sócio-linguístico ao qual pertencemos. No entanto, ainda que condicionados a sistemas sociais, somente nós podemos mudá-los por meio de nossas ações – uma equação de interferência e submissão em mão dupla.

Extrair desse amplo cenário linguístico o que há de verbal e de não verbal na comunicação humana implica trabalhar somente com um recorte da nossa interação social, uma vez que o cenário comunicacional é mais amplo, incluindo cultura, momento de vida, dentre outros temas.

Em função do caráter oral da Mediação, o tema do verbal e do não verbal da comunicação humana ganha destaque. Tomando a expressão verbal como maior veículo de exposição de ideias, mediandos esmeram-se em suas narrativas e se deixam ver por meio delas. Como o verbal e o não verbal caminham inseparáveis, é tarefa do mediador estar atento a essa característica siamesa do discurso oral.

Pesquisa realizada por Mehrabian e Ferris em 1967 concluiu que 93% da comunicação humana seria não verbal. Segundo J. O' Connors e J. Seymour, a comunicação interpessoal estaria representada pela linguagem corporal

(55%), pelo tom de voz (38%) e pelas palavras (7%).[67] Ou seja, o conteúdo digital das narrativas orais – palavras empregadas – é seu menor quinhão. A forma ou conteúdo analógico – linguagem corporal, tom de voz e contexto eleito para manifestá-la –, além de dizer respeito à relação com o outro, é o que sobressai nas narrativas orais.

Em realidade, precisamos rever o conceito de escuta ativa do mediador e nele incluir uma combinação de sentidos – visão e escuta – para que a comunicação não verbal não fique dissociada da verbal em sua observação. Até porque, se dissociadas, estaríamos trabalhando com uma escuta parcial. Aliás, com a menor parcela de expressão dos mediandos, as palavras ditas.

A comunicação não verbal deve ser, eventualmente, objeto de perguntas de esclarecimento por parte do mediador. Essa natureza de pergunta é útil não somente para ampliar o entendimento sobre o que é dito via palavras, mas também pelo que é dito por meio de gestos, posturas, entonações.

A eventualidade do esclarecimento de expressões não verbais não impede que o mediador as tome em consideração permanentemente. É eventual o esclarecimento, para evitar desconforto nos mediandos; é pertinente, sempre que o não verbal der a impressão de que veicula uma mensagem importante, parecer inadequado, provocar constrangimento ou suscitar interpretações por parte do outro.

Afinal, nós, humanos, não nos damos conta de nossa linguagem não verbal, até porque parte dela foge ao nosso controle. Acreditamos que somente nossas palavras, durante um discurso oral, expressam o nosso pensamento.

A reflexão sobre o verbal e o não verbal da comunicação visa chamar a atenção para a complexidade do trabalho do mediador, uma vez que apoiado na oralidade. A atuação em comediação auxilia mediadores enormemente na execução da tarefa de escuta e de todas as outras que dela resultam.

Vale ressaltar que também os mediadores estão sendo objetos de observação pelos mediandos, com relação a sua expressão verbal e não verbal. Vale afirmar que mediadores fazem parte da mesma estatística que assinala como verbal apenas 7% de sua retórica. Somente o treinamento continuado e a prática cuidadosa auxiliarão os mediadores a atuarem com imparcialidade também no que diz respeito a sua linguagem não verbal e a ouvirem com imparcialidade os conteúdos tensos, magoados, agressivos e, por vezes, aparentemente impróprios dos mediandos.

---

67 BURGOON, Judee K.; BULLER, David B.; WOODALL, W. Gill. **Nonverbal Communication: The Unspoken Dialogue**, New York: The McGraw-Hill Companies, 1996.

Vale ainda lembrar que o aspecto não verbal da comunicação do mediador pode atuar construindo impasses, quando transmitir crítica, por exemplo, assim como intervindo positivamente, quando oferecer silêncio ou sorriso acolhedores, ou ainda um gesto que dispense intervenções verbais, como o reenquadre.

A área de marketing na prestação de serviços tem sido pródiga na produção de reflexões e textos relativos à linguagem não verbal dos encontros entre prestadores de serviços e clientes – encontro de serviços. Durante essa interação, clientes buscam nas atitudes e ações do prestador de serviços, assim como na ambiência, sinais de qualidade, organização e cuidado. Pesquisas demonstram o quanto esses itens interferem na credibilidade do que é oferecido e na satisfação do cliente.

A reboque dessas observações está o contágio emocional – a possibilidade de correlata alteração do estado emocional do cliente frente às expressões emocionais dos prestadores de serviço. Certos de que o contágio emocional pode se dar em via inversa, ou seja, do cliente para o prestador de serviços, pesquisas mostram que a força de contágio emanada do prestador de serviço tem maior potência. Pugh, pesquisador do tema, observou que tanto comunicações verbais – uma saudação inicial e um agradecimento final –, como comunicações não verbais – um sorriso inicial e o contato olho no olho durante o encontro provocam contágio emocional positivo.[68]

Transpondo a ideia de contágio emocional para o cenário da Mediação – que também se enquadra como uma prestação de serviço –, podemos inferir que o comportamento e as atitudes dos mediadores podem ser vistas como intervenção e como ferramentas de comunicação; podemos assim avaliar o quanto o tom de voz, a civilidade e a paciência empática podem atuar como contágio emocional e como aprendizado sobre a forma de lidar com o outro.

Referências bibliográficas

ECHEVERÍA, Rafael. *Ontología del Lenguaje*. Buenos Aires: Granica, 2009.

O livro de Echevería fala de uma visão pós-moderna do ser humano, identificado na obra como fenômeno social, e este como fenômeno linguístico. O

---

[68] Ver PUGH,S.D. Service with a smile: emotional contagion in the service encounter. *Academy of Management Journal*, v.44, no.5, 1018-1027,2001. Pugh é reconhecido como o primeiro pesquisador a ligar a emoção expressa pelos atendentes de prestação de serviços a respostas afetivas do cliente.

autor dedica um capítulo ao ato de escutar como fator determinante da comunicação humana e passeia pela ideia de categorizar as emoções também como atos linguísticos. São 400 páginas de densa leitura e contato com muita informação. Rafael Echevería é um sociólogo chileno com doutorado em Filosofia que atua em programas empresariais voltados a equipes de alto desempenho.

BURGOON, Judee K.; BULLER, David B.; WOODALL, W. Gill. *Nonverbal Communication: the Unspoken Dialogue*. New York: The McGraw-Hill Companies, 1996.

Esses três professores e doutores em comunicação escrevem essa obra com intenção didática e estruturam os capítulos de forma a discriminar diferentes características e finalidades da comunicação não verbal. Cada capítulo tem um sumário ao seu término – o livro tem 535 páginas – e uma listagem bibliográfica correspondente. A linguagem não verbal é fisiologicamente dissecada nessa obra.

Reflexões

_____
_____
_____
_____

10 - Mensagem Eu (I message)

Assunção de responsabilidade do mediador pelo que diz; reflexão permanente do mediador

Em razão da palavra ter um valor estruturante no processo de Mediação, todos os estudos e os cuidados que têm como foco as narrativas agregam valor a essa prática.

As Mensagens Eu são intervenções do campo da comunicação e das narrativas que visam trazer para o mediador a responsabilidade pelo que diz. Como vimos anteriormente, sua fala – verbal e não verbal – fica revestida de poder pelos mediandos e deve ser cuidadosamente trabalhada durante toda a sua atuação. É preciso escolher as palavras, a forma e o momento de dizê-las; a combinação adequada, para que não deem margem a outras interpretações; a pertinência cultural com os mediandos, para que lhes façam sentido.

Assim, iniciar suas próprias narrativas por: "Eu percebo..."; "Eu entendi que..."; "Deixe-me ver se entendi corretamente..."; "Eu gostaria de checar o meu entendimento...", confere responsabilidade ao mediador pelo que está sendo dito, ao mesmo tempo em que mantém uma determinada percepção sua sob o crivo da confirmação ou correção dos mediandos. As Mensagens Eu possibilitam que mediandos interfiram no entendimento dos mediadores, conferindo-lhes, a eles, os mediandos, ainda maior protagonismo.

Em contrapartida, a Mensagem Eu também demonstra proatividade por parte do mediador – enuncia o seu grau de compreensão sobre as narrativas dos mediandos –, contribuindo para que mediandos sintam-se ouvidos e percebidos em seus interesses, necessidades e sentimentos. As Mensagens Eu reforçam a percepção de escuta atenta do mediador.

Referências bibliográficas

YAZBEC, Vania Curi. Refletindo em contextos de formação. In: SCHNITMAN, Dora Fried; JOHN, Stephen Little. (Coords.). **Novos paradigmas em mediação**. São Paulo: ArtMed, 1999.

Vania é uma mediadora brasileira que trabalha com a capacitação de mediadores, tendo o processo reflexivo como norteador. Nesse texto, em que nos presenteia com a descrição da ferramenta que denomina Caderno de Viagem, compartilha um pensamento de Tom Andersen sobre nossa responsabilidade pelas nossas próprias narrativas, incluindo a forma que usamos para fazer nossas descrições. A Mensagem Eu constrói realidades consequentes a como a recheamos discursivamente. Essa é uma reflexão também importante sobre o protagonismo do mediador.

VECCHI, Silvia E.; GRECO, Silvana. Proposta reflexiva na prática da mediação. In: SCHNITMAN, Dora; JOHN, Stephen. (Coord.). **Novos paradigmas em mediação**. São Paulo: ArtMed, 1999.

Silvia e Silvana são duas mediadoras argentinas que têm trabalhado em parceria também na capacitação de mediadores. O processo reflexivo é um tema dileto para ambas. Nesse artigo, as autoras demonstram como, por meio da prática reflexiva, um mediador pode apropriar-se de seus recursos, reconhecer com que lógica constrói cada intervenção (até para modificar seu curso) e identificar suas pertinências teóricas. A reflexão é, em realidade, inerente à atuação do mediador e mais um instrumento que embasará sua proatividade, inclusive para a utilização das Mensagens Eu.

Reflexões

_____
_____
_____
_____

11 – Dedicar especial atenção à forma como os conteúdos das falas são apresentados

Axiomas da comunicação humana

Meados do século passado foi época fértil para a produção de pesquisas em comunicação, inclusive uma ocorrida em Palo Alto, Califórnia, sobre os axiomas da comunicação humana. O estudo resultou em uma publicação – Pragmática da Comunicação Humana, que se tornou emblemática no tema.

Parte dessa obra dedicou-se a abordar os cinco axiomas da comunicação humana,[69] dentre os quais se sobressai, por sua praticidade e pela interseção com o que dizem outros teóricos do assunto: a comunicação humana tem um aspecto de conteúdo (linguagem digital) e um aspecto de comunicação ou forma (linguagem analógica). O segundo aspecto, a forma, se destaca em relação ao primeiro, o conteúdo, porque foca na relação com o outro interlocutor – na maneira como ele é visto por alguém e como esse alguém se permite tratá-lo. Por tal motivo, é o aspecto mais valorizado da comunicação, pelos seres humanos.

---

[69] Os cinco axiomas da comunicação humana estão citados na bibliografia relativa a esse tema.

A forma utilizada para oferecer ao outro o conteúdo de determinadas ideias diz, sem dizer exatamente: (i) que tipo de tratamento alguém se permite oferecer a outrem; e (ii) que tipo de tratamento alguém está merecendo receber nesse momento. Pela mudança na maneira de se abordar um assunto, transforma-se um mesmo dígito (conteúdo) em carinho, deboche ou agressão – tentativa que pode ser feita, por exemplo, com a expressão "benzinho".

Inúmeros aportes trazidos à Mediação – ponderações, considerações, propostas de acordo – são rechaçados em função da forma de apresentá-los. Quem oferece esses conteúdos, por vezes, não percebe que pecou pela falta de habilidade em como expô-los. O interlocutor percebe quase sempre. Cabe ao mediador identificar essa inadequação, sempre que ela ocorra, e atuar de maneira a auxiliar os mediandos nesse jogo comunicacional promovido pela Mediação – o da expressão apropriada e da escuta inclusiva.

A entrevista privada é o cenário mais confortável para mostrar a alguém que ele/ela pode estar trabalhando contra os próprios propósitos, em função da forma que elege para abordá-los. Utilizar a entrevista privada para esse fim pode ser de grande auxílio para alguém que, recursivamente, peca na maneira de se colocar.

Quando essa natureza de intervenção do mediador precisa ocorrer na entrevista conjunta, o melhor instrumento de transformação de uma forma inadequada de apresentação em outra mais habilidosa é o resumo com redefinição e conotação positiva.

Pelo resumo, mediadores podem converter um conteúdo veiculado por meio de uma linguagem negativa ou imprópria, traduzindo-o em linguagem positiva e adequada, o que possibilita ao autor da narrativa rever sua maneira de apresentá-la, assim como proporciona ao ouvinte uma escuta mais tolerante e receptiva. Não somente a relação sofre a interferência da forma utilizada para oferecer informação ou ideias; a escuta fica fortemente prejudicada por uma forma pouco cuidadosa.

Se considerarmos o viés pedagógico da Mediação, esse é, sem dúvida, um aprendizado que podemos ajudar os mediandos a construir – o cuidado com a forma, na comunicação interpessoal. Aprendizado para a vida, para além daquela interação.

Referências bibliográficas

GOTTHEIL, Julio; SCHIFFRIN, Adriana (Orgs.). *Mediación – Una Transformación en la Cultura*. Buenos Aires: Paidós, 1996.

Nessa obra, que compila artigos de vários autores, existe um capítulo, o sétimo, que articula Mediação e Comunicação. De autoria de Delfina Linck, esse segmento trata dos cinco axiomas da comunicação humana, incluindo o que dispõe sobre forma e conteúdo – a comunicação não apenas transmite informações, como também impõe condutas.

WATZLAWICK, Paul; BEAVIN, Janet Helmick, JACKSON, Don. *Pragmática da comunicação humana – um estudo de padrões, patologias e paradoxos da interação*. São Paulo: Cultrix, 1967.

Essa é uma obra emblemática no campo da comunicação, fruto de uma pesquisa sobre o tema. Define alguns padrões comunicacionais e elenca o que seriam os cinco axiomas da comunicação humana: (i) é impossível não comunicar; (ii) toda comunicação tem um aspecto informativo (conteúdo) e outro relacional (forma); (iii) a comunicação se dá de maneira analógica (não verbal) e digital (verbal); (iv) os padrões comunicacionais são simétricos ou complementares; (v) a natureza de uma relação depende da pontuação das sequências comunicacionais (como cada dialogante significa a comunicação recebida de maneira a justificar a sua interpretação e reação).

Reflexões

_____
_____
_____
_____

12 – Estar atento à natureza dos discursos dos participantes

Narrativas e suas peculiaridades – descrevem mais as pessoas do que os fatos; mediadores como decodificadores de discursos

Teóricos estudam, refletem e escrevem sobre as narrativas de mediandos e de mediadores. De igual maneira, investigam as estratégias e as intervenções de cunho narrativo, que se fazem presentes na Mediação. Ter as narrativas como objeto de trabalho e de atenção conferiu-lhes um lugar de investimento e de investigação apurados.

Para alguns teóricos das narrativas, a natureza dos discursos dos mediandos deveria ser o principal foco de atenção dos mediadores. Acredita-se que os discursos falam mais das pessoas do que dos fatos e estar atento a sua natureza ajudaria a entender esse sujeito em particular, com o qual trabalhamos em Mediação.

Se prestarmos atenção nas falas das pessoas com quem convivemos, poderemos perceber a prevalência temática de seus discursos – há quem enxergue problema em pequenos eventos; há os que se ocupam predominantemente das soluções; há aqueles que destacam as faltas do outro (e, por vezes, de si próprio); há os que assinalam os ganhos, invariavelmente; há os voltados para o passado e aqueles que dirigem o olhar para o futuro; há os melancólicos e os eufóricos. Por isso, a crença de que narrativas falam mais das pessoas do que de fatos. Elas transcendem a mera exposição de ideias.

Os fatos serão descritos por esse sujeito em particular, com o seu perfil narrativo. O perfil narrativo diz da visão de mundo de cada um de nós, da nossa construção social; fala da lente que utiliza para perceber e descrever os eventos dos quais participamos. As narrativas criam realidades sociais.

Retomamos, assim, a ideia de versão em contraposição à de verdade fática. As narrativas dos mediandos nos ajudam a perceber o que cada um coloca em destaque no fato descrito e que tonalidade lhe confere. Tomando as narrativas como versão, e considerando que os sujeitos da Mediação estão em crise, não necessitaremos nos ocupar de sua proximidade com a verdade, mas sim da verdade desde a percepção de cada um, pois é ela que guiará as suas condutas.

Algum conhecimento sobre a natureza das narrativas humanas deve integrar a formação de mediadores e nortear suas intervenções. Afinal, é esse o seu cenário de atuação.

Por vezes, as intervenções mais eficazes são as que traduzem para um e para outro mediando o sentido e o significado de suas falas ou expressões, especialmente quando palavras abstratas são empregadas. O que significará respeito, confiança, segurança para cada um deles?

Distanciado da emoção que abriga a desavença e do significado particular que certas expressões verbais e não verbais têm em determinadas relações, mediadores podem emprestar a sua escuta para ampliar possibilidades de leitura para determinadas falas e atitudes dos mediandos – seus discursos verbais e não verbais.

Em paralelo à necessidade de eventual decodificação, mediandos constroem suas falas predominantemente na terceira pessoa do singular – "Porque ele..."; "Porque ela..." são as expressões discursivas mais frequentes, voltadas, em especial, para demonstrar as inadequações do outro. Essa é uma característica das narrativas dos contextos de controvérsia, o assinalamento do erro e da culpa.

Além das perguntas autoimplicativas, que trazem os sujeitos das frases para a primeira pessoa do singular, parte do trabalho do mediador é ajudar as pessoas a construírem discursos na primeira pessoa do plural. É o nós, expresso no Termo de Acordo, que selará compromissos e que traduzirá o ideal colaborativo da Mediação.

Mediadores devem possuir especial habilidade para o desempenho dessas duas tarefas – estar atento à natureza das narrativas dos mediandos e ter prontidão para intervenções eficazes a esse respeito. O campo da terapia, porque também trabalha exclusivamente com relatos orais, é fértil em literatura sobre narrativas[70]. A análise do discurso,[71] no âmbito literário, é o berço desse aprendizado também para os terapeutas.

Existe, hoje, uma modalidade de trabalho em Mediação conhecida como Mediação Narrativa, que prima por dedicar especial atenção às narrativas dos mediandos e por selecionar e utilizar intervenções calcadas em teorias narrativas. Em Mediação utilizamos inúmeras intervenções pautadas em norteadores comunicacionais e narrativos.

---

70 *O que é terapia narrativa? Uma introdução de fácil leitura*, é uma obra de Alice Morgan, profissional do Dulwich Center, Austrália, dedicada à docência de terapias narrativas. Essa publicação em português, do Centro de Estudos e Práticas Narrativas de Porto Alegre, oferece acesso a conceitos básicos no tema das narrativas, passíveis de serem transpostos para as práticas pautadas em narrativa e oitiva, como é o caso da Mediação.
71 Disciplina surgida em meados da década de 1960, a Análise do Discurso procura estudar a particularidade das formações discursivas, especialmente em seu caráter interativo. Ver em MAINGUENEAU, Dominique. ***Novas tendências em análise do discurso***. São Paulo: Pontes, 1997.

Referências bibliográficas

GLASERSFELD, Ernest von. La Construcción del Conocimiento. In: SCHNITMAN, Dora. (Coord.). *Nuevos Paradigmas, Cultura y Subjetividad*. Buenos Aires: Paidós, 1994.

Essa obra compila o texto de inúmeros pensadores que se reuniram em Buenos Aires no Encuentro Interdisciplinario Internacional Nuevos Paradigmas, Cultura y Subjetividad, organizado pela Fundación Interfás, em 1991. A redação de Von Glaserfeld resume alguns aspectos do modo de pensar construtivista – que fala de uma realidade construída, traduzida em narrativas. O texto vem seguido de um diálogo entre Glaserfeld – pesquisador da Universidade de Massachusetts –, Eveyn Fox Keller – professora do programa de Ciência e Tecnologia do MIT – e Barnet Pearce – teórico da comunicação.

WATZLAWICK, Paul (Org.). *A realidade inventada*. São Paulo: Editorial Psy, 1994.

Essa obra reúne nove pensadores, especialistas em diferentes áreas, que oferecem suas contribuições ao tema do construtivismo – construção da realidade ou, como preferia seu organizador, indagação da realidade. Dentre os autores, estão filólogos e filósofos, físicos e matemáticos, antropólogos, psicólogos e biólogos. Eles demonstram como as realidades científicas, sociais e individuais são construídas (inventadas) e traduzidas em narrativas. Os textos são ensaios que provêm de distintos campos do conhecimento e que guardam uma mesma linha de raciocínio, apesar de alguns de seus autores viverem distantes geograficamente e nunca terem se encontrado.

Reflexões

_____
_____
_____
_____

13 - Estar atento à qualidade de escuta dos participantes

Escuta inclusiva; escuta excludente

Tom Andersen, mencionado anteriormente quando discorremos sobre processos reflexivos na introdução deste capítulo, era um psiquiatra norueguês muito atento a questões narrativas e a distintas qualidades de escuta. Estudou o tema e compartilhou suas reflexões sobre escutas inclusivas e excludentes e sobre sua interferência nas conversas, nos seminários que coordenava. Chamava a atenção para o fato da escuta atenta e inclusiva favorecer o diálogo interno – conversas consigo mesmo, geradoras de reflexão.

São inclusivas as escutas que, atentas, consideram o ponto de vista do interlocutor como possibilidade a ser levada em conta. Essa é a natureza de escuta necessária na Mediação, e nos processos de diálogo em geral.

Por excludente, Tom identificava uma natureza de escuta que, também atenta, considera o ponto de vista do outro como objeto de contraposição. Esse é o tipo de escuta coerente com os processos adversariais. O interlocutor está sempre equivocado, e as palavras usadas em sua narrativa são utilizadas como armas na contra-argumentação para mostrar sua falta de razão ou sua impropriedade.

O cenário litigioso, frequentemente presente no início da Mediação, traz à mesa de negociação mediandos com pouca disponibilidade de escuta, atuando, com frequência, com muita necessidade de desqualificação.

É por conta dessa dificuldade de escuta e de uma postura reativa e impermeável que mediadores sugerem que, no início do processo de diálogo, mediandos se dirijam a eles e não ao opositor. Falar diretamente com o mediador possibilita não somente uma narrativa mais cuidadosa, como minimiza o contato visual entre os participantes, viabilizando, em ambos os casos – fala direta com o mediador e evitação do contato visual inicial com o opositor – uma escuta com menos resistência.

A escuta excludente é percebida, por vezes, na atitude e nas expressões faciais do ouvinte e torna clara sua ocorrência quando suas falas subsequentes servem, exclusivamente, para combater o que foi dito ou para abordar temas outros, desconsiderando o que o interlocutor trouxe à mesa. Por vezes, a fisionomia do ouvinte demonstra uma prontidão imediata para iniciar um novo assunto ou para rechaçar o que está sendo dito, mal suportando que o interlocutor finalize a sua fala.

Como em situações anteriores, o melhor espaço de intervenção para assinalar uma escuta excludente recorrente são as entrevistas privadas. Nelas, mediadores podem compartilhar o que percebem e podem mostrar que tal atitude contraria a premissa basilar do instituto: levar em consideração o ponto de vista do outro e seus interesses, com vistas a incluí-los nas soluções a propor. Perfis mais combativos terão muita dificuldade em adotar uma escuta inclusiva na Mediação – e, por vezes, na vida.

Um outro elemento que pode contribuir para que alguém não se dedique a genuinamente escutar o interlocutor é a percepção de que também não vem sendo ouvido durante a reunião de Mediação ou ao longo da convivência. Ou seja, a natureza excludente da escuta pode também ocorrer como reação/reciprocidade de tratamento.

Quando a escuta inclusiva se faz presente, mediandos podem ampliar suas alternativas de solução, porquanto trabalham em sinergia, contemplando interesses e necessidade de todos. Ser modificado pela fala do outro demonstra uma escuta inclusiva e é um dos ingredientes apontados por William Isaacs[72] como reveladores de participação genuína em um diálogo. Para Isaacs, sair modificado de uma conversa significa ter estado em diálogo. Por consequência, sair com as ideias intactas significa não ter participado do diálogo.

Referências bibliográficas

PEARCE, W. Barnett; LITTLEJOHN, Stephen, W. *Moral Conflict – when social worlds collide.* Thousand Oaks: Sage Publications, 1997.

Os autores descrevem como conflitos morais aqueles que surgem entre pessoas de mundos sociais distintos, em consequência de sua inabilidade para administrar as diferenças consequentes. O texto oferece uma visão construcionista – relativa à construção social do sujeitos – de realidades discursivamente construídas. Para os autores, a falha no alcance do entendimento está na ausência de habilidades comunicativas. O interesse central do livro é explorar novas formas de expressão dessas diferenças (chamadas pelos autores de morais) em direção a um discurso que as transcenda. É presumível o impacto que essa dissonância discursiva é capaz de provocar na escuta.

---

72 Ver em ISAACS, William. *Dialogue and the Art of Thinking Together.* New York: Currency, 1999.

TOM, Andersen. *Processos reflexivos*. Rio de Janeiro: Instituto NOOS e Instituto de Terapia de Família do Rio de Janeiro, 1996.

Esse livro, de fácil leitura, nos coloca em contato com o pensamento de Tom Andersen sobre a reflexão como instrumento de conexão com o outro e como ferramenta de intervenção. Tom diz que a posição de escuta é em si reflexiva. Preconiza o diálogo como recurso de transformação, desde que cuidado em seus múltiplos aspectos (o da escuta, inclusive).

Reflexões

_____
_____
_____
_____

14 - Estar atento à possibilidade de colonização dos discursos

A ideia da colonização inspirada em Foucault, e seu manejo; Habermas e os pressupostos para argumentação

Com Foucault, aprendemos sobre a colonização dos discursos e sobre a submissão quase automática que certas narrativas, providas de saber aparentemente inconteste, nos impõem. São exemplos dessa natureza de narrativa: o discurso médico, o discurso do advogado ou de outros especialistas e, o discurso de um piloto de avião. O que esses sujeitos nos disserem para fazer no campo de sua área de conhecimento, faremos. Fazemos porque os revestimos de inestimável e incontestável autoridade e inestimável saber a respeito de temas específicos, especialmente quando nos oferecem orientação em momentos de especial suscetibilidade.

Nas situações em que a submissão inconteste não se faz presente, para as quais elegemos ser reativos — uma outra natureza de submissão —, tendemos a ficar colonizados pelo discurso do opositor, dedicando-nos a argumentar e a contra-argumentar suas narrativas, como forma de demonstrar nossa oposição e de demarcar uma posição de combate.

Essa cena pode ser reproduzida nas reuniões iniciais de Mediação, quando a necessidade de marcar oposição e posição é entendida como vital pelos mediandos. De maneira geral, a primeira fala em uma reunião de Mediação funciona como fio condutor para a fala seguinte e, às vezes, para as falas subsequentes[73]. Alguém que em oposição ouve o que discorda, prontamente se disponibiliza a corrigir o que foi reportado ou a oferecer uma versão diferente. Assim acontecendo, fica a segunda pessoa a expor, colonizada pelo discurso da primeira.

Em realidade, a reação é uma outra natureza de submissão, uma vez que abrimos mão de agir da forma que consideramos adequada ou pertinente (ou de dizer o que consideramos oportuno) para nos dedicarmos a manter o foco e a energia voltados ao discurso ou à ação do outro, desprezando um discurso e uma ação próprios.

As intervenções clássicas, quando a colonização acontece, têm sido: (i) atender os mediandos em entrevistas privadas inicialmente, a fim de conhecer os discursos particulares de cada um, suas motivações e expectativas; (ii) dizer ao segundo mediando que fale em uma entrevista conjunta, que pode utilizar seu tempo contrapondo-se ao que foi dito e oferecendo correções a partir da sua percepção, ou permitindo ao mediador conhecer seu ponto de vista genuíno, independentemente do que acabou de ouvir. Se optar pela segunda hipótese, o mediando mantém consigo o poder de escolha sobre como usará seu tempo de fala e sobre a direção que dará a sua narrativa.

Em paralelo, o campo da contra-argumentação reativa, por sua vez, restringe os temas e a participação dos mediandos no processo de diálogo. O filósofo alemão Jürgen Habermas, em suas reflexões relativas à qualidade da comunicação humana, fala-nos de uma ética discursiva que seria universal e estaria também expressa na prática da argumentação e da contra-argumentação.

Para Habermas, há pressupostos éticos para a argumentação, que incrementam as possibilidades de o diálogo caminhar ou não, viabilizam escutas mais inclusivas ou não. Esses pressupostos da ação comunicativa integram padrões de comportamento e, para que a contra-argumentação não obstaculize o diálogo deve contemplar:

---

[73] No texto Empowerment and Mediation – A Narrative Perspective, publicado no *Negotiation Journal* 9:3 (July 1993), pp. 245-255, Sara Cobb nos chama a atenção para a força das narrativas, comentando sobre o risco de uma fala inicial na Mediação se estabelecer como fio condutor de todo o processo de diálogo, inclusive do texto de acordo.

- a não contradição – é preciso que haja similaridade e manutenção do significado das palavras empregadas anteriormente pelo interlocutor, para que a coerência da conversa seja mantida; Ex.: se a palavra "respeito" vem sendo utilizada com relação ao comportamento oferecido no trato com o outro, não contra-argumentar dizendo que tem sido uma pessoa respeitosa porque paga todas as contas;
- a autenticidade e a pertinência na adição de tópicos – é necessário que cada participante do diálogo traga para a conversa somente o que acredite ser verdadeiro e não adite tópicos que não sejam pertinentes ao tema; Ex.: se a conversa tem como foco a menor dedicação de um filho aos estudos, não contra-argumentar abrindo uma janela temática nova para mostrar irresponsabilidade na forma como esse filho conduz um veículo;
- a competência para participar, questionar e introduzir novas assertivas e expressar-se sem coerção – esses são pressupostos adicionais, que devem integrar conversas voltadas ao consenso; eles dizem respeito à existência de competências emocional e cognitiva que viabilizem a construção de consenso, articulando razão e emoção, sem incluir a coerção.

Como num processo de Mediação, os diálogos facilitados pelo mediador contemplam a argumentação e a contra-argumentação, recursos propiciadores de entendimento e de desentendimento, tem-se considerado útil incluir como parâmetro de análise e de trabalho os pressupostos de argumentação destacados por Habermas.[74]

É fascinante o que o âmbito das narrativas pode oferecer de subsídios para aqueles que trabalham com oitivas, como os mediadores.

O campo das narrativas nos possibilita um sem-número de intervenções igualmente discursivas, que potencializam em muito os propósitos da participação de um terceiro imparcial na facilitação de diálogos que visem ao consenso.

---

74 Ver em Como a teoria da ação comunicativa de Jürgen Habermas pode auxiliar mediadores no trabalho de facilitar diálogos. **Pressupostos da ação comunicativa** (2006) – texto referido na bibliografia. A teoria da ação comunicativa de Habermas é atravessada por três vieses: o sociológico, que fala da interação linguística dos indivíduos; o psicológico, que identifica individuação e autorreflexão nos processos comunicativos; e o filosófico, que aponta para a moral e a ética contidas na linguagem.

Referências bibliográficas

ALMEIDA, Tania. Como a teoria da ação comunicativa de Jürgen Habermas pode auxiliar mediadores no trabalho de facilitar diálogos. Resultado: *Revista de Mediação e Arbitragem Empresarial* – CBMAE/CACB – Ano II, n. 17, jan./fev. 2006.

Jürgen Habermas é um filósofo alemão que desenvolveu teorias relativas à pragmática da comunicação humana. Ele acredita que existem pressupostos de argumentação inerentes à comunicação humana, que coordenam o comportamento por meio da linguagem. Autor dedicado à filosofia analítica da linguagem, Habermas nos convida, por intermédio de sua Teoria da Ação Comunicativa, a incluir a possibilidade de uma ética discursiva universal. Esse texto articula os pressupostos de argumentação de Habermas com a atividade do mediador.

FOUCAULT, Michel. *A ordem do discurso.* São Paulo: Edições Loyola, 1996.

Um pequeno grande livro que corresponde à aula inaugural ministrada em dezembro de 1970 no Collège de France. Foucault chama à reflexão o fato de estarmos encarcerados por determinados discursos, que legitimamos como revestidos de poder – textos religiosos, textos políticos, textos científicos, disciplinas. Foucault tem novamente o tema do poder como pano de fundo e como cenário de reflexão.

Reflexões

_____
_____
_____
_____

15 – Visitar o lugar do outro

Imaginar-se em situação ou posição semelhante no presente, ou no futuro; promover reflexão a respeito

O princípio do imperativo categórico de Kant – agir de forma a não fazer ao outro o que não aceitaria que a você fizessem – poderia ser um bom início de conversa para os casos de Mediação em que a necessidade do outro não é perceptível aos olhos do opositor, e quando visível não se mostra pertinente ou palatável. No entanto, ao mesmo tempo em que o imperativo kantiano pode parecer justo aos olhos de alguns, soa acusatório aos ouvidos de outros, especialmente se sugerido como norteador de conduta em momentos de desavença.

É delicada a proposta de visitar o lugar do outro, notadamente num momento em que não importa muito o que ao outro aconteça, como em ocasiões de controvérsias. O princípio ético de não impor a alguém o que não aceitaríamos que nos fosse imposto fica pouco convincente quando a animosidade tem lugar.

Podemos correr os riscos que essa intervenção oferece, apresentando-a cruamente, ou podemos tê-la como pano de fundo de algumas perguntas que não impeçam que a reflexão ocorra ou seja barrada pela reatividade.

Uma possibilidade de chamar à reflexão o mediando que parece mais favorecido em determinadas situações é convidá-lo a se colocar em situação semelhante a do outro (em termos de desbalance), em momento futuro. Ex.: "Imaginando cinco anos adiante, como você lidaria com uma situação de desbalance em que você fosse o menos favorecido?". Ou ainda, uma reflexão que convide ao equilíbrio da situação: "Você tem alguma proposta a apresentar em que um eventual desbalance favoreça menos você/mais o outro?"

Construindo-se a intervenção dessa forma, evita-se a troca de lugar com quem não merece cuidados no momento – ao menos do ponto de vista do mediando opositor. Assim procedendo, coloca-se o próprio mediando voltado à reflexão frente à imprevisibilidade do futuro ou à possibilidade de ver invertidos os papéis, em termos de necessidades e possibilidades.

Por vezes, a demanda por essa natureza de intervenção vem do fato de um mediando aparentar pouca escuta para as preocupações e necessidades do outro. Perguntas que convidem a considerar possíveis premissas e interesses desse outro podem ajudar a provocar reflexões a respeito: "Você tem ideia do que faz fulano demandar este item, dessa forma?"; "Se você tentar entender essa demanda sob a perspectiva de fulano, em que valores relacionais ela parece estar assentada?"; "Esses são valores que parecem pertinentes para alguém que está vivendo essa situação?".

Para minimamente visitar o lugar do outro, é preciso utilizar as lentes que o outro usa para ler a realidade e para delinear interesses e necessidades.

Hebel[75] chama a atenção para a dificuldade de se experimentar os parâmetros do outro − a visão de mundo ou a *weltanschaung* de um indivíduo é construída sobre seus valores e experiências de vida e funciona como um filtro para a informação. Ou seja, não entender o outro a partir de sua perspectiva não é somente uma questão de oposição situacional. A visita ao lugar do outro pode sim estar dificultada pela lente − visão de mundo − que cada um possui, pois a diversidade de filtros não permite perceber como legítima a outra perspectiva. Esse esclarecimento ajuda mediandos e mediadores a manejarem com maior cuidado e tolerância eventuais dificuldades na percepção do ponto de vista do outro.

William Ury usa uma metáfora muito representativa para o manejo de situações negociais com pessoas difíceis (ou em contextos difíceis) − "Faça-os caírem em si, não de joelhos".[76] Ou seja, a melhor intervenção é a que possibilita a reflexão, inclusive a reflexão sobre as diferentes lentes utilizadas por um e por outro. O fato de mediandos serem capazes de admitir que a diversidade de percepções é decorrente da diferença de visões de mundo/ histórias de vida, já é cenário para valiosas reflexões.

Referências bibliográficas

MARTINELLI, Dante Pinheiro; GHISI, Flávia Angeli (Coords.). ***Negociação − aplicações práticas de uma abordagem sistêmica***. São Paulo: Saraiva, 2006.

O livro é uma compilação de artigos de profissionais das áreas da engenharia, zootecnia e administração. Os autores trazem a abordagem sistêmica

---

[75] Ver em HEBEL, M. World-views as the Emergent Property of Human value System. *Systems Research and Behavioral Science*, 16: 253, May 1999 apud *Negociação − aplicações práticas de uma abordagem sistêmica* (obra mencionada na bibliografia deste tema).

[76] Esta citação é título do capítulo 5 (p.117) do livro *Supere o Não − negociando com pessoas difíceis* (na bibliografia a seguir).

para o cenário da negociação e exploram com vigor, em dois capítulos, a ideia de visão de mundo dos negociadores, o que resulta na proposta de colocar-se no lugar do outro para entendê-lo a partir de sua ótica. A Mediação é articulada no capítulo que versa sobre o envolvimento de uma terceira parte no conflito.

URY, William L. *Supere o não – negociando com pessoas difíceis*. São Paulo: Best Seller, 1990.

Essa obra solo de William Ury foi escrita 10 anos depois de *Getting to Yes* e trata de norteadores de abordagem com pessoas resistentes à negociação, às quais Ury se refere como oponentes. Para evitar reações, rompimento, revide ou concessão, Ury propõe um leque de intervenções que têm como cenário primordial colocar-se no lugar do outro.

Reflexões

_____
_____
_____
_____

16 – Redefinir com conotação positiva

Por que definir de uma outra forma e com tom positivo? Por que recontextualizar?

Redefinir é definir novamente. Conotar positivamente é encontrar motivação legítima ou intenção positiva no que foi dito ou feito.
 Por que mediadores se ocupam de repetir algo já verbalizado, atribuindo-lhe uma intenção mais favorável do que aquela que a princípio seria depreendida? Porque mediandos ainda contaminados pela adversarialidade, atropelam-se em suas narrativas e pouco de positivo conseguem expressar, especialmente em relação ao outro com quem estão em oposição.

Essa é mais uma intervenção do campo das narrativas (e da comunicação não violenta – CNV) que procura tornar compreensível, pelo viés das motivações legítimas ou das intenções positivas, uma palavra dita ou, ainda, um conjunto de palavras ditas. Como outras intervenções dessa natureza – parafraseio e validação – busca positividade de intenções e possibilita legitimar sentimentos, preocupações, necessidades desatendidas e valores soterrados sob atitudes impróprias.

A etapa do relato das histórias é aquela que mais demanda o uso de ferramentas vindas do campo da comunicação e das narrativas. Como tende a ser a mais longa das fases do processo – para que todos tenham oportunidade de expor seus pontos de vista e para que o mediador possa identificar, em meio às informações oferecidas, os interesses, as necessidades, as preocupações e os valores destacados –, intervenções pautadas em narrativas como a redefinição com conotação positiva são demandadas repetidas vezes.

Como a oralidade atravessa o processo de Mediação e o norteia, qualquer momento é apropriado para a utilização de técnicas dessa natureza. É uma ferramenta que refaz cenários (recontextualiza) e formas de expressão, possibilitando novas percepções dos fatos e das intenções e aprendizado quanto à forma de expressão.

A conotação positiva é uma abordagem originalmente identificada como intervenção por um grupo de psicoterapeutas de família conhecido como Escola de Milão. Sob a influência do Mental Research Institute, de Palo Alto, Califórnia, os milaneses trabalharam arduamente, em meados do século passado, para ampliar as técnicas a serem utilizadas em situações emocionais graves, especialmente aquelas advindas de contextos familiares.

Atribuir uma qualidade positiva a fatos ou ações percebidos socialmente como negativos auxiliava os familiares de pessoas em crise a ampliar seu olhar para o que antes só podia ser visto como inadequado. Com a conotação positiva, mães fortemente superprotetoras podiam ser vistas também como preocupadas e interessadas; atitudes agressivas podiam ser redefinidas como fortes tentativas de se fazer ouvir; omissões de erros podiam ser entendidas como maneiras assustadas de evitar conflitos. A chave da conotação positiva e de sua eficácia está em ter uma âncora no real onde possa se sustentar.

Ou seja, conotar positivamente uma intenção não é dar cores claras e suaves a atitudes ou fatos, indiscriminadamente, o que provocaria descrédito no mediador e na Mediação. Conotar positivamente significa olhar com outras lentes/(re)contextualizar.

Esse ato só é possível para o mediador, porque não tem envolvimento com a situação. Assim, sua tentativa de encontrar alguma positividade de intenções em atitudes socialmente inadequadas costuma ser compreendida pelos mediandos. As técnicas da validação, dos resumos e alguns parafraseios, intervenções tratadas na sequência, se alimentam de igual premissa.

A redefinição com conotação positiva possibilita que o autor da fala ou do ato reveja a sua forma de expressar as próprias ideias e viabiliza que seu interlocutor acolha com mais generosidade o que foi dito ou feito, pois ouve pela voz do mediador um enredo descrito com palavras mais cuidadosas e com intenções de natureza mais apropriada.

Referências bibliográficas

MOORE, Christopher W. La Comunicación y la Influencia del Mediador en las Intervenciones de Manejo del Conflicto – Reflexiones de un Praticante sobre la teoria y la práctica. In: FOLGER, Joseph; JONES, Tricia (Orgs.). ***Nuevas Direcciones en Mediación – Investigación y Perspectivas Comunicacionais.*** Buenos Aires: Paidós, 1997.

O livro está dedicado a uma perspectiva comunicacional da Mediação e esse artigo escrito por Moore faz especial menção à redefinição – traduzido por ***enmarcamiento y reenmarcamiento*** – de uma situação, uma questão, uma posição, um interesse, um momento, um sentimento. Moore afirma que uma redefinição pode determinar um entendimento ou um impasse. Ou seja, é intervenção construída com base na sensibilidade do mediador, cuja eficácia vai depender da adequação de seu conteúdo e aplicabilidade.

SHAILOR, Jonathan G. Desenvolvendo uma abordagem transformacional à prática da Mediação: considerações teóricas e práticas. In: SCHNITIMAN, Dora Fried; LITTLEJOHN, Stephen (Orgs.). ***Novos paradigmas em mediação.*** Porto Alegre: Artmed, 1999.

Jonathan é professor de Comunicação da Universidade de Wisconsin-Parkside e mediador, além de autor de ***Empowerment in Dispute Mediation: A Critical Analisys of Communication*** (Praeger, 1994). Nesse capítulo do livro, Jonathan desenvolve temas da Mediação Transformativa e dedica cinco páginas à redefinição: (i) de ataques, transformando-os em declarações de necessidade; (ii) de abstrações, traduzindo-as em declarações concretas; (iii) de posicionamentos, convertendo-os em interesses; (iv) de orientações negativas, decodificando-as em orientações positivas; (v) de enfoque no passado, convertendo-o em enfoque no futuro; (vi) de uma perspectiva individual, substituindo-a por uma perspectiva social; (vii) de um posicionamento de certeza, reconfigurando-o como um posicionamento de possibilidade.

Reflexões

_____
_____
_____
_____

17 - Resumo

Como, por que e quando a sensibilidade do mediador determinar

Resumir implica em reduzir e restringir a alguns pontos um discurso escrito ou falado, assim como um fato.

Como em intervenções mencionadas anteriormente – validar e redefinir com conotação positiva –, o resumo também é um recurso do campo das narrativas. Na Mediação, o resumo tem igualmente a força de tornar memorável o que a volatilidade esvaneceria. Destina-se a condensar um certo volume de fala e dela selecionar o que a subjetividade do mediador considerar significativo/relevante para o caso, em um determinado momento – questões, perspectivas, preocupações, sentimentos, necessidades, interesses, alternativas de solução, são temas passíveis de serem contemplados pelos resumos.

Uma vez mais, a sensibilidade do mediador atuará como filtro seletivo, já que sua escuta atenta é que determinará a coleção de temas a ser retratada pelo resumo[77]. Mediadores precisam estar preparados não somente em

---

[77] Alexandra Carter, professora de Mediação da Faculdade de Direito da Columbia University de Nova York, sugere que os resumos devam contemplar fatos, sentimentos e propostas de solução. Esses três elementos podem vir juntos em um mesmo resumo ou em combinações distintas, dependendo da narrativa apresentada pelos mediandos, do momento em que o resumo é oferecido e do impacto esperado.

termos de competência para a orquestração do processo, mas, especialmente, em termos de sensibilidade. É preciso permissão para entrar em contato com a própria subjetividade de forma a emprestá-la, em justa medida, para perceber, incluir e articular o que para os mediandos não é possível perceber, incluir e articular.

Alguns autores[78] sugerem firmemente que mediadores conversem de modo deliberado consigo mesmos durante e após as reuniões de Mediação. Esses diálogos internos, em realidade, ocorrem em todos nós enquanto nos expressamos verbalmente – conversamos com o que lemos, ouvimos e vivenciamos; colocamos em palavras a síntese dessas articulações.

Os resumos também são a síntese dessas conversas internas do mediador e possuem o inestimável valor de viabilizar que os mediandos ouçam o que verbalizaram anteriormente pela sua voz e com base no seu instrumentalizado e sensível entendimento. Como resultado desses diálogos internos, o mediador, uma vez mais, cuidará para utilizar palavras positivas de modo a incrementar as possibilidades de efetiva escuta por todos – redefinições com conotação positiva deverão, sempre que possível, integrar os resumos. O mediador também cuidará para que os resumos não suscitem nos mediandos a impressão de parcialidade.

A passagem dos relatos pela voz do mediador contribui ainda para uma escuta inclusiva – aquela que considera o texto ouvido como passível de consideração e reflexão. Durante as reuniões, ao seu início ou ao seu término, os resumos podem estar revestidos de distintas finalidades.

Aqueles que entremeiam as reuniões de Mediação podem ocorrer ao término de cada fala, após um par de falas – de um e de outro mediando – ou, ainda, depois que a narrativa dos participantes tiver se estendido por algum tempo – resumos de texto único. Eles são sempre organizadores do que foi dito e servem, inclusive, para checar se o entendimento do mediador está correto.

Quando o resumo ocorre após a fala individual de cada participante, tem também o condão de procurar reunir temas que tenham sido apresentados como relevantes, assim como identificar interesses e valores – comuns, ou não. Essa possibilidade amplia a escuta dos mediandos e contribui para fomentar uma postura colaborativa na confecção de soluções de benefício mútuo.

---

[78] Daniel Bowling, Howard Herman e Claudia Bernard apresentaram um seminário na 13ª Conferência da Seção de Resolução de Disputas da American Bar Association, ocorrida em Denver, em abril de 2011, dedicado ao tema Mediating from the Inside Out: Skillfully Managing our Internal Dialogue During Mediation.

Ao término das reuniões, os resumos têm o potencial de costurar todos os pontos positivos e complementares trazidos. Sair da reunião com essa mensagem – e quiçá, com essa memória – fecha muito positivamente o diálogo e cria um cenário favorável para um próximo encontro.

A positividade precisa integrar as técnicas eleitas pelos mediadores, uma vez que o contexto da controvérsia não permitirá que seja vislumbrada naturalmente. Mediandos precisam ser convidados continuamente para a possibilidade do entendimento e da autocomposição. Essa tarefa é do mediador e se traduz em sua postura e em suas intervenções.

Não há veto para os resumos que reúnem aspectos negativos e/ou dissonantes da situação – o que rege a ocorrência dos resumos e a construção de seu conteúdo é a efetividade e eficácia que possam agregar ao processo de diálogo.

Referências bibliográficas

AZEVEDO, André Gomma (Org.). *Caderno de exercícios em mediação judicial*. Brasília/DF: Ministério da Justiça e Programa das Nações Unidas para o Desenvolvimento – PNUD, 2012.

Essa obra complementa o Manual de Mediação oferecido pelo Ministério da Justiça e pelo PNUD e foi também organizada pelo Professor André Gomma de Azevedo. A articulação das duas publicações oferece àqueles que se encontram em capacitação pelo Programa que coloca em parceria a Secretaria de Reforma do Judiciário do Ministério da Justiça e o Movimento pela Conciliação do Conselho Nacional de Justiça um acervo de valia, também no relativo aos aportes técnicos para a prática do instituto. A intervenção conhecida por resumo está contemplada nas duas obras e há exercícios a ela relativos no Caderno de Exercícios em Mediação Judicial.

VEZZULLA, Juan Carlos. *Mediação: teoria e prática – guia para utilizadores e profissionais*. Barcelos: Agora Publicações, 2001.

Essa obra é uma edição portuguesa que reúne duas publicações anteriores do autor e sintetiza 20 anos de trabalho. Juan é docente renomado e com expressiva inserção em programas de capacitação de mediadores brasileiros e portugueses. Na base de sua abordagem estão a psicanálise e uma coletânea de conhecimentos sobre as diferentes escolas em Mediação. Juan compartilha nessa edição ideias pilares sobre a Mediação e oferece significativos norteadores sobre o que devem contemplar os resumos.

Reflexões

_____
_____
_____
_____

18 - Oferecer um resumo inicial

Por que destacar esse momento

O retorno a uma reunião de Mediação é momento delicado e de extrema importância. Afinal, em função do caráter voluntário que caracteriza esse instituto, significa que houve, por parte dos mediandos, deliberação em se manter em diálogo.

Dependendo do tempo transcorrido entre uma reunião e outra e do nível de animosidade entre os mediandos, esse retorno pode estar marcado, em maior ou menor medida, pela retomada de posições nitidamente adversariais.

No intervalo entre reuniões, é frequente que os mediandos se distanciem de um estado de maior interação que possam ter atingido ao final da reunião anterior, ou em algum momento do processo de diálogo. Em parte, porque o ato de migrar da posição adversarial para a colaborativa é um processo que toma tempos cronológicos distintos para cada um e coloca um pé lá e o outro cá, até firmar os dois pés em um lado só; em parte, porque os intervalos entre as reuniões possibilitam conversas tensas consigo mesmo e com as redes de pertinência.

Algumas dessas redes, ao tomarem conhecimento de certa evolução no diálogo entre os opositores, relembram os mediandos da dor provocada pelo outro e do cuidado que é preciso ter com relação a esse outro que há bem pouco tempo maculou a confiança. Essa é uma história que se repete tão frequentemente que beira à generalização.

O resumo inicial, como forma de recepcionar os mediandos, tem especial propósito de resgatá-los para os bons momentos do processo de entendimento e para as conquistas anteriores. De forma geral, fazem um apanhado de todo o processo de diálogo até então, ressaltando os pontos positivos e, em especial, as convergências.

Se os intervalos podem distanciar os mediandos da construção colaborativa em curso, também podem aproximá-los – com ou sem a ajuda de suas redes de pertinência. Para esses casos, os resumos iniciais reafirmam suas percepções e validam suas expectativas positivas com relação ao processo de Mediação e à autocomposição.

Reflexões

_____
_____
_____

19 – Parafrasear

Por que repetir expressões ou frases? Qual o seu valor interventivo?

Paráfrases são formas distintas de enfatizar frases, textos ou expressões sem alterar o significado da versão original. Por que considerar esse ato uma ferramenta? Que impacto pode produzir uma abordagem dessa natureza?

Essa natureza de intervenção está acompanhada por outras, do campo das narrativas, que procuram tornar memorável o que pode ser efêmero.

Sabemos que a palavra escrita funciona como um registro documental, ao qual podemos voltar a qualquer momento, por quantas vezes quisermos.

O oposto se dá com a palavra falada. Com muita frequência, esvanece ao término da pronúncia da última sílaba, especialmente quando a memória não quer ou não pode registrá-la. Pode até ser contestada ou desmentida, quando já não integra mais claramente a lembrança. Ou, ainda, pode ficar gravada para sempre, a partir de uma interpretação equivocada ou de um marco mnemônico que a cristalize, como uma data significativa, por exemplo.

A Mediação utiliza uma série de intervenções que se destinam a marcar na memória as palavras ditas: por vezes, já positivamente ressignificadas, como almeja o resumo com conotação positiva; por vezes, para que ressoem e provoquem nos sujeitos a escuta de suas próprias narrativas e consequente reflexão, como almejam as paráfrases. Alguns autores consideram as paráfrases intervenções distintas do resumo e outros utilizam as técnicas como sinônimas.

Para os que fazem distinção, o parafraseio é mais curto que o resumo e tenta reproduzir exatamente – preferencialmente empregando as mesmas palavras – o que foi dito pelos mediandos. No resumo, a fidelidade ao sentido e à intenção é maior do que a fidelidade às palavras. A intervenção em que as mesmas palavras utilizadas pelos mediandos são repetidas é também chamada por alguns teóricos de espelho.[79]

Por que marcar-lhes a memória com suas próprias falas? Porque foram falas identificadas como significativas pela subjetividade do mediador. Quando são falas contundentes, para que se deem conta da veemência empregada; quando distintas da narrativa habitual, para que assim as percebam; quando autoimplicativas, para que assim as registrem; quando colaborativas, para que assim as memorizem.

Parafrasear é também um marcador reflexivo. Para que a reflexão aconteça, o ato de parafrasear precisa ser solene, em tom apropriado, metacomunicando que algo importante foi dito por alguém. Algo não passou despercebido pelo mediador, que tomou a atenção de todos por um instante para repetir o que ouviu. No mínimo, um convite a parar para pensar. Sem dúvida, uma ferramenta a serviço da escuta inclusiva e da reflexão.

Referências bibliográficas

CARAM, María Helena; EILBAUM, Diana Teresa; RISOLÍA, Matilde. *Mediación – Diseño de una Práctica*. Buenos Aires: Librería Editorial Histórica, 2006.

---

[79] Ver CARAM, Maria Helena. *Mediación Diseño de una Práctica*. Buenos Aires: Librería Editorial Histórica, 2006. p. 174, onde essa referência é mencionada.

Escrito por três advogadas, esse livro pode ser uma referência para os praticantes da Mediação, uma vez que segue o passo a passo do processo, discorrendo sobre suas ferramentas e enxertando reflexões. Para docentes, essa obra oferece uma sistematização didática na sequência de seus capítulos.

Com relação ao tema parafrasear, aborda-o com minúcia: como se realiza, quando é oportuno, funções dessa intervenção, questionando ainda a quem parafraseamos?

SELVA, Chantal. *La PNL Aplicada a la Negociación.* Buenos Aires: Granica, 1997.

A autora faz uma especial articulação entre a programação neurolinguística e processos de negociação ganha-ganha. A PNL parte do princípio de que nossa maneira de pensar e de sentir, assim como nossos comportamentos, são programados desde a infância. Parte dessa construção se dá por representações sensoriais – visual, auditiva, sinestésica, parâmetros que podem ser utilizados para encontrarmos em nós mesmos recursos necessários para atuar na vida (e nas negociações). A Mediação, porque dedica atenção às narrativas, às emoções e ao cenário ambiental onde se desenvolve, tangencia esses três vieses de contato com o ser humano, no pensar da PNL. Repetir expressões ou palavras trazidas à mesa de negociações pelos mediandos, vale-se do plano auditivo da PNL para provocar autoescuta e reflexão.

Reflexões

_____
_____
_____
_____

20 - Transformar relatos negativos ou acusações em preocupações, em necessidades desatendidas ou em valores de interesse comum

Incluindo algumas emoções e sentimentos nas negociações; redefinindo interpretações negativas

Quando Roger Fisher e Daniel Shapiro publicaram, em 2005, *Beyond Reason – using emotion as you negotiate*, comentou-se que a dedicação dos autores ao tema era um movimento compensatório com relação à publicação de *Getting to Yes*, que apresentou ao mundo os quatro princípios norteadores para as negociações baseadas em interesses. Acreditou-se, naquele momento, que *Beyond Reason* vinha preencher a lacuna da publicação anterior, que, supostamente, não teria considerado as emoções e os sentimentos como integrantes das negociações baseadas em interesses.

Seja como for, o texto de *Beyond Reason* nos ajuda a considerar que sob algumas acusações trazidas à Mediação – elemento frequente nas narrativas dos mediandos – residem valores que não foram respeitados pelo outro, ou preocupações não atendidas à suficiência.

Essa é uma saída de emergência valiosa para mediadores, sempre que a narrativa da controvérsia está fortemente povoada por relatos negativos ou por acusações. Retomando a metáfora do iceberg, assim como identificamos interesses sob posições, identificaríamos preocupações ou valores violados sob as acusações ao comportamento ou atitudes do outro.

Na mesma linha de raciocínio das redefinições com conotação positiva e da validação – ferramentas abordadas anteriormente –, as narrativas que repetidamente se assentam em fatos negativos ou em acusações podem ser redefinidas sempre que, em sua base, encontrarmos preocupações ou valores/necessidades não respeitados. Aqui também, como nas intervenções já mencionadas, as redefinições precisam estar ancoradas em intenções ou situações reais.

A escuta seletiva do mediador – que registra em meio às narrativas os interesses comuns e complementares – ampliaria esses norteadores para incluir também a revelação de preocupações e de valores/necessidades violados que jazem sob as denúncias trazidas nos relatos ou sob as fortes expressões de sentimento.

Assim, uma mácula na confiança pode estar traduzida por acusações de mentira; a não observância do respeito pode aparecer em um relato de agressividade; uma preocupação com a segurança pode estar mencionada em um feito de descuido ou negligência. Somente o olhar atento, sensível e isento do mediador pode identificar esses desdobramentos nas narrativas fortemente emocionadas ou culpabilizantes.

À parte, vale relembrar que, nas situações de litígio, não importa o que o outro faça ou que mudança proponha. Depois de transformado em inimigo, suas atitudes e ações sempre parecerão uma inadequação previsível, ou uma estratégia maliciosa. Ou seja, a interpretação negativa, tão própria das situações conflituosas, pode também ser a base das narrativas acusatórias.

Como não cabe aos mediadores cuidar dos sentimentos e das mágoas que o conflito possa ter ajudado a construir, a técnica da validação e as redefinições que se ancorem em preocupações ou em valores/necessidades eventualmente violados podem ser de valia nessas circunstâncias.

Referências bibliográficas

FISHER, Roger; SHAPIRO Daniel. ***Beyond Reason – Using Emotions as You Negociate***. New York: Penguin Books, 2005.

Os autores, integrantes do Harvard Negotiation Project, legitimam nesse livro a participação das emoções, mesmo as negativas, nos processos negociais. Enquanto *Getting to Yes* (livro anterior resultante do mesmo projeto) parecia dar pouca relevância às emoções, nessa obra elas tomam um lugar semelhante ao que as posições tiveram em *Getting to Yes*: emoções e manifestação de sentimentos estariam a serviço de encobrir valores/necessidades não cuidados e preocupações desatendidas, assim como as posições encobririam os interesses. Lendo dessa forma, mediadores cuidariam para identificar preocupações e valores sob posturas aparentemente inadequadas dos mediandos.

MATURANA, Humberto. Percepção: configuração condutal do objeto. In: MATURANA, Humberto. ***Da biologia à psicologia***. Curitiba: ArtMed, 1998.

Maturana é um biólogo chileno que muito contribuiu para o pensamento construtivista. O construtivismo afirma que a realidade não é apreensível, uma vez que é atravessada por nossa percepção e por nossa construção social (construcionismo social), o que transforma qualquer observador em não isento. Nesse capítulo do livro, Maturana diz que, nesse sentido, a percepção se aproxima da ilusão, pois consiste na configuração que um observador faz dos objetos, traduzida posteriormente em explicações e descrições. Dessa forma, relatos negativos e acusações são assim definidos por um observador na interação com um outro com o qual está em oposição; um observador que descreve ou explica sua percepção dessa maneira.

Reflexões

_____
_____
_____
_____

21 - Auxiliar na identificação de histórias alternativas ou periféricas

Sara Cobb e o emprego dessa ferramenta; teoria das narrativas; questionamento apreciativo

Sara Cobb é uma reconhecida mediadora americana, que inclui em seu trabalho e em seus treinamentos inúmeros aportes relativos a narrativas. Seu norteador de atuação em Mediação – circular-narrativo – reúne um conjunto de pressupostos advindos do pensamento sistêmico e da teoria das narrativas. Sara tem na identificação de histórias alternativas ou periféricas uma intervenção de especial predileção

Entende-se por história alternativa ou periférica um conjunto de eventos positivos e situações de entendimento que não são incluídos na narrativa beligerante, retratada inicialmente.

Como a desavença coloca as pessoas frente aos aspectos negativos da interação, os fatos positivos e os momentos de negociação colaborativa e de entendimento são, de maneira geral, excluídos das narrativas iniciais, e daquelas recursivamente trazidas (histórias originais/oficiais) à Mediação.

Para entrar em contato com as histórias alternativas ou periféricas, é necessário fazer perguntas que ajudem a identificá-las no curso da convivência. Visitar o positivo em meio aos eventos de desentendimento é tarefa árdua que convoca a sensibilidade do mediador na identificação do melhor momento para propor essa visita.

As histórias alternativas ou periféricas possibilitam, como mencionou Sara Cobb, que a reconstrução da relação social – um dos objetivos da Mediação – seja incentivada. Elas surgem provocando a desestabilização das histórias originais/oficiais e a reorganização do contexto de convivência pela inclusão do positivo (em meio ao negativo). Poder incluir um saldo positivo relativo à interação pretérita, no momento da desavença, auxilia no resgate de uma interação pacífica e colaborativa entre os envolvidos.

As histórias alternativas demonstram que a mesma relação que produziu o conflito tem potencial para produzir soluções colaborativas, entendimento e tomada de decisões baseadas em consenso. Frente às histórias alternativas, trabalha-se com a ideia de resgate e não com a ideia de inauguração do entendimento, empoderando as pessoas e as colocando de frente para o potencial positivo de sua interação. Essa ferramenta tem poder inestimável na negociação presente, assim como nas vindouras.

Um outro instrumento que potencializa o positivo de uma interação é o questionamento apreciativo, abordado na introdução a este capítulo, no segmento dedicado ao diálogo. O questionamento apreciativo é composto por perguntas que se interessam pelo positivo que uma determinada relação pode ou poderá produzir. Dedica-se a conhecer o que já funcionou na interação e quais habilidades pessoais foram utilizadas em momentos anteriores de discordância; busca conhecer como essas habilidades podem ser úteis e sinérgicas para o patamar interativo que se quer alcançar nesse momento e/ou no futuro.

A abordagem apreciativa é extremamente empoderadora e potencializa o melhor das pessoas, em lugar do seu pior. Ela possibilita que as histórias alternativas venham à tona.

Referências bibliográficas

COBB, Sara. A Narrative Perspective in Mediation – Toward the Materialization of the "Storytelling" Metaphor. In: FORGER, Joseph P.; JONES, Tricia. (Orgs.). *New Directions in Mediation – Communication Research and Perspectives.* Thousand Oaks: Sage Publications, 1994.

Nesse artigo, Sara Cobb nos fala sobre a Mediação como processo narrativo e sobre os relatos dos mediandos como uma contação de histórias sobre conflitos. Essa perspectiva de narração de histórias é usada como metáfora para demonstrar que as histórias sobre conflitos têm uma coerência própria: imputam responsabilidade, identificam vilões e vítimas. Distanciar-se dessa coerência exigiria análise e intervenções apropriadas que pudessem ajudar a transformar as histórias originais/oficiais. O resgate de histórias alternativas é uma dessas intervenções.

WHITNEY, Diana et al. *Appreciative Team Building – Positive Questions to Bring out the Best of You Team.* Lincoln: iUniverse, 2004.

O questionamento apreciativo trouxe para as organizações – e hoje para os mais diferentes contextos – as histórias alternativas. As consultorias corporativas – assim como a Medicina e a Psicologia/Psiquiatria – restringiam-se a fazer diagnósticos das patologias e a prescrever o tratamento adequado. As perguntas apreciativas trouxeram a saúde – das organizações, das comunidades ou das pessoas – para o foco, tal qual as histórias alternativas, e convidou os atores do diálogo a bem utilizá-la (a saúde) no processo de conquista de suas metas. Mesma intenção das histórias alternativas.

Reflexões

_____
_____
_____
_____

22 - Externalizar o problema

Um recurso narrativo que devolve potência e trabalha a voluntariedade; Mediação Narrativa

A Psiquiatria conheceu em Milton Erickson um profissional que trabalhava com hipnose e, consequentemente, com o poder das narrativas. Em abordagens terapêuticas, Milton utilizava a técnica de externalização do problema com o objetivo de coisificar os sintomas, de forma que seus pacientes pudessem lidar com eles como se objetos e, consequentemente, mais passíveis de controle.

Assim, um sintoma que parecia se impor ao paciente passava a objeto de conjecturas, junto com Erickson, sobre como administrá-lo. Nessas consultas, era possível, por exemplo, falar de uma depressão como uma entidade que poderia sofrer maior ou menor influência de estratégias de manejo utilizadas pelo paciente. As consequências da técnica são óbvias: a percepção de maior controle sobre a situação e a transformação, parcial ou total, de algo absolutamente involuntário em algo parcialmente voluntário ou, pelo menos, sujeito a algum manejo.

A teoria das narrativas trabalha com a externalização do problema com intenção semelhante. A Mediação Narrativa, um modelo específico de abordagem em Mediação, tem na externalização do problema um dos seus nove marcos de trabalho, mencionados a seguir:

- (i) as pessoas vivem suas vidas por meio de histórias – constroem discursos que refletem o seu entendimento do mundo e agem de acordo com essa convicção;
- (ii) nem tudo tem a ver com a essência das pessoas – uma recusa ao emprego sistemático do verbo "ser" e um convite ao uso do verbo "estar" em muitas situações;
- (iii) sempre existe mais de uma história (sobre um mesmo tema ou fato) – reafirmação da ideia de versão e da possibilidade de redefinição das histórias e da percepção;
- (iv) a história-problema é restritiva – impede ou restringe ações e ideias de solução; o outro só pode ser visto de uma determinada maneira (como vilão ou inimigo, por exemplo);

- (v) posições discursivas – as pessoas somente transitam dentro de seu repertório cultural, que é restritivo por princípio;
- (vi) a história-problema predomina em momentos de crise, mas não é a única;
- (vii) as perguntas podem ajudar a reescrever as histórias (com bons e maus momentos, sucessos e insucessos);
- (viii) os registros escritos sacramentam uma visão mais ampla das histórias (devendo, por isso, ser utilizados, sempre que possível);
- (ix) externalização do problema – coisificação de situações para motivar uma análise menos passional e um manejo com maior controle sobre o evento.

Embutida na ideia de externalizar o problema – tratá-lo como algo sobre o qual se tem ingerência, e não como algo imposto e fora do controle e da vontade – está a proposta de libertar-se do pressuposto de que o problema é a pessoa ou está na pessoa – nesse outro de quem discordo.

Se o problema passa a ser tratado como objeto de intervenção, e não a pessoa, é possível agredir/atacar o problema, com a intenção de resolvê-lo, em lugar de agredir/atacar a pessoa, o opositor. O objeto de investida agressiva ou de ataque, ou ainda de investimento resolutivo passa a ser o problema e não a pessoa – o outro.

O primeiro princípio de negociação do Harvard Negotiation Project – separar as pessoas do problema, objeto de análise no segmento ferramentas de negociação – leva a essa mesma proposta-estratégia – olhar para o problema, e não para as pessoas; atuar sobre o problema, e não sobre as pessoas.

Referências bibliográficas

DE SHAZER, Steve. *En su Origen las Palabras Eran Magia*. Barcelona: Editorial Gedisa, 1999.

De Shazer é um terapeuta de família dedicado a trabalhos de curta duração. Nesse livro, fala da magia que a narrativa de histórias, preconizada pela prática terapêutica, promove. Interessante paralelo pode ser traçado com a Mediação, na medida em que pauta seu exercício, exclusivamente, nas narrativas. De Shazer confere muitos créditos às narrativas positivas, chamando nossa atenção para o fato de inundarmos o espaço de conversa terapêutico, (e também o da Mediação) com histórias relativas aos problemas e não às soluções.

SUARES, Marinés. *Mediación: Condicción de Disputas, Comunicación y Técnicas*. Buenos Aires: Paidós, 1996.

Essa é uma obra indispensável para mediadores, especialmente no que tange à comunicação e algumas de suas técnicas. A externalização do problema é tratada no livro de Marinés, dentre outros muitos aportes técnicos. A intervenção, introduzida no campo da Terapia Familiar Narrativa pelos australianos Michael White e por David Epston, está descrita de forma clara e didática nesse livro.

Reflexões

_____
_____
_____
_____

23 – Esclarecer o significado de palavras ou expressões com múltiplos sentidos

Hermenêutica e a pauta subjetiva; necessidade de compartilhamento de significado das palavras abstratas; negociação de valores

A hermenêutica dedica-se à interpretação de textos e do sentido das palavras, no que diz respeito também ao seu valor simbólico. Há palavras cujo significado é inconteste. Cadeira é um bom exemplo. Há outras que carecem de ter seu significado compartilhado, inclusive, por sujeitos de uma mesma cultura – respeito é um bom exemplo. Cabe uma ressalva sobre sujeitos de uma mesma cultura: primeiro, porque, nitidamente, diferentes contextos culturais atribuem distintos significados a uma mesma palavra; segundo, porque, ainda que integrem uma mesma cultura as pessoas podem atribuir diferentes significados a uma mesma expressão.

A Mediação é o único instrumento de resolução de controvérsias, até o momento, que trabalha com a comunicação entre os envolvidos na contenda e com o seu resgate – pauta subjetiva. A pauta subjetiva diz respeito especialmente ao tratamento dirigido ao outro em discordância e se constitui, muitas vezes, em principal causa do desentendimento e, consequentemente, no foco primordial de negociação na Mediação.

Trabalhar com a pauta subjetiva significa investir na desconstrução do conflito, no restauro da relação social e no resgate do diálogo. Trabalhar na pauta subjetiva significa atuar no espectro social e interativo do conflito, evitando sua permanência e recrudescimento. Trabalhar com a pauta subjetiva significa atuar preventivamente.

Como a interação entre os envolvidos no conflito é o cerne da pauta subjetiva, valores como respeito, confiança, segurança, transparência, honestidade, dentre outros, são os temas mais frequentes de negociação. Como os termos que expressam valores são todos de natureza abstrata, é preciso ajudar os mediandos a transformá-los em atitudes ou atos. É a prática desses valores que trará a satisfação e a sensação de cumprimento do acordado.

Quando a pauta subjetiva é o foco da negociação, quando valores são integrantes da pauta, mediadores precisam ajudar os integrantes do diálogo a traduzirem suas expectativas com relação a cada um dos temas abstratos trazidos à mesa. Com muita frequência, as expectativas são muito distintas para um mesmo valor (ou expressão).

As perguntas de esclarecimento sobre um determinado valor ou expressão precisam ser neutras e abertas, para que possam provocar narrativas que permitam ao outro mediando um melhor entendimento da demanda, e possibilitem ao mediador o acesso a dados que embasem um bom resumo e, posteriormente, um adequado texto de acordo relativo ao tema.

Perguntas do gênero: "Como você entenderia que o respeito estaria sendo praticado?" "Que tipo de atitudes ajudariam a resgatar a confiança?" "O que precisaria acontecer para você se sentir segura(o)?" "Que tipo de posturas com relação a isso seriam entendidas por você como transparentes?" auxiliam as pessoas a traduzirem em atitudes e atos suas expectativas subjetivas. Na base dessas atitudes e atos estariam sendo praticados valores que precisam ser atendidos em um determinado contexto, ou em uma determinada interação.

Quando compromissos relativos a valores estão sendo negociados, é mister que o pacto de cumprimento se dê em mão dupla, mesmo quando a reivindicação é apenas de um dos mediandos. Mediadores não deixam passar a oportunidade de tratar os temas subjetivos relevantes com reciprocidade. Respeito, por exemplo, vira respeito mútuo. O exercício de atitudes que geram confiança deverá se dar de parte a parte. A cordialidade será praticada por ambos. "Podemos considerar a prática desse tema (respeito/cordialidade) em mão dupla?" é uma pergunta clássica na Mediação, quando valores são o foco da negociação.

Referências bibliográficas

SUN TZU. *A arte da guerra*. Adaptação e Prefácio de James Clavell. Rio de Janeiro: Record, 1983.

Sun Tzu escreveu esse livro na China, há 2 500 anos. O que perpetuou suas ideias e motivou a tradução do livro em inúmeros idiomas foi a máxima: "Se você conhece o inimigo e conhece a si mesmo, não precisa temer o resultado de 100 batalhas. Se você se conhece, mas não conhece o inimigo, para cada vitória sofrerá também uma derrota. Se você não conhece nem o inimigo nem a si mesmo, perderá todas as batalhas". Conhecer o significado que as situações (ou as palavras) têm para si próprio e para o outro possibilita clareza e não coloca em risco nenhum dos envolvidos se a busca for a do entendimento.

ZEHR, Howard. *Trocando as lentes – um novo foco sobre o crime e a justiça*. São Paulo: Palas Athena, 2008.

Esse livro trabalha com um novo e já compartilhado significado de justiça, a proposta restaurativa que foca na interação com o outro, nos danos causados e na possibilidade de repará-los – levada a termo por todos, inclusive pelas redes de pertinência. Ambos os significados: justiça retributiva, voltada à infração da norma e à punição, e justiça restaurativa podem caminhar lado a lado, servindo a distintos propósitos. Essa é uma expressão contemporânea muito representativa para a compreensão de diferentes significados e dos valores que os embasam. Ambos legítimos, precisam somente estar claros e serem compartilhados, até porque geram ações muito distintas.

Reflexões

___

___

___

___

24 - Traduzir em perguntas as ideias articuladas pelos mediadores

Perseguindo a autoria dos mediandos sem desperdiçar as ideias do mediador; a construção social do mediador

Dentre as perguntas mais frequentes feitas pelos profissionais em processo de capacitação em Mediação estão as seguintes: "Não posso sugerir?"; "Está tão claro que fazendo dessa forma atenderia a todos..."; "O que eu faço com as minhas ideias de solução?".

"Muito difícil não sugerir" é a afirmação frequente dos mediadores em processo de capacitação. Natural que seja. Mediadores ficam imbuídos da premissa de ajudar pessoas em desacordo a construírem consenso. Distanciados emocionalmente da questão em tela e praticantes de uma qualidade de escuta atenta, é esperado que as lentes do mediador enxerguem, com antecedência, possibilidades de solução.

Treinados a ter uma escuta seletiva que garimpa interesses comuns e complementares, necessidades desatendidas, valores de mútua importância, preocupações relevantes e sentimentos legítimos, em meio à narrativa emocionada e pouco estruturada dos mediandos, os mediadores são os primeiros no processo de diálogo a identificarem interconexões entre as informações trazidas e as diferentes demandas.

Como a Mediação preconiza que a autoria das soluções seja dos mediandos, uma forma de fazer bom uso da percepção, da escuta inclusiva e das interseções marcadas nas anotações dos mediadores é transformá-las em perguntas. Também as perguntas advindas das ideias geradas pelo mediador devem genuinamente provocar reflexões que mantenham com os mediandos a autoria.

Diferentes são os motivos para essa natureza de cuidado:

- por que tanto investimento na autoria dos mediandos? Porque está na percepção de autoria a base do sentimento de protagonismo – no sentido de ter criado soluções para sua própria questão – e a motivação para o cumprimento do compromisso – no sentido de se tornar um executor das próprias ideias. O protagonismo e a assunção de responsabilidade para cumprir o acordado são elementos vitais para o resgate do diálogo, a preservação da relação social e a retomada da confiança no potencial colaborativo daquela interação. Oferecer soluções prontas encurta o tempo do processo de diálogo e de tomada de decisão, se forem aceitas; em contrapartida, alonga o tempo de efetiva conquista dos ganhos mencionados, ou, até mesmo, os aborta;
- por que tanta cerimônia com as ideias dos mediadores? Porque eles são humanos; porque, respeitando sua humanidade, é temerário exigir que façam uma apurada distinção entre o que acreditam/entendem que deva ser feito e o que genuinamente querem os mediandos; mediadores têm também sua visão de mundo, suas crenças e parâmetros de razoabilidade, um olhar profissional ou funcional que impõe norteadores de percepção e de ação, elementos presentes em sua atuação – na formulação das perguntas dirigidas aos mediandos, na demarcação do seu tempo de fala, na forma de apresentar as intervenções, e consequentemente, as ideias.

Aqui está uma ótima oportunidade para falarmos sobre a construção social do mediador. Para os que trabalham com formação de mediadores, é nítida a percepção da singularidade de atuação de cada profissional-aluno, integrante de uma mesma sala de aula e ouvinte dos mesmos professores. Tanto na prática simulada quanto na prática supervisionada de situações reais, alunos de uma mesma turma têm atuações muitíssimo distintas e, inicialmente, muito marcadas por suas profissões/atuações funcionais de origem.

Alguns são mais assertivos e diretivos. Outros mais subjetivos e geradores de reflexão. Todos os estilos são bem-vindos. A questão é que a construção social dos mediadores – que inclui suas histórias pessoais, assim como seu olhar profissional ou funcional – integra suas narrativas e contribui para as intervenções que fazem e para as ideias que produzem.

Ao transformar ideias em perguntas, mediadores precisam ser cuidadosos o suficiente para não travestirem sugestões em perguntas, colocando um ponto de interrogação ao final de falas assertivas.

Eventualmente, mediadores percebem que sua assertividade pode também atuar como intervenção. Nada impede. O cuidado e a responsabilidade ética devem, no entanto, ser os norteadores para que, nessas situações, mediadores o façam conscientemente.

Também integra o escopo de habilidades do mediador bem discriminar quando deve atuar com alguma assertividade e com maior provocação de reflexão. Faz parte da arte de mediar identificar que postura de atuação será mais ou menos favorecedora para o diálogo em um determinado momento ou contexto. Difícil tarefa, passível de ser aprimorada com o treinamento e a experiência, apesar de intimamente relacionada à sensibilidade do mediador.

Referências bibliográficas

FOERSTER, Heinz von. Visão e conhecimento: disfunções de segunda ordem. In: SCHNITMAN, Dora (Coord.). **Novos paradigmas, cultura e subjetividade**. Porto Alegre: Artes Médicas, 1996, p. 59.

Nesse artigo, assim como em "Construindo uma realidade", publicado na obra compilada por Paul Watzlavick, **Realidade Inventada**, Foerster, engenheiro físico nascido em Viena em 1911, demonstra o quanto o olhar do observador interfere no objeto observado. Esse pensamento, derivado da ideia de construção da realidade (construtivismo) e daquela que fala de sujeitos socialmente construídos (construcionismo social), deixa claro o quanto interpretamos a realidade com base em nossas lentes sociais – reflexão importante para todos que atuamos como terceiros na facilitação de diálogos.

WATZLAVICK, Paul; KRIEG, Peter (Orgs). **O olhar do observador**. São Paulo: Editorial Psy, 1995.

Esse livro é mais uma contribuição de Watzlawick para o pensamento construtivista/construcionista social. Como diz o título, é uma publicação que reúne textos de diferentes autores, todos voltados à ideia da falta de isenção do observador em qualquer campo de observação. Portanto, mediadores necessitam estar atentos para as ideias que articulam, tendo em vista o que apreendem nas reuniões de Mediação. Elas também ganham o filtro social do mediador.

Reflexões

_____
_____
_____
_____

Grupo IV – Ferramentas de negociação

1 – Identificar terceiros envolvidos – aqueles que não participam diretamente da Mediação, mas estão implicados na operacionalização do acordo ou administram a repercussão de seus resultados

Custos e benefícios para os atores secundários da Mediação

O mapeamento do conflito, intervenção trabalhada no segmento dedicado às ferramentas de comunicação, nos auxilia a identificar os atores primários e os atores secundários da Mediação – os direta e os indiretamente envolvidos, respectivamente.

Por que essa informação é importante e por que o tema foi reintroduzido nesse segmento dedicado à negociação? Porque as decisões advindas do processo de diálogo repercutirão na vida daqueles que estão implicados na questão de alguma forma, mas não compõem a mesa de negociação, assim como repercutirão na vida de outros tantos que integram a rede de pertinência dos mediandos.

Se pensarmos sistemicamente, qualquer intervenção nos sistemas sociais importa em benefícios em alguns níveis e custos em outros. É a famosa equação custo/benefício que acompanha o ser humano em todos os seus atos. De maneira geral, tomamos decisões em função dos benefícios vislumbrados a curto prazo, sem anteciparmos os custos. Estes costumam ser descobertos quando as decisões já estão consumadas ou sendo implementadas.

Mais distante ainda fica a análise dos custos que recairão sobre os indiretamente envolvidos e sobre as redes sociais dos mediandos. Integra as tarefas dos mediadores (faz parte do escopo de agente de realidade) lembrar os mediandos sobre esses outros atores, tanto no que diz respeito a serem também atendidos em suas necessidades, pelas opções de solução eleitas, quanto no que diz respeito aos custos que administrarão frente aos compromissos assumidos.

Por vezes, decisões são tomadas contando-se com a participação de pessoas da rede de pertinência em sua operacionalização. Mediadores podem sugerir a presença destas no processo ou ajudar os mediandos a com elas estabelecerem um diálogo paralelo e avaliarem suas possibilidades para a assunção de compromissos que as incluem, assim como a obterem sua visão de custos e benefícios, em função de estarem implicadas na solução. Ex.: uma pensão alimentícia assumida por um pai jovem e desempregado que conta com ajuda dos próprios pais para efetivá-la.

Para que o cuidado com os indiretamente envolvidos possa se dar, é necessário que um bom mapeamento tenha sido feito. O mapeamento pode ajudar a identificar custos e benefícios relativos às opções eleitas, mas também, custos e benefícios (para os mediandos e para os terceiros envolvidos) advindos da própria existência do conflito.

Referências bibliográficas

PONIEMAN, Alejandro. *Que Hacer con los Conflictos?* Buenos Aires: Editorial Losada, 2005.

Advogado e docente, Ponieman, com formação em Direito e em Sociologia, atuou por longo tempo no manejo de situações de crise – destaca-se sua atuação na recuperação do Alvear Palace Hotel de Buenos Aires. Esse livro, que trata do manejo adequado de conflitos, oferece nos segmentos VI e VII da segunda parte duas questões relativas a terceiros envolvidos: quem se beneficia com certos conflitos?; o enfrentamento afeta somente os envolvidos?

GIRARD, Louis H. *Israeli-Arab Negotiations and Issues – Politics and Economics of the Middle East*. New York: Nova Science Publishers, 2011.

Esse livro, em quatro capítulos, trata do que diz o título – das negociações e questões entre árabes e israelenses – em um passo a passo a partir da primeira guerra do Golfo, em 1991. Nitidamente, essa é uma questão que interfere sobre terceiros e sobre a população mundial. Há custos e benefícios pertinentes ao conflito existente e a sua manutenção, assim como custos e benefícios resultantes das permanentes negociações e consensos.

Reflexões

___

___

___

___

2 – Separar as pessoas do problema

A contribuição das emoções para a menor discriminação entre as pessoas e o problema; o ataque (dos envolvidos) às pessoas e não ao problema; a construção de duas pautas de trabalho – problema/substância e interação/comunicação; a dessemelhança dos processos mentais dos indivíduos

O projeto de negociação da Harvard Law School inicia sua tábua de princípios por essa máxima: "Separe as pessoas do problema." Essa orientação confronta com a suposição de que os desentendimentos seriam afrontas pessoais, o que faz com que nos distanciemos de seu objeto.

Os teóricos do projeto nos lembram que, antes de mais nada, negociadores são pessoas em relação. Seres humanos sentam-se à mesa para negociar divergências, atentos à maneira como estão sendo tratados. Não negociam exclusivamente pontos de vista, mas especialmente como suas ideias, interesses, necessidades e valores estão sendo levados em conta pelo outro (e pelo mediador).

Assim, todo negociador tem interesse no objeto da negociação (matéria/substância) e na relação interpessoal – como vinha e está sendo estabelecida com o outro. O componente emocional é, portanto, inerente a situações de discordância e de negociação.

Como nos desentendimentos pessoas disputam por pontos de vista, na negociação assistida os sujeitos também tendem a disputar, em paralelo, o pódio para a ideia vencedora e a honra de ser o seu autor. A autoestima das pessoas em desentendimento e em negociação está sempre mobilizada e será alimentada positiva ou negativamente, de acordo com o discurso e a alternativa que parecerem mais adequados e que forem publicamente legitimados. Por vezes, esse é o principal aspecto de uma contenda – sair vencedor como autor de uma proposta ou ser reconhecido como o que tem razão ou, ainda, ter seu comportamento/postura/visão de mundo avaliados como mais adequados.

Em uma negociação assistida por um terceiro, como é o caso da Mediação, mediandos constroem suas falas, com vistas a serem ouvidos (sem interrupção), mas também considerando a possibilidade de mostrar ao mediador a razoabilidade de sua argumentação e, em paralelo, a inadequação do oponente. Essa natureza de expectativa e de discurso tende a provocar, ainda mais, em todos os envolvidos, uma escuta que sobrepõe a relação à matéria, privilegiando a interação pessoal e gerando nova leva de interpretações negativas sobre o outro.

Como vimos anteriormente, as interpretações negativas da postura do outro guardam, na maioria das vezes, uma distância abissal das intenções que o motivaram. Essas interpretações passam a ser entendidas como verdade pelo seu autor e a gerar novas (re)ações, alimentando um ciclo vicioso de reatividade negativa, acirrando a oposição e trazendo as questões ainda mais para o campo pessoal.

Mediandos passam a focar mais no outro do que nas questões, distanciando-se da resolução cooperativa do problema. A máxima: "Seja duro com as questões e não com as pessoas" é metáfora concernente a esse primeiro princípio de negociação e oferece muitos benefícios aos propósitos da Mediação.

A distância colossal entre a intenção – de quem oferece um ato, atitude ou fala – e o impacto – interpretação de quem recebe esse ato, atitude ou fala – pode ser incrementada não somente por um contexto de desavença, mas, também, pelos processos mentais particulares de cada indivíduo.

Entende-se que os processos mentais – atenção, percepção, operações sensório-motoras, assimilação de dados ou informações, dentre outros – são também construídos socialmente, assim como a cultura de cada um, e podem estar pautados em distintos norteadores e em diferentes visões de mundo, contribuindo ainda mais para leituras díspares sobre um mesmo evento. Os processos mentais são objeto de estudo da pedagogia e a valorização de sua singularidade em muito tem contribuído para os contextos dedicados à didática e à aprendizagem.

Uma vez discriminados pessoas e problema, mediadores podem provocar a construção de uma pauta objetiva – a matéria –, e outra subjetiva – a comunicação/relação –, e possibilitar que ambas sejam objeto de atenção ao longo do processo. Consideradas e cuidadas segundo seus próprios méritos, as duas pautas podem ser negociadas em paralelo ou, como preferem muitos, a comunicação pode ser tratada previamente, para viabilizar que os envolvidos passem a olhar juntos para o problema e, cooperativamente, possam criar soluções de benefício mútuo.

Referências bibliográficas

GRANDIN, Temple; BARRON, Sean. ***Unwritten Rules of Social Relationships – Decoding Social Mysteries Through the Unique Perspectives of Autism***. Arlington: Future Horizons, 2005.

Esse livro é escrito por dois autistas que alcançaram funcionalidade na vida, apesar do diagnóstico fortemente comprovado. Temple é PhD em vida animal, área que domina em função da semelhança de funcionalidade de alguns animais com o seu perfil autista. A ampla literatura de Temple e suas falas em palestras demonstram que as pessoas possuem diferentes processos mentais para entender e expor ideias – nem bons, nem ruins, simplesmente diferentes. Separar as pessoas do problema pode significar também apreender suas dessemelhantes maneiras de perceber a realidade e de se expressar.

VIGOTSKI, L.S. ***A formação social da mente***. São Paulo: Martins Fontes, 2010.

Esse é um clássico para entender a construção dos processos mentais. Psicólogo soviético de formação interdisciplinar, Vigotski (1896-1934) estudou a Psicologia Infantil e sua articulação com aplicações pedagógicas, interessando-se também por arte e epistemologia. A interação entre o aprendizado e o desenvolvimento dos sujeitos, ocorridos em um determinado contexto social, contribui, indiscutivelmente, para a construção de seus processos mentais e de suas formas de percepção do mundo e consequente expressão, elementos adicionais de sua singularidade. Assim, interpretar o outro de maneira distinta da sua intenção não é privilégio dos contextos de discordância, mas consequência natural de processos mentais construídos sobre norteadores dessemelhantes.

Reflexões

_____
_____
_____
_____

3 – Construir uma pauta objetiva e uma pauta subjetiva

Equiparação de importância entre matéria e relação; a necessidade da intervenção e da negociação de ambos os temas

Para a Mediação, não há prevalência de cuidado entre pauta objetiva e pauta subjetiva ou comunicacional. Ambas são entendidas como inerentes a situações conflitivas, estão intrinsecamente interligadas e merecem a atenção dos mediadores (e dos mediandos). A discriminação das duas é estratégica e visa à fluidez e à produtividade do processo negocial.

A pauta objetiva trata da matéria, da substância trazida à Mediação e consiste, muitas vezes, no motivo que ensejou a procura pelo processo negocial.

A pauta subjetiva, composta por questões interativas e/ou comunicacionais entre as pessoas em desentendimento, é inerente a todo conflito e está assentada na emoção e na percepção. Incluí-la, ou não, em negociações assistidas como a Mediação é decisão a ser tomada a cada nova reunião; se assim desejarem os envolvidos e se o perfil do mediador admiti-la como um dos focos de trabalho, considerando, inclusive, sua competência para manejá-la.

A pauta subjetiva é mais facilmente identificada por aqueles mediadores cujas práticas profissionais estão afinadas com o trato das questões interativas e comunicacionais. No entanto, para todos os mediadores, oriundos dos mais distintos campos funcionais, o primeiro princípio de negociação da Escola de Harvard – separar as pessoas do problema, as questões da relação – pode ser de grande auxílio nessa identificação.

Os autores de *Como chegar ao sim* alertam que ao lidarmos com os temas subjetivos dos mediandos (ou de sujeitos em negociação) devemos evitar, inclusive, que estes sejam solucionados por meio de concessões substantivas (ou cobranças materiais excessivas). A intervenção em paralelo na matéria e na relação faz-se mister quando o restauro da relação social e do diálogo, assim como as soluções de benefício mútuo são metas e quando há a intenção de oferecer um tratamento multifatorial (e global) aos conflitos.

Para dar conta dessa tarefa, podemos também pautar nossa atuação mediadora em reflexões e intervenções que considerem a percepção, a emoção e a comunicação:

- Percepção – em realidade, problemas são assim categorizados pelas pessoas; o conflito não existe na realidade objetiva – é um evento percebido e nomeado dessa forma por uma ou mais pessoas. Pode ser intervenção importante ajudar os envolvidos a checarem suas percepções e a ampliarem as possibilidades de leitura do ocorrido e de como administrá-lo. Buscar conhecer a percepção do outro e a força emocional dessa percepção, em lugar de deduzir intenções com base no próprio referencial (ou nos próprios temores) poderá gerar empatia em lugar de reatividade. O compartilhar dessas percepções pode ser facilitado pela presença de um terceiro isento – um mediador – e viabilizar a discriminação entre pessoa e problema.
- Emoção – sempre mobilizada em situações de conflito, a emoção pode ser o fator prevalente na construção de uma situação-problema e na dificuldade de seu manejo. Quando Fisher e Shapiro acresceram aos quatro princípios iniciais do Harvard Negotiation Project a ideia de conferir um lugar às emoções nas negociações,[80] agregaram a possibilidade de entendermos e trabalharmos as emoções/sentimentos, em contextos negociais, como expressões de preocupações. Esse olhar positivo para as emoções possibilitou incluí-las em processos de diálogo que visam à construção de consenso, liberando negociadores e terceiros imparciais, das mais distintas formações profissionais, para legitimá-las e manejá-las produtivamente.
- Comunicação – o corte na comunicação verbal é a forma mais corrente de expressar reatividade entre pessoas em conflito. As mais frequentes manifestações comunicacionais entre conflitantes são: pessoas que não se falam; a impossibilidade de escuta ou a distorção da fala alheia; a apresentação agressiva de ideias; e os equívocos de interpretação sobre as intenções do outro ou seus aportes. Ajudar os envolvidos na discordância a perceberem esses ruídos e impasses comunicacionais, preferencialmente em entrevistas privadas, pode

---

[80] Ver em FISHER, Roger; SHAPIRO, Daniel. *Beyond Reason Using Emotions as You Negociate*. New York: Penguin Books, 2005.

contribuir para um delineamento mais adequado do problema e da pessoa do outro.

Mediadores, ou outros terceiros imparciais, devem ter habilidade para identificar as pautas objetiva e subjetiva com isenção emocional, discriminando-as para as pessoas em desentendimento. A especial competência para efetivar essa discriminação e conduzir a negociação de ambas em paralelo contribui para a eficácia da Mediação e amplia o alcance social das atuações voltadas à construção de consenso.

Referências bibliográficas

MATURANA, Humberto. Linguagem e realidade: a origem do humano. In: MATURANA, Humberto. *Da biologia à psicologia*. Porto Alegre: ArtMed, 1998.
Nesse capítulo, Maturana nos fala da indivisibilidade do emocional e do racional — ao contrário do que pensava Descartes —, porquanto toda ação humana se dá com base em uma emoção — "nada humano ocorre fora do entrelaçamento do linguajar com o emocionar" (1998, p. 98). Contudo, Maturana também afirma que "devemos nos dar conta de nossas emoções e conhecê-las em seu fluir, quando queremos que nossa conduta seja racional, a partir da compreensão do racional" (1998, p. 100). Esse pensamento está na base teórica de separar o problema das pessoas e, por consequência, criar uma pauta objetiva e outra subjetiva para serem trabalhadas e articuladas na Mediação.

MNOOKIN, Robert. *Bargaining With the Devil — When to Negotiate, When to Fight*. New York: Simon & Schuster Paperbacks, 2010.
O professor Mnookin é docente na Harvard Law School, *chairman* do programa de negociação da escola e diretor do Harvard Negotiation Research Project. A metáfora usada no título dessa obra corresponde à ideia de negociar com alguém que o(a) machucou ou pode machucar, alguém em quem não se possa confiar, alguém que seja percebido como o diabo, como mau. Mnookin afirma que o desafio posto em situações dessa natureza é tomar decisões sensatas e inteligentes, mantendo como norteadores os interesses,

a melhor alternativa ao acordo negociado (Best Alternative to a Negotiated Agreement – BATNA), os bons resultados, a exequibilidade do acordado e seus custos. Ao trabalhar com as pautas objetiva e subjetiva, em paralelo, mas discriminadas, situações dessa natureza (em que o outro se tornou inimigo) ganham maior possibilidade de manterem-se à mesa de negociação.

Reflexões

_____
_____
_____

4 – Identificar os interesses sob as posições

Negociação integrativa baseada em interesses e negociação distributiva baseada em barganha; a linha direta entre o atendimento de interesses e a percepção de satisfação; a contemplação de interesses relacionados a necessidades básicas

De maneira geral, os processos de negociação baseados em interesses são inspirados neste princípio que integra o método de negociação gerado pelo Projeto de Negociação da Harvard Law School – concentre-se nos interesses, não nas posições.

O capítulo de *Como chegar ao sim* que trata do tema começa contando a história de dois homens que estão em franco desentendimento no interior de uma biblioteca porque um quer manter a janela fechada e o outro a quer aberta. A discussão se acalora porque não conseguem definir uma solução que atenda a ambos – abrir uma fresta, metade ou 3/4 da janela gera uma disputa adversarial em que o mais importante deixa de ser o quanto de abertura satisfaz e passa a ser que medida oferecida por qual dos dois será vencedora. Temos aqui um especial exemplo de uma negociação baseada em barganha, na qual centímetros de abertura são disputados, mais para sagrar um vencedor do que para estabelecer um fluxo de ar confortável para ambos.

Quando a bibliotecária entra em cena e pergunta a um deles por que deseja fechar a janela e tem como resposta para evitar a corrente de ar; e pergunta ao outro por que deseja a janela aberta, tendo como resposta para que entre algum ar fresco, se dirige à sala ao lado e resolve a questão abrindo inteiramente a janela, de forma que o ar fresco entre sem provocar correnteza.

Essa solução, que de tão óbvia parece simples, somente surge porque a pergunta mágica que identifica interesses sob posições é feita: por que, para que alguém quer o que diz querer com veemência? Nessa situação, são posições ou interesses aparentes: fechar/abrir a janela; e interesses ou reais interesses: evitar a corrente de ar/entrar algum ar fresco.

As posições são, via de regra, antagônicas/polarizadas ou de aparência fortemente incompatível e costumam ter rigidez proporcional ao grau de litigância e/ou à importância dada aos interesses reais que jazem sob elas e são por elas defendidos.

Reside na lista de reais interesses gerada pelas perguntas acima a possibilidade de serem identificados desejos comuns e/ou complementares, assim como necessidades conciliáveis. O elenco de interesses é muito mais amplo do que o de posições e viabiliza a criação de alternativas que atendam a todos.

É emblemática a imagem do iceberg para representar com sua parte emersa as posições e com a submersa os (reais) interesses. É sabido que a parte submersa corresponde a mais de 80% do iceberg e que essa proporcionalidade existe também entre as posições e os interesses trazidos à mesa de negociação.

Na base mais profunda do iceberg estariam os valores que sustentam os interesses – confiança, respeito, civilidade, autonomia, dentre outros. Os valores são temas de negociação e de possibilidade de convergência quando os reais interesses também são antagônicos.

Harvard nos diz que os interesses definem o problema porque retratam as necessidades, os desejos e os temores que motivam a criação de posições rígidas. Negociá-los resulta em atender os múltiplos e reais fatores que erigem a posição adversarial.

Focar nas posições afunila o campo da negociação, conduz à barganha distributiva – meio para você e meio para mim –, e à concessão, gerando raiva e ressentimento e desconsiderando os interesses subjacentes.

Focar nos interesses é parte do caminho para gerar soluções de benefício mútuo. Interesses ligados a necessidades básicas – segurança; sobrevivência emocional, física e econômica; sentimento de pertencimento, reconhecimento e controle sobre a própria vida – não podem passar despercebidos, não podem deixar de ser atendidos e são responsáveis, quando não contemplados, pela construção de posições de irredutível rigidez. É conhecida a ideia napoleônica: o homem luta com mais bravura por seus interesses do que por seus direitos.

Reside na contemplação de interesses a sensação de satisfação e a percepção de atendimento. O atendimento de interesses com reciprocidade caracteriza a negociação de caráter integrativo.

Dessa forma, os reais interesses de todos os envolvidos devem ser minuciosamente identificados e legitimados. Ou seja, os interesses do outro devem ser reconhecidos como parte do problema e foco integrante da solução. Quando atendidos, geram escuta, cooperação e flexibilidade.

Nesse sentido, a listagem dos interesses deve preceder a geração de soluções. E as soluções devem, invariavelmente, estar direcionadas para o futuro: passar a atender o que vem sendo desatendido em lugar de imputar culpa ou castigo pelo desatendimento no passado.

Citando William Ury, "o prêmio da negociação não é fazer prevalecer a sua posição, e sim satisfazer seus interesses".[81] Essa ideia deve ser trabalhada sempre de parte a parte – o objetivo maior é a satisfação mútua, não a vitória de posições.

Referências bibliográficas

CONSTANTINO, Cahy A.; MERCHANT, Christina Sickles. *Diseño de Sistemas para Enfrentar Conflictos – Una Guía para Crear Organizaciones Productivas y sanas.* Buenos Aires: Granica, 1997.

Esse livro trata especificamente do desenho de sistemas de resolução de conflitos em organizações. O tema, no entanto, é hoje genérico – teóricos estudam como desenhar sistemas de resolução de conflitos em vários cenários, inclusive no judicial. Nessa obra, o que sobressai, além da implantação de uma cultura voltada ao diálogo, é o norteador de ter nos interesses e necessidades a busca do entendimento que esses diálogos possam promover.

---

81 Essa citação encontra-se na p. 26 de *Supere o não - negociando com pessoas difíceis*. São Paulo: Best Seller, 1990.

URY, William. *O Poder do não positivo*. Rio de Janeiro: Campus, 2007.

Ury comenta em seu prefácio que a obra chega para completar uma trilogia de publicações dedicadas a diferentes propósitos: *Como chegar ao sim* tem como foco ambas as partes de um processo de diálogo; *Como superar o não* concentra seu olhar na outra parte, suas objeções e resistências; e *O poder* do não positivo contempla as duas partes em separado, no sentido de propor um aprendizado para a imposição e a defesa dos próprios interesses de forma pacífica, incluindo a possibilidade de recusa de soluções propostas.

Reflexões

_____
_____
_____
_____

5 - Identificar interesses comuns e complementares

**A importância da escuta atenta e ativa do mediador;
a complementaridade objetiva e a subjetiva**

A Mediação, em sua origem, integra o grupo dos métodos consensuais pautados na negociação baseada em interesses – *interest based negotiation*.

A escuta atenta e ativa do mediador e o filtro que utiliza para extrair dos discursos emocionados dos mediandos seus interesses, necessidades e valores é parte da garantia de eficácia da Mediação. A escuta do mediador registra dados e os transforma em informação com uma propriedade que não é possível aos mediandos em função da mobilização emocional que o conflito provoca.

Interesses comuns (idênticos ou semelhantes) e complementares (se associam) são duas das mais significativas imagens de busca desse processo negocial, uma vez que possibilitam aos mediandos olhar para e cuidar de pontos comuns. Interesses comuns e complementares aproximam os mediandos e favorecem que um cenário colaborativo se construa.

Os interesses comuns e complementares que se voltam ao presente e ao futuro devem ser transformados em propostas de ação ou de mudança de atitudes, pela condução do mediador, conferindo concretude ao que até então era apenas intenção.

Os interesses complementares – e por vezes os comuns – podem estar evidentes, ao menos aos olhos do mediador, mas também podem ser de ordem subjetiva e, portanto, mais difíceis de identificar.

Manter o relacionamento afetivo, social ou comercial; preservar a possibilidade de diálogo para negociações futuras; sustentar um contrato comercial; evitar rupturas de comunicação com as redes de pertinência ou abafar informações que tornem a desavença pública, prejudicando os negócios ou a carreira profissional são exemplos de interesses de natureza subjetiva que podem ser comuns e/ou complementares.

Mesmo os interesses complementares de ordem prática podem não ser claramente percebidos como tal – alguém pode desejar muito algo que para o outro tem pouca ou nenhuma importância. Vide o exemplo clássico da disputa de uma única laranja por duas pessoas, em que uma quer a casca para fazer doce e a outra quer o sumo para fazer suco. O questionamento cuidadoso dos mediadores – perguntas de esclarecimento e de identificação de interesses (por que e para que) é de grande valia nesse mapeamento, para que soluções de benefício mútuo sejam construídas, evitando decisões baseadas em barganha, de ganho aparentemente óbvio e satisfatório, como partir a laranja ao meio.

Por vezes, a complementaridade está nos objetivos, na operacionalização ou em outros aspectos – alguém almeja prestígio e outro, resultados; fulano deseja ganho político e beltrano, bem-estar emocional; um mediando visa ao resultado imediato e o outro, à viabilização de projetos futuros. Somente a escuta atenta do mediador dá conta dessas nuances complementares.

Nuances que podem fazer muita diferença em um processo de construção de consenso – objetivos complementares podem ser alcançados por ações cooperativas, especialmente porque estão afastados da competitividade. Ou seja, o que interessa a um não é o mesmo que interessa a outro.

Por vezes, interesses complementares são absolutamente interdependentes, como na história da soprano que queria manter uma imagem de prestígio em sua carreira, mas não conseguia uma remuneração que demonstrasse publicamente esse objetivo, por parte de uma casa de espetáculos. Para ter a soprano por um preço compatível com suas possibilidades, o teatro comprometeu-se a dar visibilidade à sua passagem pela cidade como forma compensatória, conseguindo inseri-la em entrevistas na mídia de grande alcance, além de oferecer participação no resultado da bilheteria (o que implicava a positividade de sua própria performance). Mantendo a negociação em sigilo, o mundo do entretenimento não tomou conhecimento do valor menor pago naquela apresentação e ambos – soprano e teatro – tiveram seus reais interesses atendidos pela via da complementaridade.

Na situação extrema de interesses francamente divergentes – como na negociação entre árabes e israelenses –, restam, ainda, a identificação de valores comuns e o direcionamento da negociação para a possibilidade de respeitá-los, tema tratado a seguir.

Referências bibliográficas

KRAYBILL, Ron; WRIGHT, Evelyn. *Cool Tool for Hot Topics – Group Tool to Facilitate Meetings When Things are Hot*. Intercourse, PA: Good Books, 2006.
Mesmo acreditando que os conflitos fazem parte natural do cotidiano, os autores identificam que alguns temas ou circunstâncias aparentam um manejo mais difícil se o propósito for encontrar interesses comuns e complementares. Ron e Evelyn oferecem nessa publicação uma série de ferramentas, para além dos círculos de conversa, para lidar com essas ocasiões.

PRANIS, Kay. *Circle Process – a New/Old approach to Peacemaking*. Intercourse, PA: Good Books, 2005.
Os círculos de conversa, voltados ou não para propostas restaurativas, são a metodologia de diálogo mais significativa até o momento para compor diferenças e articular interesses comuns e complementares (com os interesses divergentes, inclusive). Kay Pranis é uma expert no tema e compartilha conosco, nessa obra, os fundamentos da construção e do manejo de um círculo de conversa.

Reflexões

_____

_____

_____

_____

6 - Manejar interesses divergentes

A negociação de valores; valores inegociáveis; perspectiva transformativa e perspectiva resolutiva dos conflitos

Há uma máxima que diz que os valores guiam a tomada de decisões. A facilitação de diálogos com múltiplas partes – proposta de ter um terceiro que ajude a estruturar uma conversa entre vários atores, com finalidades específicas – vem incluindo no seu manejo a identificação de valores trazidos ao diálogo pelos diferentes participantes. O facilitador inicia os trabalhos perguntando que valor cada integrante traz para a negociação, que deva nortear a sua conduta (e a de cada um) durante a conversa. Respeito, transparência e honestidade são exemplos de valores prestigiados em fóruns dessa natureza.

Valores são entendidos aqui como um conjunto de traços culturais ou ideológicos – no sentido de crenças, tradições, princípios e mitos – validados e legitimados como necessários e/ou desejáveis numa determinada convivência. São exemplos de valores na cultura ocidental: o respeito, a confiança, a segurança, a liberdade expressa no direito à escolha, a honestidade, dentre outros. São exemplos de valores entendidos como universais: a qualidade e a sustentabilidade da vida.

Os direitos humanos são uma tábua de valores compartilhada com o mundo após a Segunda Guerra Mundial que visa juntar Oriente e Ocidente em um sistema de crenças único, no sentido de pautar a convivência humana em direitos e necessidades universais. A tábua de direitos humanos tem a intenção de ser um guia moral de convivência social para seres humanos de qualquer sociedade.

Necessidades como o acesso à comida, à água e à saúde; a preservação da vida, da integridade física e moral, da dignidade e da segurança; a possibilidade de ter identidade cultural e religiosa são exemplos outros de direitos preconizados como universais.

A imagem do iceberg, que tão bem ajudou o mundo a perceber a diferença entre posição ou interesse manifesto – parte emersa do iceberg –, e reais interesses – parte imersa do iceberg –, mantém-se como referência se colocarmos os valores na base mais profunda do iceberg.

Quando, em negociações difíceis, mergulhamos na parte submersa do iceberg e não encontramos possibilidades de composição de interesses, ou seja, se os reais interesses se mantêm tão antagônicos como as posições – vide a negociação entre árabes e israelenses –, resta ao facilitador do diálogo e aos atores nele envolvidos um mergulho ainda mais fundo, com vistas a possibilitar uma negociação pautada nos valores que compõem a base do iceberg – sua parte mais profunda e sustentáculo dos interesses. Exatamente porque entende-se que muitos desses valores são coincidentes, ou integram o conjunto de valores compreendidos como universais.

É esse o patamar de negociações que árabes e israelenses conseguem manter, em momentos mais tensos de convivência – o respeito a medidas que garantam o acesso à água, à comida, à energia e aos hospitais; o respeito a medidas que preservem a vida e a sobrevivência de civis. Em realidade, são negociados valores e premissas que nortearão as ações por vir.

O respeito a valores (e a premissas negociadas) garante um patamar mínimo de convivência respeitosa.

Nas guerras privadas que alguns mediandos estabelecem entre si, essa natureza de negociação é a única possível em determinados momentos. É uma saída de emergência que mediadores podem apontar ao conduzir processos difíceis de diálogo, até que a volta ao nível de interesses e necessidades possa proporcionar um outro patamar de entendimento ou não.

Em negociações difíceis – com muita animosidade, antagonismo e exuberância emocional –, a utilização de premissas que nortearão as ações futuras pode viabilizar a identificação de valores e de ações correlatas. Em um divórcio litigioso sem possibilidades de compor interesses, pais podem eleger como premissas de conduta para o próximo ano: não colocar o filho em colégio religioso e não se contrapor à religiosidade oferecida pelo outro.

A categorização em premissas abriga tanto valores como guias que nortearão tomadas de decisão – vale para árabes e israelenses e para aqueles que trazem o clima de beligerância para o relacionamento. Na área de família, por exemplo, por vezes não é possível definir a natureza da guarda, mas é possível definir premissas que nortearão a reorganização da convivência com os filhos.

Em muitas das situações em que o litígio é uma forma de vínculo,[82] ou seja, a única possibilidade de se manter uma relação com um outro, somente é possível negociar o respeito a valores ou a premissas. Ex.: ajudar os mediandos a construir um pacto de convivência baseado no respeito mútuo (valor que interessa a ambos) e no respeito aos indiretamente envolvidos.

Tendo ainda os valores como foco, vale mencionar que alguns valores, no sentido de traços culturais e ideológicos – como valores religiosos e algumas crenças e ritos culturais –, não são passíveis de negociação e margeiam as negociações de forma a somente permitir que estas ocorram se forem de antemão respeitados e não questionados. Ex. a impossibilidade de permissão para que uma transfusão de sangue seja feita, mesmo que essa restrição comprometa a sobrevivência de alguém.

Incluindo também como objeto de reflexão os limites que uma negociação tenha que administrar, podemos ter como norteadores de intervenção e de ação as perspectivas transformadora e resolutiva do manejo de conflitos.

Por vezes, a perspectiva de transformação do conflito, proposta por John Paul Lederach, não é viável, e somente a perspectiva resolutiva é possível[83] – uma perspectiva de horizonte curto e mais focal, centrada na questão e voltada a desfazer desconfortos pontuais; é mais curativa, mais voltada ao presente e de pequeno alcance social. A perspectiva transformativa trabalha com um horizonte distante e sistêmico, está centrada no relacionamento e em mudanças sustentáveis, visando à prevenção e ao amplo alcance social.

Nas situações assentadas em divergência de posição e de interesses, com débil convergência de valores, em que a perspectiva resolutiva é a perspectiva viável, mediadores não perdem a oportunidade de intervir por conta disso, como em situações de guerrilha, em algumas mediações familiares e corporativas e outras tantas mediações internacionais.

---

82 Ver *Anatomia de um divórcio interminável – o litígio como forma de vínculo*, de Ricardo Vainer. São Paulo: Casa do Psicólogo, 1999.
83 Ver em Lederach, citado na bibliografia, a distinção entre a perspectiva resolutiva e a perspectiva transformativa dos conflitos.

Referências bibliográficas

LEDERACH, John Paul. *Building Peace – Sustainable Reconciliation in Divided Societies*. Washington: United States Institute of Peace, 1997.

Lederach é renomado mediador em desavenças de caráter coletivo e transculturais. Para algumas naturezas de conflito, o autor propõe uma mudança de abordagem – de uma diplomacia tradicional focada em grandes líderes e objetivos de curto prazo para uma abordagem holística que mobilize múltiplos líderes e se proponha a perspectivas de longo prazo.

MNOOKIN, Robert H.; PEPPET, Scott R.; TULUMELLO, Andrew S. Beyond *Winning – Negotiating to Create Values in Deals and Disputes*. Massachusetts: Belknap Press – Harvard University Press, 2000.

O livro está baseado na abordagem negocial dedicada à resolução de problemas pautada na identificação de valores que sustentem a ampliação de interesses. Especialmente voltado para advogados, os autores chamam a atenção para a importância destes ajudarem seus clientes a bem delinear seus interesses – assim como os do outro –, com vistas à negociação. Um bom delineamento de interesses pode engrandecer a torta – ampliar os itens de negociação – de tal forma que a negociação distributiva fica evidentemente empobrecida, cobrindo um número muito menor de possibilidades de atendimento.

Reflexões

_____
_____
_____
_____

7 - Iniciar a negociação pela pauta subjetiva

Aspecto emocional do conflito e sua interferência na fluidez do processo negocial; desconstrução do conflito como viabilizadora de soluções de benefício mútuo

Ter a pauta subjetiva como foco do trabalho em Mediação significa dar um lugar de acolhimento, de validação e de entendimento para as questões emocionais, comunicacionais e interativas que alimentam o conflito, impedem fluidez da negociação e a inclusão do ponto de vista do outro como possibilidade, ou obstaculizam a preservação do diálogo e da relação social entre as pessoas em desentendimento, assim como entre elas e suas redes de pertinência. Vale, no entanto, ratificar que não há objetivos terapêuticos nessa intervenção, e sim estratégicos.

A abordagem da pauta subjetiva tem os limites que um processo negocial requer. O fato de a Mediação não fazer restrição a profissões de origem trouxe os terapeutas também para o seu campo, sendo necessário alertar a todos – mediadores e mediandos – que são atividades distintas, e não sobrepostas. Igualmente é pertinente alertar os mediadores que não atuam em contextos terapêuticos que o nível de trabalho que a Mediação demanda com relação à comunicação (pauta subjetiva) é absolutamente passível de ser executado por mediadores que venham de outros campos profissionais ou funcionais.

Alguns teóricos como Rubén Calcaterra, um advogado argentino dedicado à prática e à docência da Mediação, não só não abrem mão de trabalhar a pauta subjetiva como, sistematicamente, a têm como foco de intervenção na negociação, antes de se dedicar à pauta objetiva.

Essa antecipação é exclusivamente estratégica e de fácil compreensão. Calcaterra pondera que pessoas em conflito ainda acirrado não são capazes de se colocar no lugar do outro e de ter as necessidades alheias como ponto de consideração. Quando em franco desacordo, não dão conta de oferecer alternativas de benefício mútuo, nem de ter uma postura cooperativa, realizações pretendidas pela Mediação. A desconstrução do conflito, proposta por Calcaterra e praticada por muitos mediadores, de distintas maneiras, foi explorada no segmento das ferramentas procedimentais – seção do relato das histórias – e pode se dar durante o trabalho voltado à pauta subjetiva ou comunicacional.

Por essa razão, abordagens como a de Calcaterra (estratégica), a de Sara Cobb (sistêmica) e a de Bush e Folger (transformativa) focam inicialmente na interação entre os mediandos, antes de se dedicarem à substância.

Cada um a seu modo, e também a Escola de Harvard quando preconiza a construção das duas pautas (objetiva e subjetiva), todos esses teóricos do campo da Mediação reconhecem que, independentemente do que mediandos assinalem como objeto de trabalho, a discriminação e o cuidado em legitimar ambas as pautas devem nortear a atuação de mediadores.

Referências bibliográficas

ALMEIDA, Tania. Mediação e conciliação – dois paradigmas distintos, duas práticas diversas. In: CASELLA, Paulo Borba; SOUZA, Luciane Moessa (Orgs.). *Mediação de conflitos*. Belo Horizonte: Fórum, 2009.

Esse artigo traça uma série de distinções entre Conciliação e Mediação, tendo em vista seus propósitos. Entre as diferenças elencadas, está a pauta objetiva destacada pela Conciliação e a pauta subjetiva privilegiada pela Mediação. O texto pontua a dissonância de objetivos e de abordagem entre Conciliação e Mediação e aponta o trabalho com a pauta subjetiva como cenário propício para a desconstrução do conflito.

BONO, Edward. *Os seis chapéus*. Rio de Janeiro: Sextante, 2008.

Na década de 1980, o dr. Bono criou uma técnica voltada a tornar produtivas reuniões corporativas – tratando de uma coisa de cada vez e sob uma determinada ótica. A imagem dos chapéus coloridos é metafórica – cada cor representa um aspecto desejado em dado momento de uma reunião – o preto, para identificação de riscos; o verde, para gerar ideias; o branco, para apurar informações; o vermelho, para expor emoções; o amarelo, para buscar uma visão positiva; e o azul, para ordenar as ideias. O livro é lembrado, nesse momento, também como metáfora, para convidar mediadores, que se permitem coordenar o diálogo e separar o subjetivo do objetivo, a bem identificar como e quando tratá-los – em separado ou articulados, como se fossem dois chapéus.

Reflexões

_____
_____
_____
_____

8 - Auxiliar a pensar soluções de benefício mútuo

Ícone dos processos ganha-ganha – concretização do sentimento mútuo de satisfação com o processo de diálogo; desconstrução de obstáculos na construção de soluções de benefício mútuo

As soluções de benefício mútuo demandam muito esforço por parte dos mediandos, pois só podem ser construídas quando as necessidades de cada um puderem ser (ainda que parcialmente) identificadas e legitimadas pelo outro. Antes que os mediandos sejam solicitados a construí-las, o processo de negociação já deve ter viabilizado expressão e escuta para todos, assim como um trabalho voltado à pauta subjetiva ou comunicacional, para que o conflito tenha sido, em alguma medida, desconstruído.

Ao solicitar dos mediandos alternativas de satisfação mútua, o diálogo já viabilizou a identificação de interesses, necessidades e valores e, preferencialmente, os convidou para a ideia de pensarem possibilidades que atendam a todos.

Esse passo a passo é extremamente importante porque cria um cenário favorável à criação de opções inclusivas – uma das imagens de busca da Mediação e elemento central de sua perspectiva ganha-ganha, aquela que confere especial satisfação com o processo de diálogo.

A figura do iceberg – com sua parte submersa, demonstrando quão numerosa pode ser a pauta de interesses e necessidades, aliada à imagem da torta que pode ser aumentada pela geração de alternativas que atendam esses interesses e necessidades, convergem nesse momento de eleição de soluções que contemplem a todos, sem desatender significativamente a ninguém.

O papel do terceiro imparcial nesse segmento do diálogo assistido é crucial. Distanciado da emoção e dos interesses que envolvem as pessoas entorpecidas pelo conflito, o terceiro imparcial tem a missão de retomar a listagem de interesses e necessidades de todos, gravada em sua memória ou retratada em suas anotações. Primeiro, identificando sua sinergia e complementaridade; e segundo, resgatando possibilidades oferecidas ao longo das narrativas, e objetivamente ampliadas por suas perguntas, de forma a possibilitar articulações entre interesses/necessidades e alternativas.

Interesses e valores comuns são bons norteadores para a construção de soluções de benefício mútuo. Interesses distintos podem ser complementares em diferentes aspectos, como vimos anteriormente.

Os autores de *Como chegar ao sim* nos alertam sobre quatro possíveis obstáculos nesse curso negocial que conduz a soluções ganha-ganha:

- a busca de uma resposta única ou da ratificação da própria ideia;
- a pressuposição de uma torta de tamanho fixo, ou seja, a pouca disposição para trabalhar para além das opções previsíveis e de aparente obviedade;
- pensar que "resolver o problema do outro é problema do outro";
- o julgamento crítico prematuro de alternativas.

Para desviar desses obstáculos, os autores sugerem, além do passo a passo identificado anteriormente, algumas intervenções que mediadores podem utilizar na busca de alternativas criativas.

Uma primeira premissa nessa direção seria "separar o ato de inventar alternativas do ato de julgá-las" com relação a sua adequação ou viabilidade. A geração de ideias (*brainstorm*) possibilita que opções híbridas possam ocorrer mais adiante e evita que a resposta única seja meta; o julgamento crítico antecipado aborta boas possibilidades de solução.

A segunda premissa é a percepção de que, em uma negociação ganha-ganha as ações colaborativas são inerentes à dinâmica, ou seja, o problema de um é problema de todos e cabe a todos resolver. É interessante constatar como pessoas em negociação não se dão conta do quão dependentes estão do outro para atender suas necessidades – a existência de uma negociação pressupõe uma relação de interdependência.

A cultura ocidental muito recentemente percebeu que a colaboração é uma das principais vias de acesso para o atendimento das próprias necessidades.

Não faz muito tempo, descobriu que colaborar é diferente de ceder, pois não abandona os próprios interesses, nem a própria assertividade para consegui-los, mas emprega igual ou semelhante assertividade para atender aos interesses e necessidades do outro.

Em contextos de litigância, algumas pessoas estão mais preparadas para o embate do que para a construção de soluções consensadas. Por vezes, é necessária uma abordagem pedagógica com os mediandos, ajudando-os a perceber a coerência do que mediadores estão propondo ao convidá-los a pensarem alternativas para além das óbvias e a identificarem a importância das soluções pautadas no benefício mútuo.

Se todos são atendidos em seus interesses e necessidades, a satisfação é consequência natural. Se todos sentem-se satisfeitos com as soluções propostas, viabiliza-se a continuidade do diálogo, a preservação da relação social e a continuidade de ações colaborativas. O presente e o futuro ganham cenário muitíssimo mais favorável quando soluções ganha-ganha são meta.

Referências bibliográficas

Deutsch, Morton. ***The Resolution of Conflict Constructive and Destructive Processes***. New Heaven CT: Yale University Press, 1993.

O autor apresenta o tema dos conflitos e de sua resolução, definindo as variáveis que afetam seu curso e apresentando uma tipologia. Convida a uma reflexão sobre a função dos desentendimentos no cotidiano e provoca uma importante distinção entre conflitos destrutivos e construtivos, atribuindo resultados construtivos ou destrutivos aos meios eleitos para administrar as desavenças e não a sua essência. Ou seja, conflitos não seriam construtivos ou destrutivos em si. As soluções de benefício mútuo integram o espectro dos resultados construtivos.

FISHER, Roger; KOPELMAN, Elizabeth; SCHNEIDER, Andrea Kupfer. ***Más Allá de Maquiavelo – Herramientas para Afrontar Conflictos***. Buenos Aires: Granica, 1996.

Esse livro privilegia as soluções de mútuo benefício, na medida em que dedica boa parte de seu texto à ideia de colocar-se no lugar do outro com vistas a compreendê-lo em seus interesses e necessidades e a gerar opções que os contemplem. Em um mundo em que a diversidade pode funcionar como grande geradora de conflito, a obra se propõe a oferecer ferramentas que incrementem e instrumentalizem habilidades úteis na resolução de problemas – em vez de perguntar como as coisas funcionam, os autores se perguntam como os indivíduos podem influenciar para que as coisas funcionem.

Reflexões

_____
_____
_____

9 - Iniciar a negociação da pauta objetiva por temas de menor tensão e que sejam de interesse de todos os envolvidos

Estratégias para gerar confiança na escolha do instrumento e conotar positivamente a competência dos mediandos e o processo de Mediação

A etapa de negociação dos temas de pauta – geração de alternativas e eleição de opções – é classicamente posterior à do relato das histórias, para aqueles mediadores que trabalham com essa natureza de estruturação na condução do processo. Isso significa que algum tempo de trabalho já transcorreu e que teve lugar um percurso de reuniões que demandaram mobilização física, disponibilidade de tempo e acolhimento afetivo.

Seja qual for a natureza de condução utilizada pelo mediador ou o contexto em que o processo se dê, negociar uma pauta baseada nas narrativas dos mediandos é etapa universal.

Diante de assuntos plurais, mediadores devem orientar o momento de ampliação de alternativas e eleição de opções, de forma que se inicie por temas menos tensos e de interesse de todos os envolvidos. Essa é uma estratégia norteada por aspectos emocionais da natureza humana, de uso clássico na Mediação e em processos negociais de maneira geral.

Após expor-se emocionalmente na tentativa de apresentar o que lhe parece relevante, nenhum dos participantes do processo de diálogo sentir-se-ia atendido se, no momento da tomada de decisões, algo que é demanda exclusiva do outro abrisse a pauta. Assim, manejar a ordem de apresentação dos temas a serem negociados é ferramenta atrelada ao próprio balanceamento do processo. Essa natureza de cuidado amplia a confiança na imparcialidade do mediador e na sua competência na condução do diálogo.

Mediadores devem, conhecendo previamente (a partir do relato das histórias) os temas que mobilizam menor tensão e que despertam interesse em todos os mediandos, incluí-los logo ao início dos trabalhos, possibilitando que a construção de consenso se dê com menor mobilização de emoções e com maior convergência.

Convergência de ideias é expressão que traduz o que se almeja em processos dessa natureza. Os assuntos que demonstraram consonância de propostas já na fase do relato das histórias devem inaugurar a etapa de tomada de decisões. Especialmente aqueles que são de interesse comum.

Essa estratégia estimula os mediandos a permanecerem vinculados ao processo, eis que lhes confere sensação de potência por estarem alcançando o almejado, amplia a confiança na escolha do instrumento e na competência do mediador – todos elementos fortemente contribuintes para a instalação e o fortalecimento da cultura da autocomposição.

Referências bibliográficas

CARPENTER, Susan L.; KENNEDY, W. J. D. **Managing Public Disputes – A Practical Guide for Government, Business, and Citizens Group.** San Francisco: Jossey Bass, 2001.

Os livros dedicados a diálogos colaborativos com múltiplas partes são os mais férteis em demonstrar a importância de o facilitador de diálogos ter sob sua batuta a condução desses processos. Essa obra traz um passo a passo para a coordenação de diálogos dessa natureza – desde sua estruturação até seu fechamento, aplicável a diferentes contextos de convivência.

SCHIRCH, Lisa; CAMPT, David. **Dialogue for Difficult Subjects – A Practical, Hands on Guide.** Intercourse: Good Books, 2007.

Os autores focam sua análise em diálogos tensos em função da complexidade de seus temas e demonstram no texto a necessidade de conversas dessa natureza serem regidas por facilitadores habilitados e firmes na construção de seu passo a passo. De fácil leitura, o livro é um guia prático e oferece uma série de ferramentas para o manejo desse tipo de diálogo.

Reflexões

_____
_____
_____
_____

10 - Articular necessidade e possibilidade em dupla mão

Mediação Transformativa; transformação e resolução do conflito segundo Lederach

Quando uma negociação tem como parâmetro interesses e necessidades, a realidade se impõe e faz ver que é preciso existir possibilidade por parte do outro para que necessidades sejam contempladas. Nada mais harmônico e cooperativo. A equação necessidade *versus* possibilidade passou a ser um jargão das propostas de autocomposição, pautadas na colaboração e na manutenção do diálogo e da relação social.

Diferentes modelos de trabalho convidam os mediandos para essa proposta, de forma mais ou menos explícita. De modo geral, os mediandos recebem esses norteadores – necessidade/possibilidade – de maneira muito positiva, pois eles contemplam simultaneamente e em justa medida todos os envolvidos.

Por vezes, especialmente em alguns contextos que necessitem trabalhar com mais objetividade e com menores chances de atualização do acordado – uma vez que necessidades e possibilidades são dinâmicas e mudam ao longo do tempo – é difícil se distanciar de norteadores formalmente reconhecidos, como percentuais, índices de reajuste ou de indexação, norma vigente, dentre outros.

Um dado de realidade que caminha a reboque dessa proposta é a dissonância, algumas vezes presente, entre necessidade e possibilidade. E se a primeira for maior que a segunda? Como ajustar? Do ponto de vista quantitativo é de fácil solução – falando-se em valores financeiros, ou enxugamos a necessidade ou ampliamos a possibilidade, ações que podem ser igualmente cooperativas.

Mas, algumas vezes, a equação envolve qualidade e não quantidade. Ou seja, seria preciso uma estrutura emocional e/ou cognitiva diferente para atender determinadas necessidades. Seria fundamental um sistema de crenças (paradigmas) distinto para contemplar outras. Também nesse cenário mais subjetivo, ajustes e flexibilizações são bem-vindos de ambos os lados.

No entanto, há situações em que é imperativo administrar limitações objetivas ou subjetivas por parte de alguém. Mediadores podem ajudar a constatar esse dado de realidade e a identificar como manejá-lo. Reflexões podem/devem ser promovidas sempre que dados de realidade integrem o cenário.

A Mediação Narrativa propriamente dita e aquelas de cunho narrativo trabalham a equação necessidade/possibilidade a partir de reflexões oferecidas pelo mediador ou de dados oferecidos pelos mediandos. A Mediação Transformativa, originalmente pensada por Bush e Folger, coloca nítido foco no diálogo entre necessidades e possibilidades, a partir de seus norteadores principais – *empowerment* e *recognition*.

Bush e Folger pautaram a Mediação Transformativa em dois importantes parâmetros – *empowerment* e *recognition*. No âmago do *empowerment* – traduzido por alguns como empoderamento –, estão a identificação e o reconhecimento das próprias necessidades, das próprias possibilidades e da própria capacidade de escolha e decisão. No cerne do *recognition* – traduzido como reconhecimento –, estão a identificação e o reconhecimento das necessidades do outro, de suas possibilidades e de sua capacidade de escolha e decisão.

Na Mediação Transformativa, o diálogo entre necessidade e possibilidade é central, e as perguntas do mediador serão direcionadas também nesse sentido, sempre que a natureza da narrativa permitir. A Mediação Transformativa está fundamentalmente voltada para as pessoas e suas relações, conferindo ao acordo o status de possibilidade, e não de finalidade. Acredita que relações transformadas são capazes de construir consenso dentro e fora da sala de Mediação – sobre as questões atuais e sobre as questões por vir. É um trabalho especialmente focado no futuro e com alcance social muito amplo.

Outro autor que trabalha nessa linha, não de forma explícita, é John Paul Lederach, quando propõe e estabelece nítida distinção entre perspectivas de abordagem que visem à resolução dos conflitos e às que visem a sua transformação. Para Lederach, a perspectiva transformativa se ocuparia da seguinte pergunta: Como desfazer uma situação destrutiva e construir algo que se deseja?

Para dar conta dessa questão, ele propõe que o trabalho: (i) esteja centrado nas relações – e não na matéria, como seria a perspectiva resolutiva; (ii) esteja destinado a construir processos de mudança – e não voltado a resolver questões pontuais; (iii) contemple um horizonte de mudanças a médio e a longo prazo – e não o agora. Na visão transformadora de Lederach, as questões relativas às necessidades devem ser cuidadas com perspectivas que visem curto, médio e longo prazo; e as questões relativas às possibilidades devem ser trabalhadas visando sua ampliação em situações futuras.

Referências bibliográficas

BARUSH BUSH, Robert A.; FOLGER, Joseph P. ***The Promise of Mediation – The Transformative Approach to Conflict***. San Francisco: Jossey Bass, 2005.

Essa é uma edição revisada e ampliada da obra original. Dedica espaço à teoria e à prática, aos mitos e às concepções equivocadas da Mediação Transformativa, assim como a uma visão de futuro voltada à convivência com a coexistência de valores diferentes. A abordagem transformativa compartilhada nessa obra oferece ferramentas para distintas áreas de atuação: trabalho, comunidades, família, organizações e políticas públicas, dentre outras.

BARUSH BUSH, Robert A.; FOLGER, Joseph P. ***Designing Mediation – approaches to training and practice within a transformative framework***. New York: Institute for the Study of Conflict Transformation, 2001.

O instituto promotor dessa publicação está subsidiado pelas fundações Hewlett and Surdna e dedica-se à consultoria para treinamento e desenho de projetos, pesquisa e educação dirigidos a indivíduos, organizações não governamentais e corporações. A proposta do livro é compartilhar o aprendizado resultante dos inúmeros treinamentos realizados com distintos treinadores da abordagem transformativa.

Reflexões

_____
_____
_____
_____

11 – Auxiliar na identificação da Melhor Alternativa Negociada (MAN) e da Pior Alternativa Negociada (PAN)

MAN e PAN como norteadores de realidade para manter os mediandos na mesa de diálogo

Uma das funções do mediador é atuar como agente de realidade, convidando mediandos para cenários que articulem o possível, o exequível, o ético, o legal, o que atenda a todos.

Como vimos anteriormente, estarmos dependentes do nosso opositor para obtermos o que necessitamos – interdependência – é constatação inerente ao cenário da negociação. Porque as pessoas não se dão conta dessa interdependência atacam o outro sem perceber que dele dependem para obter o que almejam.

Qual a melhor e a pior alternativa à negociação de um acordo, caso não se opte pelo processo autocompositivo? Melhor Alternativa à Negociação de um Acordo (MAANA) e Pior Alternativa à Negociação de um Acordo (PAANA) foram as perguntas originais feitas pelo Harvard Negotiation Project: Qual a melhor e a pior alternativas, caso não negociemos a venda da casa?

Essas perguntas, orientadoras de reflexão, transformaram-se em ícones no trabalho de negociadores e inspiraram igualmente processos de negociação assistida, como a Mediação.

A Melhor Alternativa à Negociação de um Acordo (MAANA) assinala que outra boa possibilidade de solução pode ser obtida fora da mesa de negociação. Caso a solução externa à negociação seja superior em qualidade e em probabilidade, não se justificam os esforços para manter-se à mesa de diálogo. Caso a solução externa à negociação pareça inferior em qualidade ou em probabilidade, essa informação pode indicar a conveniência de se permanecer à mesa e o grau de flexibilização necessário para se obter um bom resultado. Assim, uma solução não ideal obtida na negociação, mas melhor do que a MAANA, pode ser vista como uma boa solução. Raciocinar tendo a MAANA como margem pode ajudar a delinear e a identificar uma proposta aceitável dentro da negociação.

Conhecer a Pior Alternativa à Negociação de um Acordo (PAANA) oferece igualmente um parâmetro que evite alternativas que beirem a margem das piores opções.

Identificar a MAANA e a PAANA daquele com quem se negocia pode, também, ser informação decisiva, um elemento fundamental na tomada de decisões.

Temos trabalhado com uma ideia inspirada nesta oferecida pela Escola de Negociação da Harvard Law School. A Melhor Alternativa Negociada – MAN e a Pior Alternativa Negociada – PAN, ou seja, qual a solução ideal (MAN) e qual a pior solução (PAN) que podem resultar da negociação em curso. Convidar os mediandos para sublinharem esses dois parâmetros e para considerarem esses polos de realidade – o ideal e o pior – como norteadores pode ajudá-los a lidar com a situação de interdependência inerente a qualquer negociação e a manejar alternativas de solução.

Essa identificação pode ser feita com base em perguntas oferecidas pelo mediador em entrevistas privadas ou conjuntas. Qual a melhor e a pior solução para essa situação, do seu ponto de vista?

O mediador pode perguntar a cada mediando se lhe seria possível propor como solução algo que se aproximasse de sua melhor alternativa (solução ideal), mas se distanciasse da pior alternativa para o outro (solução indesejável). A reflexão concomitante é aquela que constata que em um processo ganha-ganha a solução ideal não se dará para nenhum dos participantes, ou ocorrerá em alternância, como parte do jogo negocial.

Para ajudar os mediandos a pautarem suas escolhas em soluções que atendam a todos (mútuo benefício), a identificação da melhor e da pior alternativas negociadas (MAN e PAN) é de grande valia, porquanto possibilita o contato com as opções ideais e as indesejadas de cada um, assim como com a necessidade de elegerem aquelas que se situem entre esses dois polos para ambos. Por vezes, é contundente a constatação, por parte dos mediandos, de que aquilo que seria ideal para um corresponde ao que seria pior para o outro.

A realidade oferecida por MAN e PAN funciona como marco inexorável de distanciamento das pessoas de vontades absolutas, de oposição reativa e de desconsideração com o outro. Se há disponibilidade para participar da Mediação e se está claro que as soluções precisam gerar benefício e satisfação mútuos, o espectro compreendido entre a MAN e a PAN de todos os envolvidos deve ser o terreno por onde as alternativas e as opções de solução precisarão transitar.

Referências bibliográficas

PICKER, Bennett G. *Mediation Practice Guide – A Handbook for Resolving Business Disputes*. Washington: American Bar Association Section of Dispute Resolution, 2003.

A primeira vez em que o tema da melhor e da pior alternativa à negociação de um acordo aparece é em *Como chegar ao sim*, de Roger Fisher, William Ury e Bruce Patton. A eficácia em se mostrar aos disputantes parâmetros de realidade para decidirem sobre a sua permanência ou não na negociação ganhou o mundo e é mencionada nas publicações especializadas. Esse é o caso do livro aqui recomendado, em que o autor chama a atenção para a importância da utilização desses parâmetros como parte do preparo para a eleição do método de resolução de disputas.

LAND, John. *Lawyering with Planned Early Negotiation*. Chicago: American Bar Association Publishing, 2011.

A negociação precoce planejada integra um painel de intervenções que compõem a chamada advocacia colaborativa, um movimento que inclui os clientes na prática não adversarial de resolução de controvérsias, conduzida por advogados. A análise da melhor e da pior alternativa à negociação de um acordo integra o mapeamento proposto por essa prática, oferecendo dados de realidade para uma decisão conjunta, que envolve a voz do cliente com relação à qualidade de condução que o advogado dará ao caso.

Reflexões

---

12 – Não abandonar a solução ideal factível – trabalhar o passo a passo para alcançá-la

O ideal motivador e o ideal paralisador

Algumas pessoas estão permanentemente voltadas para situações e soluções ideais. Outras, frente ao dissabor do conflito e/ou à aparente dificuldade de visualizarem uma saída para a discordância, afincam-se a soluções ideais como meta de resolução e, por vezes, como forma de reagir ao outro opositor.

Sabemos todos que a perseguição do ideal pode ser propulsora da proatividade e da autodeterminação – o ideal motivador. No entanto, sabemos também que o ideal perseguido como única possibilidade leva ao rigor, à frustração e à impossibilidade de apreciar o bom e o ótimo, porque não correspondem à excelência – o ideal paralisador. Nessas circunstâncias, o ideal se transforma numa obstrução ao possível.

Quando mediandos tratam o ideal como única possibilidade, estão contribuindo para que um impasse se dê no momento em que se faz o convite à ampliação de alternativas – porque uma, e somente uma solução, pode atendê-los. Nessas situações, mediadores precisam ajudar com reflexões que incluam a realidade também como parâmetro.

Por vezes, o impedimento ao ideal é proveniente da realidade fática ou das impossibilidades materiais ou subjetivas do outro oponente, ou de alguém envolvido na questão.

Noutras vezes, no entanto, a situação ideal é francamente (ou possivelmente) atingível, e o trabalho do terceiro imparcial pode ser o de ajudar os envolvidos na questão a delinearem um passo a passo para alcançá-la; perceberem o ideal como parte de um processo que precisa de etapas prévias e subsequentes, assim como de tempo para ser concretizado. Ajudar na construção dessas etapas e em sua distribuição no tempo pode ser de grande valia para sua efetiva implementação.

Situações ideais passíveis de realização podem ser propulsoras de cooperação quando tratadas como metas a serem atingidas – a pacificação de uma comunidade que possa se dar em etapas progressivas; a moradia de um filho com o pai quando atingir a adolescência; a independência financeira de alguém depois de um período de suporte econômico; o adequado aporte financeiro de outrem após um período de desemprego podem ser metas desejadas e cuidadas por todos os envolvidos, em regime de cooperação.

Quando o ideal factível é assim manejado, incrementa-se o grau de disponibilidade de todos para uma atuação adequada e cooperativa nas situações presentes e no passo a passo que antecede a realização da situação ideal.

Referências bibliográficas

CLOKE, Kenneth. *Conflict Resolution – Mediating Evil, War, Injustice and Terrorism: How Mediators Can Help Save the Planet*. Santa Ana, CA: Janis Publications, 2008.

Kenneth Cloke é advogado, mediador e árbitro, presidente e cofundador do Mediators Beyound Borders, autor e coautor de vários livros. Sua prática e docência estão voltadas para o setor público e privado, para questões interpessoais, organizacionais e ambientais, de caráter político, social ou econômico. No décimo primeiro capítulo dessa obra, Cloke oferece intervenções e reflexões-atalho para a paz e a reconciliação – *pathways to peace and reconciliation*. Regido pela ideia da transformação do conflito, inclui, dentre as intervenções sugeridas, abordagens que encorajam mudanças sistêmicas – entendidas como ideais, pois que consideram tudo e todos, possibilidades presentes e metas a longo prazo.

GALTUNG, Johan. *Transcender e transformar – uma introdução ao trabalho de conflitos*. São Paulo: Palas Athena, 2006.

Galtung fundou a disciplina estudos para a paz na academia, assim como o Instituto Internacional de Pesquisas de Paz, em Oslo (1959). Ele desempenhou importante papel na Mediação e na prevenção da violência em dezenas de conflitos armados no mundo, nas últimas quatro décadas. Longe de trabalhar com a solução ideal, mas próximo de bem utilizar o melhor dentro do possível, esse livro é um manual prático para transcender e transformar conflitos de distintas naturezas – pessoais, domésticos, internacionais; de origem étnica, de classe ou de gênero.

Reflexões

_____
_____
_____

13 - Provocar reflexão sobre custos e benefícios inerentes às alternativas geradas e às opções eleitas

Pensamento sistêmico – custos e benefícios, uma equação que acompanha as intervenções sociais

Após alguns anos, tenho ainda o registro do encantamento provocado em uma plateia por uma história contada por Marcelo Pakman, um psiquiatra argentino que viveu nos EUA, para ilustrar a amplitude de visão trazida pelo pensamento sistêmico ao campo das ciências sociais.

Dizia Pakman que, em anos idos, a prefeitura de Boston, Massachusetts, havia feito um movimento de recuperação de algumas terras urbanas, que por motivos vários haviam passado para mãos particulares. Bem-sucedida a empreitada, grande parte das terras reconquistadas foi transformada em bosques.

Os bosques possibilitaram que uma nova vegetação fizesse parte do cotidiano das pessoas – imediatamente somos tentados a pensar nos benefícios que a convivência com o verde traz para os seres humanos. Parte dessa vegetação atraiu animais roedores que deixavam no solo uma camada de gravetos, resultado de sua ação sobre a mata. Os gravetos contribuíram para reter a água e tornar o solo mais úmido, atraindo os cervos. Em grande quantidade, os veados passaram a atravessar as pistas de rolamento, o que provocou um incremento no número de acidentes de automóvel. O aumento de batidas de carro escalou o preço do seguro e exigiu das companhias seguradoras novas técnicas de avaliação com vistas à aprovação ou não dos reparos solicitados pelos clientes – se diziam respeito, ou não, à ação dos animais. O governo permitiu a caça aos cervos como forma de reduzi-los numericamente, o que tornou mais expressivos os acidentes com arma de fogo...

Mais perto de nós, brasileiros, uma intervenção em Fernando de Noronha para combater o aumento da população de ratos, provavelmente levada por navios, levou para a ilha o lagarto Teju, identificado pelos biólogos como um especial combatente natural dos roedores. Contudo, o lagarto Teju preferiu os ovos das gaivotas, provocando resultado inesperado – incremento da quantidade de ratos e redução do número das gaivotas.

Tão positivas em um nível e tão negativas em outro, essas duas intervenções e seus resultados podem ser transpostos, como metáforas, para as intervenções sociais, suscitando reflexões: Se a cadeia completa de eventos é inapreensível, como atuar adequadamente em um dado momento, em uma parte específica dessa sequência? Como aferir ou predizer com precisão e clareza as consequências das técnicas empregadas?

Atuando com cautela e admitindo a impossibilidade de previsão de todos os resultados é a resposta mais cuidadosa. Devemos assumir que qualquer movimento feito por um elemento da rede interativa traz repercussões a curto, médio ou longo prazo para todos os outros. Por vezes, é possível (pre)dizer que tais resultados ecoarão de forma positiva, considerados certos níveis de interação e certos parâmetros; mas também é possível que soem de forma negativa, se considerados outros níveis de interação e outros tantos parâmetros.

Do mesmo modo que os tratamentos medicamentosos nos seres humanos ou as intervenções estratégicas no meio ambiente, nossas ações sociais devem buscar, por tentativa de previsão, adequação e proporcionalidade ao sujeito da ação e ao seu entorno, e promover benefícios mais do que malefícios.

Esse cuidado, no entanto, deve estar acompanhado de algumas convicções: i) que qualquer intervenção é promotora de ordem e de desordem em diferentes níveis; ii) que o acaso impossibilita a previsibilidade de todos os resultados de nossas ações sobre os sistemas; (iii) que cada sujeito (tal qual os ambientes) tem uma particular possibilidade de absorção e manejo das intervenções oferecidas.

Solução? ajudar os mediandos a serem coautores cautelosos de suas escolhas e corresponsáveis pela avaliação dos custos e benefícios do porvir, para eles mesmos e para terceiros; auxiliar os mediandos na análise cuidadosa dos custos e benefícios das alternativas de solução e das opções eleitas.

Referências bibliográficas

CAPRA, Fritjof. *A teia da vida – uma nova compreensão científica dos sistemas vivos*. São Paulo: Cultrix, 1996.

Doutor em Física, Capra escreveu muito sobre as implicações filosóficas da nova ciência. A teia da vida fala, então, desse emaranhado que inter-relaciona, com interdependência, fenômenos psicológicos, biológicos, físicos, sociais e culturais. A obra interconecta pensamentos científicos como a teoria do caos, a teoria da complexidade e o pensamento sistêmico.

CAPRA, Fritjof. *As conexões ocultas – ciência para uma vida sustentável*. São Paulo: Cultrix, 2002.

Na linha de A Teia da Vida, Capra coloca em conexão sistêmica as dimensões biológica, cognitiva e social da vida. Demonstra que, para a sobrevivência e a sustentabilidade de todos e do planeta, a interdependência precisa ser considerada, assim como a análise de custos e benefícios para toda e qualquer atuação.

Reflexões

_____

_____

_____

14 - Criar cenários futuros

O trabalho com as narrativas baseadas em hipóteses prospectivas e/ou antecipações; perguntas generativas

Cenários futuros são ilhas de fantasia para cenas boas e ruins, antecipadas por expectativas ou por hipóteses.

Criar cenários futuros em Mediação pode:

- estar a serviço de avaliar custos e benefícios das alternativas pensadas;
- viabilizar a projeção do passo a passo que deve ocorrer para que circunstâncias almejadas ou ideais sejam concretizadas;
- possibilitar ver-se numa situação invertida à que se está no momento – correspondente, geralmente, à situação em que o outro se encontra – para avaliar como gostaria de ser atendido(a) ou cuidado(a), se fosse esse o caso;
- avaliar a sustentabilidade de propostas de solução.

O terreno das hipóteses antecipa situações, oferecendo a sensação de maior controle sobre o porvir, ou pelo menos alguma ingerência em sua construção, o que confere aos atores do processo inestimável poder em relação ao manejo de suas vidas. Previsão oportuniza prevenção, quando tratamos com vidas humanas e com cenários sociais.

Por vezes, as hipóteses atuam como as metáforas, propiciando uma distância emocional – porque não são a realidade – suficientemente boa que possibilite uma reflexão menos ameaçadora.

Cenários futuros podem ser de enorme valia no trabalho com mediandos imersos em uma realidade povoada pelo conflito. Antecipar um futuro melhor, a possibilidade de uma relação colaborativa com o outro, o alcance da situação ideal ou de algo próximo a isso, uma qualidade de cotidiano e de convivência que não mais imponham o sofrimento experimentado pode ser motivador para inaugurar a proatividade no processo de Mediação.

De igual maneira, antecipar a possibilidade de cenários difíceis, da escalada do conflito, do agravamento do comprometimento emocional de todos, do incremento dos custos emocionais, financeiros e de tempo pode trazer os mediandos para um patamar de maior reflexão e de maior contato com a realidade, possibilitando mudanças imediatas de conduta.

As perguntas generativas, mencionadas anteriormente quando o tema perguntas integrou o segmento de técnicas embasadas na comunicação, voltam o olhar para o futuro, ou seja, para o que se almeja ou pretende alcançar. As perguntas generativas são parte de um instrumental que possibilita reflexão, aprendizagem, inovação, visão de futuro, proatividade.[84]

No cenário futuro, pode-se brincar seriamente, por meio das narrativas, ajudando as pessoas a se darem conta da responsabilidade que têm com relação ao que se proporcionam viver e ao que provocam no viver alheio.

Referências bibliográficas

SCHIRCH, Lisa. ***Strategic Peacebuilding – A Vision and Framework for Peace with Justice***. Intercourse: Good Books, 2004.

O cenário futuro mais almejado é a harmonização da convivência. Esse livro menciona uma série de elementos que emolduram cenários futuros de convivência pautados no entendimento – que reflitam valores, que sejam pautados na transformação do sistema, que abriguem soluções de longo prazo, que tomem a cultura em consideração, que empoderem as pessoas e atendam suas necessidades básicas, dentre outros elementos. A autora afirma que os valores são o guia de tomadas de decisão voltadas à boa convivência futura.

SCHNITMAN, Dora; SCHNITMAN, Jorge. Contextos, instrumentos e estratégias generativas. In: SCHNITMAN, Dora; SCHNITMAN, Jorge (Coords.). ***Resolución de Conflictos – Nuevos Diseños, Nuevos Contextos***. Buenos Aires: Granica, 2000.

Dora vem trabalhando há algum tempo com organizações e articulando a proposta generativa com a apreciativa (***appreciative inquary***), mencionada anteriormente. Esse capítulo dedica-se à proposta generativa – "um contexto generativo de comunicação e aprendizagem integra seus participantes em uma comunidade colaborativa que aprende com seus próprios processos, interessada e capaz de indagar sobre convergências e diferenças e em utilizar generativamente a diversidade e o conflito para alcançar resolução para problemas, acordos sobre diferenças, ou criar possibilidades" (2000, p. 353).

---

84 Ver em SCHNITMAN, Dora; SCHNITMAN, Jorge (Coords.). ***Resolución de Conflictos – Nuevos Diseños, Nuevos Contextos***. Buenos Aires: Granica, 2000.

Reflexões

_____
_____
_____
_____

15 - Trabalhar com um mínimo de três alternativas na etapa de negociação de opções de solução

Posição adversarial e posição colaborativa; brainstorm

Essa é uma prática prestigiada em processos de tomada de decisão fortemente caracterizados pelo dissenso. Seria ingênuo, depois de todo o caminho percorrido – oitivas, estruturação de uma pauta, ampliação de alternativas visando ao consenso –, colocarmos em tela apenas uma alternativa correspondente a cada um dos participantes.

Assim procedendo, retomaríamos a arena competitiva/adversarial em que cada um representa uma ideia e batalha para vê-la vencedora, distanciando-se da postura colaborativa coerente com esse momento do processo de diálogo e com o seu propósito.

O *brainstorm* – chuva de ideias – é uma técnica de produção de alternativas, que enseja a ampliação das propostas inicialmente trazidas à mesa. Um painel maior de possibilidades, como vimos no segmento das ferramentas procedimentais – seção dedicada à ampliação e à negociação de pauta – provoca a construção de opções que tendam a mesclar parte das ideias trazidas pelos envolvidos. Essa colcha de retalhos resultante da composição das sugestões de todos é mais representativa da coautoria e, consequentemente, de sustentabilidade mais provável.

Mediandos não se dão conta da importância do *brainstorm* na produção de possibilidades de solução, nem da imprescindibilidade de terem um leque de alternativas antes de decidirem. Alguns mediadores conferem ainda mais informalidade a essa etapa, alterando inclusive o cenário de conversa que vinha sendo utilizado até então, para que os mediandos possam brincar com a ideia de gerar alternativas, afastando-se da seriedade inerente à tomada de decisões.

Estrategicamente, é muito importante que mediadores não permitam o retorno da arena de disputa, em que somente uma ideia de cada participante integra o painel de alternativas a serem negociadas; nem que as ideias oferecidas sejam prontamente criticadas por seu autor ou pelos outros integrantes do processo, sob pena de provocar o esmaecimento da criatividade e, consequentemente, o enxugamento prematuro de ofertas com sincero propósito de evitar as críticas.

Daí, surge a metáfora de trabalharmos, em Mediação, com um mínimo de três alternativas, uma vez que teremos no mínimo dois dialogantes.

Referências bibliográficas

WEEKS, Dudley. *The Eight Essential Steps to Conflict Resolution – Preserving Relationships at Work, at Home, and in the Community*. New York: Penguin Putnam Inc., 1994.

Um livro dedicado a oferecer subsídios, para a resolução de uma ampla natureza de disputas, baseados em oito passos considerados essenciais. O sexto passo dedica-se a gerar alternativas como etapa prévia à tomada de decisões, delineando a importância do necessário distanciamento de respostas preconcebidas. Como em outros textos sobre o tema, recomenda, igualmente, que o processo criativo não venha acompanhado do processo crítico, reservando a análise de custos e benefícios para momento posterior.

RUNDE, Craig E.; FLANAGAN, Tim A. *Becoming a Conflict Competent Leader – Manage Conflict Effectively*. San Francisco: Jossey Bass, 2007.

Um livro direcionado aos sistemas internos de resolução de conflitos em organizações e à competência negocial de suas lideranças. A ampliação de alternativas aparece como recurso tanto no capítulo dedicado às respostas construtivas ao conflito, como naquele voltado a organizações competentes na resolução de seus conflitos. Trabalhar com a ampliação de alternativas antes de eleger opções de resolução ou composição é movimento indispensável para a construção em coautoria e para o comprometimento com o acordado.

Reflexões

16- Transformar "ou" em "e"

Construção de consenso; convivência com a diversidade e com a discordância; despolarização

A construção de consenso é um instrumento autocompositivo que preconiza a coexistência das diferenças e das divergências. Como em uma colcha de retalhos, as diferenças por mais dissonantes que pareçam são bem-vindas, cabendo à costureira, no caso ao facilitador de diálogos, compô-las com harmonia.

A metáfora da colcha de retalhos tem sido de grande valia para processos de autocomposição. Como as costureiras de colchas de retalhos, mediadores podem ajudar mediandos a não jogarem fora ideias que aparentemente lhes pareçam incompatíveis; a se aventurarem na arte de compor colchas de ideias que contemplem não somente aquelas com as quais têm nítida afinidade, mas também aquelas com as quais possam conviver, mesmo que não concordando plenamente.

O mundo da diversidade pede essa natureza de habilidade da convivência com as diferenças e as discordâncias. O mundo da negociação se instrumentaliza cada vez mais para abrigar a diversidade. Assim exigem os mercados comuns, as junções empresariais, as parcerias das mais simples às mais elaboradas. Esses contextos de interação, que têm na União Europeia um exemplo contundente de convivência complexa, estão pautados na ideia contemporânea da preservação da diversidade, identificando-a como elemento que enriquece a interação em lugar de impossibilitá-la.

Com isso, a ideia de consenso deixa de representar uma uniformidade de concepções e passa a caracterizar a possibilidade de convivência com diferenças. Conhecemos hoje uma ferramenta de diálogo conhecida por construção de consenso, utilizada em políticas públicas e em negociação com múltiplas partes, que permeia as negociações da União Europeia, e tem como um de seus princípios a possibilidade de divergir. A divergência não impede a convivência harmoniosa desde que seja possível encontrar norteadores de interação com os quais todos possam conviver, mesmo que não concordem integralmente consenso como uma proposta de convivência pacífica e não de concordância plena.

Esse olhar que privilegia a interação e a convergência de valores, interesses e ideias, mas não sua unanimidade, possibilita que o mundo da diversidade possa abandonar a proposta combativa da adversarialidade e adotar a proposta pacificadora da colaboração. Os países europeus já utilizaram a postura adversarial e combativa para negociar suas diferenças e experimentaram os resultados deletérios dessa forma de compor interesses. Porque a médio e longo prazo os resultados destrutivos se mostraram evidentes, buscam na atualidade meios construtivos de lidar com uma diversidade que também abriga interesses comuns.

A União Europeia é uma colcha de retalhos de diferenças culturais, que integra distintos idiomas e valores, pautada no interesse comum da satisfação mútua e da colaboração recíproca; que elegeu princípios básicos para pautar a convivência, mantendo as singularidades culturais e as divergências que não impedem a convivência. Prêmio Nobel da Paz de 2012 é exemplo magno de como uma diversidade tratada no passado por meio dos litígios e da guerra pode adotar regras de convivência que preservem as diferenças e algumas divergências, mantendo a colaboração como elemento de entendimento e de empoderamento de todos.

O "ou", primo da unanimidade, provoca polarização e deixou de ser bem-vindo no mundo da convivência continuada. Aliás, tanto o "ou" como a unanimidade deixaram de ser almejados pelo mundo da diversidade. A abolição do "ou" e da unanimidade é uma ideia que pode e deve ser trazida para o campo da convivência em que o e da composição de distintos retalhos e ideias é que possibilita a satisfação mútua e o respeito às singularidades de cada um.

Referências bibliográficas

SUSSKIND, Lawrence. *The Consensus Building Handbook – A Comprehensive Guide to Reaching Agreement*. Thousand Oaks: Sage Publication,1999.

Essa publicação de 1150 páginas compila o pensamento do Consensus Building Institute, dedicado ao tema do consenso, especialmente quando diálogos públicos são o cenário. A construção de consenso prima por buscar uma composição que preserve as diferenças e, inclusive, as discordâncias. Propõe-se a compor uma colcha de retalhos de ideias e proposições que tenha como marco a preservação de diferenças e a possibilidade de todos poderem com elas conviver, mesmo sem absoluta concordância.

SUSSKIND, Lawrence; CRUIKSHANK, Jeffrey. *Breaking the Impasse – Consensual Approaches to Resolving Public Disputes*. Basic Books, 1987.

Quebrar impasses em diálogos compostos por múltiplas partes diálogos concernentes a disputas públicas, por exemplo pressupõe compor diferenças em uma colcha de retalhos, e fatalmente trocar o "ou" pelo "e", sob a coordenação de um terceiro facilitador. Essa obra fala dessa abordagem e dessa habilidade necessária ao terceiro imparcial.

Reflexões

_____
_____
_____
_____

17- Trabalhar com critérios objetivos

Como evitar novos impasses no momento de operacionalizar ideias

O uso de critérios objetivos na Mediação é especialmente útil na etapa de eleição de opções para resolver uma questão e traz consigo o benefício de possibilitar o distanciamento das pessoas envolvidas de suas subjetividades e vontades, como parâmetros de legitimidade e como marcadores de operacionalização das transações concretas.

Critérios objetivos vêm substituir os achismos e os sentimentos como norteadores objetivos: "Eu acho que vale tanto..." (numa situação de compra); "Isto tem um valor afetivo para mim..." (numa situação de venda); "Não sei como operacionalizar o que estamos propondo..." (numa transação empresarial ou comercial); "Prefiro o quarto/escritório maior/mais claro", "Eu também..." (numa negociação por espaço ou localização).

Pautar tais decisões em barganhas que envolvam concessões ou no enrijecimento de posições gera insatisfação para uns e contraposição em outros, ou ambos os resultados. Pelo emprego de critérios objetivos, ninguém parece fraco, inadequado ou perdedor, por ver desprestigiado o seu critério; todos parecem sensatos e a responsabilidade da diretriz de solução é transferida para fora da subjetividade dos envolvidos.

O uso de critérios objetivos oferece uma referência independente da vontade de qualquer um dos lados e tem como parâmetros aspectos concretos previamente acordados vamos consultar três avaliadores de imóveis e adotar a média das avaliações como valor final e não a subjetividade das pessoas, trazendo a decisão para uma racionalidade e/ou uma análise técnica.

Nesse sentido, o valor de mercado, um parecer técnico, padrões culturais ou morais, o tratamento igualitário, a reciprocidade são exemplos de critérios objetivos que podem pautar a instrumentalização de ações ou a escolha de opções de solução, conferindo-lhes legitimidade.

Eleger critérios dará aos envolvidos a percepção de solução adequada e justa. A negociação é deslocada para a eleição de critérios que gerem satisfação mútua e para a sua consequente validação.

Quando mais de um critério objetivo está disponível – Ex.: meios de avaliar um imóvel, carro ou participação societária – , as pessoas podem eleger aquele que consideram que melhor as atenderá, ou ainda uma composição de critérios – Ex.: a média de três avaliações do terreno ou do carro; a combinação de dois critérios para a questão da participação societária.

Referências bibliográficas

BURBRIDGE, R. Marc et al. *Gestão de Negociação – como conseguir o que se quer sem ceder o que não se deve*. 2ª ed. São Paulo: Saraiva, 2007.

Os autores integram uma equipe de acadêmicos e de profissionais com especial vivência em práticas de negociação no âmbito nacional e internacional. O quinto capítulo – "Negociação integrativa"– trata de sete elementos para negociar soluções e tem dentre eles a legitimidade ou critérios objetivos. Esclarece que tais critérios são eleitos pelos participantes da negociação, o que confere ao resultado obtido os sentimentos de legitimidade e de justiça, uma vez que são escolhidos entre elementos que se caracterizam como padrão ou referência. A frase de chamada do capítulo é demonstrativa do que essa ferramenta pode provocar – "A mente que se abre a uma nova ideia jamais volta a seu tamanho original."(Albert Einstein).

FISHER, Ury; ERTEL, Danny. *Sí... ¡De Acuerdo! En la Práctica – Guía Paso a Paso para Cerrar con Éxito Cualquier Negociación*. Buenos Aires: Grupo Editorial Norma, 1998.

Essa obra dedica-se a transformar em manual o que foi teorizado no best-seller *Sí...¡De acuerdo!*. Os autores repassam os princípios de negociação do Harvard Negotiation Project e incluem um capítulo sobre o tema da eleição de critérios, vistos como parâmetros que podem conferir legitimidade ao que está sendo decidido e a como está sendo decidido. A utilização de critérios objetivos traz a negociação para a racionalidade e cria uma moldura de segurança para a tomada de decisões.

Reflexões

_____
_____
_____

Conclusão

A motivação para o trabalho de investigação que resultou neste livro se deu em dois momentos. Estimulada pela curiosidade dos alunos, manifestada nas simulações ocorridas em cursos de formação, e também durante a fase de supervisão da prática com situações reais, iniciei uma pesquisa dedicada a identificar e compilar possíveis impactos provocados por intervenções – procedimentos, atitudes e técnicas – habitualmente utilizadas na Mediação de Conflitos.

Instigada pelo encantamento pela interdisciplinaridade que caracteriza a Mediação, iniciei uma segunda pesquisa dedicada a encontrar substrato teórico para cada uma das intervenções selecionadas e a validar os possíveis impactos por elas provocados, a partir de norteadores teóricos plurais.

Esses suportes teóricos advêm de diferentes disciplinas, o que demonstra o caráter transdisciplinar do instituto, que tem se beneficiado de distintos saberes, sem restringir-lhes a origem. Esse perfil colaborativo entre conhecimentos que se articulam deve-se, especialmente, ao fato de a Mediação não fazer restrições à formação profissional ou funcional dos mediadores, que, por sua vez, agregam seu conhecimento diversificado a essa prática, permanentemente.

Em consonância com a multiplicidade de aportes teóricos e técnicos admitidos pela Mediação, o conjunto de ferramentas elencado neste livro não esgota o que já se pratica. Essa caixa de ferramentas contém as técnicas que integram a minha prática e docência, assim selecionadas, organizadas e descritas pelo sujeito social que sou, apresentado ao leitor no início deste livro. Ou seja, é uma construção particular, coerente com a minha história pessoal e profissional e com a minha visão de mundo sobre esse tema.

Da mesma forma que o elenco de ferramentas não se esgota neste texto, assim também são as fontes teóricas que podem ser entendidas como base de sustentação dessas técnicas.

Como o conjunto de intervenções aqui compilado teve seus impactos identificados por alguns mediandos e hipotetizados por alunos de cursos de Mediação de Conflitos, por seus supervisores e por mim, é necessário que mantenhamos as sugestões de impacto sob a suspeita de terem coerência com um determinado público, de um certo lugar – brasileiros com distintos graus de escolaridade e diversidade social e econômico-cultural. É preciso considerar, portanto, que a validação dos impactos aqui identificados estará sempre vinculada aos contextos em que as intervenções foram pesquisadas.

No entanto, a convergência entre teoria e prática, aliada ao fato de termos identificado os possíveis impactos das intervenções com base nas sensações/percepções de quem as praticou e de quem as vivenciou, favorece sua validação, no terreno seguro das possibilidades.

Em paralelo à investigação dos aportes práticos e dos pilares teóricos da Mediação, dediquei algum tempo a analisar as intervenções praticadas na Mediação sob a ótica da filosofia pragmática da linguagem e da análise de discursos. Com base nessa análise, concluí que as técnicas utilizadas na Mediação estão dirigidas a fomentar uma atuação social voltada para o manejo pacífico de desacordos e para a sua prevenção, para a autonomia da vontade e para o exercício da coautoria, para a busca do entendimento e para o atendimento das necessidades e interesses de todos os envolvidos na controvérsia. Por estarem voltadas para o acolhimento, a legitimação e a transformação positiva de posturas e narrativas, essas ferramentas guardam absoluta coerência com a ideologia da Mediação de Conflitos.

Também em paralelo às intenções e aos objetivos iniciais que motivaram as pesquisas que originaram essa obra, vislumbro a possibilidade desta publicação contribuir para ampliar conhecimento e melhor instrumentalizar profissionais de diferentes áreas que atuem como terceiros imparciais na coordenação de diálogos em situações de crise ou busca de consenso.

Com a oferta de referências bibliográficas oriundas de distintas disciplinas e campos de atuação, há também o propósito de estimular mediadores e facilitadores de diálogos à leitura de fontes variadas, para que o caráter transdisciplinar do instituto seja permanentemente alimentado por seus praticantes e o risco de monodisciplinar a Mediação seja minimizado.

O estímulo à leitura deve-se, também, à crença de que a teorização dessa prática precisa acompanhar sua capacitação e prática, assim como a educação continuada que a mantém atualizada. É preciso atuar com conhecimento e embasamento teórico e rever essas atuações com humildade e curiosidade, sempre.

Ao convidar os leitores para acrescentarem suas reflexões ao texto no espaço a elas reservado após cada dupla de referências bibliográficas, tenho a intenção de praticar e divulgar a ideia de que somos sempre coautores (e não autores) do que construímos. Essa possibilidade transformará cada leitor em coautor dessa proposta e possibilitará que imprima, igualmente, sua marca social – histórico de vida e percurso profissional/funcional – à caixa de ferramentas, que precisa ser reorganizada e personalizada por seus usuários.

Vale lembrar que, em qualquer prática social, o impacto consequente ao uso de uma determinada intervenção não advém de uma equação linear de causa e efeito, ou seja, uma linearidade entre intenção e resultado. Vale ressaltar a ideia manifestada na introdução do capítulo I, impactos constroem-se na interação: sua qualidade advém da articulação entre o objeto da intervenção e aquele que a pratica, a ferramenta empregada e sua adequação, o momento da intervenção e a destreza no seu manuseio, as condições ambientais, a repercussão sobre o contexto e sobre terceiros, o imponderável.

Por demandarem mudanças paradigmáticas no sistema de crenças ao qual estamos acostumados, discursos como o da Mediação por vezes provocam ceticismo quanto a sua possibilidade e a sua capacidade de realização. Como toda mudança, precisa de tempo de adaptação e de transição para que um novo sistema de crenças possa ser incorporado por uma determinada cultura.